COMMENTAIRE

OU

EXPLICATION AU POINT DE VUE PRATIQUE

de la loi du 23 mars 1855

SUR LA

TRANSCRIPTION EN MATIÈRE HYPOTHÉCAIRE.

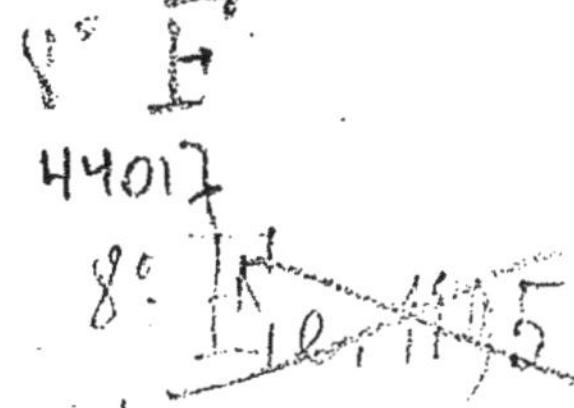

PARIS. — J.-B. GROS ET DOANAUD, IMPRIM. DE LA COUR IMPÉRIALE
RUE CASSETTE, 19.

COMMENTAIRE

OU EXPLICATION AU POINT DE VUE PRATIQUE

DE LA LOI DU 23 MARS 1855

sur la Transcription en Matière hypothécaire

PRÉCÉDÉ D'UNE

INTRODUCTION HISTORIQUE SUR LE DROIT HYPOTHÉCAIRE

suivi d'un Appendice contenant

1° UN TRAITÉ SUR LA TRANSCRIPTION DES DONATIONS ET DES DISPOSITIONS A CHARGE DE RENDRE;

2° ET DES FORMULES DE BORDEREAUX D'INSCRIPTION ET DE RÉQUISITION D'ÉTATS D'INSCRIPTION ET DE TRANSCRIPTION;

Terminé par une Table alphabétique et analytique des matières,

PAR M. GROSSE,

ancien notaire.

PARIS

A L'ADMINISTRATION DU JOURNAL DES NOTAIRES ET DES AVOCATS

RUE DES SAINTS-PÈRES, 52.

1857

INTRODUCTION.

§ 1er. — *Transmission du droit de propriété.*

En droit romain et dans l'ancien droit français, l'obligation ne transférait jamais la propriété; elle produisait sans doute une action pour obtenir la chose, mais elle était impuissante pour en déplacer de plein droit le domaine.

La vente même ne produisait pas le *jus in re*; l'acheteur n'avait qu'une action personnelle pour obtenir contre son vendeur la condamnation à laquelle devait être estimé son intérêt d'avoir la chose qui ne lui avait pas été livrée; il n'acquérait la propriété de l'immeuble vendu que par l'effet de la tradition.

Dans le cas de concours entre deux acquéreurs, la préférence appartenait à l'acquéreur qui avait été mis en possession, sans égard à la date des contrats.

Aussi, admettait-on pour certain que la capacité au temps de la vente ne suffisait pas, qu'il fallait l'avoir au moment de la tradition.

Elle était si puissante qu'elle transférait la propriété d'une chose vendue à l'insu du propriétaire, s'il l'avait ensuite consentie.

Elle devait toujours être constatée par un acte authentique ou un acte sur seing privé ayant acquis date certaine.

Néanmoins la tradition, quoique faite ou consentie par le propriétaire de la chose, capable de l'aliéner, n'en transférait la propriété que dans le cas où elle était faite en vertu de quelque titre vrai ou putatif.

Par suite, pour que la propriété fût acquise et résidât en la personne de l'acquéreur, il fallait vente et tradition.

La tradition était réelle ou feinte. Elle était réelle lorsque l'acheteur était mis réellement en possession.

Les actes justificatifs de cette prise de possession constataient, en général, que le vendeur et l'acquéreur, s'étant transportés sur l'immeuble, l'acquéreur avait fait différents actes constitutifs du droit de propriété. L'énoncé de ces actes était passé a l'état de style et de protocole pour les notaires.

La remise des titres de propriété équipollait à la tradition réelle, ainsi que la remise des clefs d'une maison dont le vendeur ou le donateur délogeait les meubles.

La tradition feinte se trouvait dans diverses clauses; — telles : la clause de constitut par laquelle le vendeur ou le donateur, en continuant de retenir par devers lui la chose vendue ou donnée, déclarait qu'il entendait désormais ne la tenir que pour et au nom de l'acheteur ou du donateur.

La clause de rétention d'usufruit, la location par l'acquéreur au vendeur, enfin la clause de saisine et dessaisine que la force de l'habitude introduit encore de nos jours dans les contrats de vente :

« *Au moyen des présentes et sous la foi de leur pleine et entière exécution, les vendeurs se dessaisissent en faveur des acquéreurs de tous les droits de propriété et autres qu'ils ont et peuvent avoir sur l'immeuble vendu, pour, par les acquéreurs, les exercer et faire valoir ainsi qu'ils aviseront.* »

Mais, pour que la tradition feinte, résultant de cette clause, valût tradition, il fallait que, depuis l'acte, le vendeur ou le donateur ne fût plus resté en possession de l'immeuble et qu'il l'eût laissé vacant, de manière que l'acheteur ou donataire eût la faculté de s'en mettre en possession quand bon lui semblait.

Chaque jour les formes extérieures cessaient d'être dans les mœurs; la tradition feinte fut par degré substituée à la tradition réelle; la clause de saisine et dessaisine devint de style; l'on s'habitua à regarder les contrats de vente comme emportant tradition par eux-mêmes.

Intervint la loi de brumaire. Dans son désir de constituer le crédit et d'augmenter la sécurité des transactions, elle obligea les actes translatifs de biens et droits susceptibles d'hypothèques d'être transcrits sur les registres du bureau de la conservation des hypothèques dans l'arrondissement duquel les biens seraient situés. Jusque là, ils ne pouvaient être opposés aux tiers qui auraient contracté avec le vendeur et qui se seraient conformés aux dispositions de la loi (1).

Il résultait de cette disposition, 1° que les créanciers du vendeur, dont les titres étaient passés dans l'intervalle de l'acte de vente à la transcription, avaient hypothèque sur les biens vendus s'ils avaient requis inscription avant la transcription de l'acte de vente; 2° que le second acquéreur du même bien était préféré au premier, s'il avait fait transcrire avant lui.

Le code Napoléon n'établit aucune distinction entre les parties et les tiers; vis-à-vis des uns et des autres, les contrats ont toute leur valeur aussitôt qu'ils sont formés.

L'obligation de livrer est parfaite par le seul consentement des parties contractantes et rend le créancier propriétaire (1138).

Comme conséquence, « la vente est parfaite entre les parties et la propriété est acquise de droit à l'acheteur à l'égard du vendeur, dès qu'on est convenu de la chose et du prix, quoique la chose n'ait pas encore été livrée ni payée (1583). »

(1) En examinant la loi nouvelle, on peut voir que c'est le même esprit qui a présidé à sa rédaction.

La transcription n'est plus nécessaire pour consolider la propriété. Elle est seulement utile pour parvenir à purger l'immeuble des hypothèques dont il est grevé.

Par cette cause, depuis le Code Napoléon jusqu'au Code de procédure, les créanciers du vendeur n'ont plus eu la faculté d'acquérir de droit hypothécaire depuis la vente jusqu'à la transcription : ce qui constitue un changement radical des principes de la loi de brumaire. Ils n'ont même pas pu faire inscrire dès l'instant de la vente, et en l'absence de toute transcription, des droits hypothécaires acquis avant cette vente, parce que la propriété de l'immeuble ayant été transférée à l'acquéreur aussitôt la vente, elle ne peut plus être grevée d'une nouvelle charge, d'une hypothèque.

Sous la loi de brumaire, la fraude s'était fait jour de deux manières : l'une, en se hâtant de faire transcrire une deuxième vente, afin de primer la première ; la deuxième en acquérant des droits hypothécaires depuis la vente consentie, et en prenant inscription avec une promptitude telle que l'on arrivait avant la transcription.

Le Code Napoléon n'avait plus permis ces fraudes; mais comme les lois ne peuvent jamais être parfaites, le créancier n'avait souvent pas le temps de requérir inscription avant que la vente ne fût consentie : alors il perdait son droit.

Le Code de procédure, dans son article 834, a mis un terme à ce danger; il a autorisé les créanciers à inscrire, dans la quinzaine de la transcription de l'acte de vente, les titres hypothécaires souscrits par le vendeur avant l'aliénation par lui consentie.

Le moyen pour l'acquéreur de purger son immeuble des hypothèques qui le grèvent, se rattache aux hypothèques elles-mêmes qui font l'objet du paragraphe suivant.

§ 2. — *Des hypothèques. — Droit ancien. — De la constitution du droit d'hypothèque.*

L'hypothèque était générale de sa nature; elle embrassait tous les biens du débiteur, les biens à venir comme les biens présents, sans qu'il fût nécessaire de la rendre publique.

Les actes devant notaires, les actes sous signatures privées reconnues devant notaires ou tenues pour reconnues en justice, emportaient hypothèque, à cause de tous les engagements que les parties y souscrivent; les jugements conféraient hypothèque pour raison des condamnations.

La loi produisait aussi une hypothèque appelée tacite, au profit :

1° De la femme sur les biens de son mari, du jour de la célébration de son mariage pour la restitution de sa dot, son douaire, ses autres conventions de mariage, le remploi de ses propres aliénés et l'indemnité pour les dettes auxquelles elle s'était obligée;

2° Des mineurs pour le reliquat du compte de leur tutelle, sur les biens de leur tuteur, depuis le jour où la tutelle commençait;

3° De qui de droit sur les biens de tous les administrateurs, tels que les administrateurs d'hôpitaux, fabriciens, curateurs d'interdits, syndics de communauté, depuis le jour où commençait leur administration;

4° Du fisc sur les biens de ses débiteurs.

Il y avait encore des hypothèques tacites limitées à de certains biens : — telle l'hypothèque tacite d'un coportageant sur les biens compris aux lots des copartageants, pour toutes les obligations résultant du partage, quoiqu'il n'ait pas été fait par acte devant notaire; — celle que la loi donne aux légataires, sur la portion des biens de la succession échue à chacun des héritiers du testateur, pour la part dont chacun d'eux est tenu dans leur legs.

Outre les hypothèques, il y avait encore des priviléges : — les frais de justice; — les frais funéraires et de la dernière maladie, dont le privilége s'étendait sur les immeubles, si le mobilier de la succession ne suffisait pas pour payer cette dette; — le vendeur et le copartageant; —les créanciers du vendeur qui n'avait pas purgé.

Ce dernier privilége n'existe plus, les autres se trouvent dans le Code Napoléon, art. 2101, 2103, 2104, 2105, 2108 et 2109.

Il en est de même de l'hypothèque légale de la femme, du mineur et de l'interdit (2135); — l'hypothèque sur les biens des administrateurs a été conservée en principe, mais n'est pas appliquée aux mêmes fonctions (2098 et 2099).

L'hypothèque conventionnelle attachée aux actes passés devant notaire, a subi de profondes modifications que nous ferons connaître.

Une hypothèque sur tous les biens présents et à venir, est encore attachée aux jugements pour assurer le paiement des condamnations.

De la purge des hypothèques.

C'est au droit français qu'il faut reporter l'origine des formalités tracées par le Code Napoléon pour purger les propriétés des hypothèques qui les grèvent.

Comme expédient, on avait recours aux formes usitées pour la vente des immeubles par autorité de justice, appelées décret forcé : — dans cette prévision, l'acquéreur stipulait qu'il pourrait faire un décret volontaire, et qu'il ne serait tenu de payer le prix de l'acquisition que si le décret était scellé sans aucune opposition.

Pour parvenir à ce but, l'acquéreur faisait faire sur lui, quelquefois sur le vendeur, suivant les stipulations arrêtées sur ce point, une saisie réelle de l'immeuble par un créancier vrai ou simulé. — Il en était de même du donataire.

Comme cette saisie avait lieu du consentement de l'acquéreur, on l'appelait décret volontaire.

On observait, pour les décrets volontaires, toutes les formalités des saisies réelles; pendant leur accomplissement, et jusqu'à ce que la grosse du jugement d'adjudication qu'on appelait décret, eut été scellée, tout créancier hypothécaire pouvait former des oppositions qui n'arrêtaient pas le cours du décret, ni la vente de l'héritage saisi; les oppositions se convertissaient ordinairement en saisie-arrêt sur le prix.

L'adjudication prononcée, sans qu'il soit survenu d'enchère de tiercement dans le délai prescrit, le greffier faisait, pour l'adjudicataire, une expédition qu'on appelait la *grosse du décret*. Elle devait être envoyée chez le scelleur pendant vingt-quatre heures, temps pendant lequel on pouvait encore former des oppositions.

Du temps de Pothier, on n'apposait plus de sceau; on se contentait de faire mention sur la grosse que l'acte avait été scellé, et que les droits avaient été payés.

Lorsqu'il y avait décret forcé, le procureur de l'adjudicataire devait remettre au greffe la quittance du receveur des consignations du prix que l'adjudicataire avait dû consigner, le greffier la gardait comme minute du décret et la transcrivait au bas de la grosse du même décret. Il était aussi défendu aux greffiers par l'édit de février 1689 de délivrer les décrets, soit en entier, soit par extrait, que la quittance de consignation ne leur ait été remise. L'ordre se suivait sur le prix ainsi déposé.

Dans le cas des décrets volontaires, afin d'éviter les droits de consignation, on faisait rendre un jugement qui convertissait les oppositions que les créanciers avaient formées au décret volontaire en saisies-arrêts, sur lequel les créanciers seraient payés suivant l'ordre de leurs hypothèques.

L'adjudication sur décret volontaire n'était qu'un acte confirmatif du contrat, de sorte que si l'acquéreur se faisait adjuger l'héritage pour un prix moindre que celui porté au contrat, il n'en devait pas moins acquitter le prix en totalité; si le prix était plus élevé, le vendeur devait indemniser l'acquéreur de ce qu'il lui en avait coûté de plus.

Par l'édit de 1551, le décret purgeait toutes les charges non indiquées dans l'affiche et toutes les hypothèques; il éteignait tous les droits de propriété et les autres droits réels que des tiers auraient pu avoir dans cet héritage; et cela quelles que fussent les personnes à qui ces droits appartenaient; l'église, ni les mineurs ne pouvaient être restitués contre le défaut d'opposition, quand même les mineurs n'auraient eu aucun tuteur.

Étaient exceptés les droits seigneuriaux, — les droits de champart, — les droits de servitudes visibles ; — le douaire de la femme et des enfants lorsqu'il n'était pas ouvert; — et les droits de substitution, lorsque la substitution n'était pas encore ouverte.

L'édit de 1771 fut la dernière loi du régime hypothécaire ancien ; par cet édit, le roi Louis XV, sans rien changer à la manière de constituer le droit d'hypothèque, qui resta tel que nous l'avons indiqué, introduisit un nouveau mode de purger les hypothèques.

Les décrets volontaires furent abrogés, à peine de nullité ; on appliqua aux immeubles réels l'usage des lettres de ratification qui était déjà connu et pratiqué pour les rentes sur l'hôtel-de-ville de Paris, lesquelles étant considérées comme immeubles, étaient susceptibles d'hypothèque.

Il fut créé, dans tous les siéges royaux, une chancellerie pour expédier et sceller les lettres de ratification, et un conservateur des hypothèques, pour recevoir les oppositions qui y seraient formées.

Tout acquéreur d'immeubles qui voulait purger les hypothèques dont l'immeuble par lui acquis pouvait être grevé, devait obtenir ces lettres.

Pour y parvenir, il fallait d'abord déposer son contrat d'acquisition au greffe du tribunal dans le ressort duquel était situé l'immeuble acquis ; le greffier était tenu d'afficher dans l'auditoire un extrait de ce contrat, contenant les noms, prénoms, qualité et domicile du vendeur, la désignation et la situation de l'immeuble vendu, le prix et les conditions de la vente. — Cet extrait devait demeurer ainsi exposé l'espace de deux mois.

Pendant ce délai, tout créancier légitime du vendeur, hypothécaire ou non, pouvait surenchérir l'immeuble, et chaque surenchère pouvait être couverte par une autre, l'acquéreur étant le maître de conserver l'immeuble pour le plus haut prix auquel il avait été porté, sauf son recours contre le vendeur pour ce qu'il avait été obligé de payer au-delà du prix convenu.

Pendant le même temps, tout créancier hypothécaire du vendeur pouvait former une opposition au sceau des lettres et devait le faire s'il voulait conserver son droit ; ces oppositions devaient être formées entre les mains du conservateur des hypothèques, près du tribunal où la vente était exposée.

Les créanciers hypothécaires, sans attendre qu'il y eût mutation, pouvaient former opposition entre les mains du conservateur; elles produisaient leur effet pendant trois ans; il n'était pas nécessaire qu'elles énonçassent le droit ni la somme pour laquelle elles étaient formées, ni même que les opposants en justifiassent en les formant; elle ne donnaient aucune préférence à ceux qui les avaient formées sur les créanciers qui ne s'étaient opposés que depuis; elles conservaient l'hypothèque à compter de sa date, qui était celle du contrat; en sorte que le créancier dont le titre était antérieur était colloqué le premier à l'ordre, quoiqu'il n'eût formé opposition que le dernier.

Les lettres de ratification étaient expédiées au bout de deux mois écoulés depuis l'exposition de la vente au tableau; le conservateur faisait mention sur le repli de toutes les oppositions survenues entre ses mains, soit depuis l'expédition, soit antérieurement; et les lettres étaient scellées à la charge de ces oppositions. Toutes les autres hypothèques, même celles privilégiées, étaient purgées; on ne pouvait plus les faire valoir contre l'acquéreur; si le conservateur avait négligé ou bien oublié de faire mention de quelqu'opposition utilement formée, il était responsable de ses causes.

Le prix de l'immeuble vendu se distribuait entre les créanciers opposants, suivant l'ordre de leurs priviléges et hypothèques; les oppositions rendaient toutes les créances exigibles. Si après que les opposants étaient entièrement payés, il restait quelque chose sur le prix et qu'il y eût des créanciers privilégiés et hypothécaires qui n'eussent pas formé d'opposition, ce surplus se distribuait entr'eux dans le même ordre.

Tous les créanciers, quels qu'ils fussent, les mineurs, les interdits, les absents, les femmes mariées, devaivent former ces oppositions; il n'y avait d'exceptées que les créances des femmes contre leurs maris, pendant la vie de ceux-ci, à cause des droits éventuels non ouverts, tels que le douaire.

Cet ordre de chose subsista jusqu'à la loi du 11 brumaire, qui commence l'ère du droit nouveau dont nous allons nous occuper.

Il y eut cependant, au mois de messidor an III, une loi appelée le *Code hypothécaire* dont les dispositions avaient beaucoup d'analogie avec la loi de brumaire. Elle contenait en même temps des dispositions qui froissaient les mœurs et les usages à ce point que l'on a soutenu que cette loi n'avait jamais été exécutoire (Cour de cassation, 26 janvier 1807). Nous ferons connaître les parties qui se rapportent à notre sujet.

§ 3. — *Des hypothèques.* — *Droit nouveau.*

Le droit hypothécaire nouveau abandonne les traditions du droit ancien, et subit lui-même des modifications répétées et nombreuses depuis sa création; il devait en être ainsi. Le régime hypothécaire occupe une place importante dans les lois politiques d'un Etat, et les législateurs nouveaux s'appliquent toujours à le rendre auxiliaire de la propagation des principes qu'ils tiennent à faire prévaloir. La *publicité* et la *spécia-*

lité forment la base du droit nouveau et caractérisent de la manière la plus nette sa séparation du droit ancien.

Le germe de ce changement existait dans les coutumes de nantissement de west et dewest, surtout dans la Flandre où la puissance populaire avait acquis une grande force.

Des tentatives avaient eu lieu sous Henri III, par édit du mois de juin 1581, et sous Louis XIV, par édit de mars 1673. Elles furent infructueuses et les édits rapportés presque aussitôt que donnés.

C'est aux principes de 1789 qu'il appartenait de les faire prévaloir, et à la Convention de proclamer la publicité. Dans son code hypothécaire du 9 messidor an III, dont nous avons déjà parlé, l'hypothèque n'est définitivement acquise que par la formalité de l'inscription, qui doit avoir lieu dans le mois, à peine de ne prendre rang que du jour de l'inscription (art. 19 et 20); le montant doit être fixé (art. 16).

Point d'hypothèque légale (art. 17 et 262); il n'y a d'hypothèque que celle résultant d'actes authentiques (art. 3). Les jugements seuls emportent hypothèque sans stipulation (art. 19). Plus d'hypothèques privilégiées, à l'exception de celle de la contribution foncière pour une année échue et celle courante, et du bailleur de fonds pour le prix qui lui est dû (art. 24).

L'hypothèque inscrite s'étend encore sur tous les biens présens et à venir de l'obligé ou condamné (art. 26); elle frappe de plus les biens de leurs héritiers purs et simples, du jour de l'inscription faite nominativement contre eux (art. 26 et 12).

Il appartenait à la loi de l'an VII d'exiger la spécialité. Elle n'accepte pas tous les principes de la loi de l'an III, mais elle est plus éloignée du régime ancien que ne l'est le Code Napoléon. C'est que sous le Code Napoléon, les principes protecteurs de la propriété avaient plus de force qu'en l'an VII. Cette différence sera sensible lorsque nous établirons le parallèle des deux lois.

Le choc des idées anciennes et des idées nouvelles apparaît lors de la discussion du Code Napoléon et dans les travaux qui l'ont précédée.

Les auteurs du premier projet du Code Napoléon avaient rejeté le système de l'an VII, ils étaient revenus au droit ancien.

La majorité des cours d'appel étaient également pour le droit ancien, le conseil d'Etat était partagé, l'Empereur Napoléon, tout en se décidant en faveur du droit nouveau, exigea que la sûreté de la femme et du mineur fut préférée à celle des acquéreurs et des prêteurs. Le Code Napoléon fut, en définitive, une transaction entre le régime hypothécaire ancien et le régime nouveau, inauguré par le Code hypothécaire de l'an III, et régularisé par la loi de brumaire an VII.

Afin de fournir des enseignements sur la nouvelle loi hypothécaire, en même temps faire suivre les modifications apportées dans le système, nous croyons utile de rapprocher brièvement les dispositions principales de la loi de brumaire et du Code Napoléon.

Il y a privilége au profit du vendeur, pour sûreté du prix et des charges. Le privilége donne le droit d'être préféré aux autres créanciers, quoique antérieurs à l'inscription, mais il ne produit son effet que par l'inscription (Loi de brumaire, art. 1 et 2 ; Code Napoléon, 2095, 2103, 2106 et 2108).

Il y a privilége au profit des cohéritiers sur les immeubles de la succession, pour la garantie de partage entre eux et des soultes et retour de lots, à la charge de le faire inscrire dans les soixante jours pour les soultes et retour de lots (Code Nap. 2103 et 2109).

Le code a emprunté ce privilége à l'ancien droit; sous le régime hypothécaire de la loi de brumaire, les soultes de partage n'étaient point classées parmi les créances privilégiées ou ayant hypothèque en vertu de la loi; l'hypothèque devait être consentie.

L'une et l'autre loi reconnaît qu'il y a privilége, sans qu'il soit besoin de le faire inscrire, pour les frais de scellés et d'inventaire,—de dernière maladie et d'inhumation, et les gages des domestiques; le code Napoléon a ajouté les frais de subsistance. (L. de brum. art. 11 ; code Nap. 2101, 2104 et 2107).

Suivant le Code Napoléon, il ne peut y avoir d'hypothèque générale que celle qui est ou légale, c'est-à-dire qui résulte de la loi; ou judiciaire, c'est-à-dire qui résulte de jugements ou actes judiciaires (Code Nap. 2117, 2122 et 2123).

L'hypothèque judiciaire n'a de rang que du jour de l'inscription, qui vaut à sa date sur tous les biens présents et à venir (2134).

L'hypothèque existe indépendamment de toute inscription (2135) :

1° Au profit des mineurs et interdits sur les immeubles appartenant à leur tuteur, à raison de sa gestion, du jour de l'acceptation de la tutelle ;

2° Au profit des femmes, sur les biens de leurs maris, — pour raison de leurs dots et conventions matrimoniales à compter du jour du mariage,— pour les sommes dotales qui proviennent de successions à elles échues ou de donations à elles faites pendant le mariage, à compter de l'ouverture des successions ou du jour que les donations ont eu leur effet, – pour l'indemnité des dettes qu'elles ont contractées avec leurs maris, et pour le remploi de leurs propres aliénés, à compter du jour de l'obligation ou de la vente.

Des formalités sont établies afin de purger les hypothèques quand il n'existe pas d'inscription sur les biens des maris et des tuteurs (2193, 2194 et 2195).

L'hypothèque conventionnelle n'est valable que si dans l'acte constitutif du droit d'hypothèque on indique la nature et la situation de chacun des immeubles actuellement appartenant au débiteur sur lesquels il consent hypothèque; néanmoins il peut, en cas d'insuffisance des biens présents, et en déclarant cette insuffisance, consentir que chacun des biens qu'il acquerra par la suite y demeure affecté à mesure des acquisitions (2129, 2130).

L'hypothèque conventionnelle n'a rang que du jour de l'inscription, et dans le cas où le débiteur a hypothéqué des biens à venir, le créancier est obligé de requérir inscription au fur et à mesure de chaque acquisition (2134).

Sous la loi de brumaire an VII, l'hypothèque judiciaire n'affectait que les biens appartenant au débiteur lors du jugement (art. 4).

Toute stipulation volontaire ne peut comprendre que des biens appartenant alors au débiteur ; ils doivent être indiqués par nature et situation (art. 4).

L'une et l'autre ne prend rang que du jour de l'inscription (2 et 4); les femmes et les mineurs ont un droit d'hypothèque sur *tous les biens présents et à venir* de leurs maris et tuteurs, à la charge de le faire inscrire, et, comme chaque inscription ne comprend que les biens présents, il doit en être requis de nouvelles au fur et à mesure de chaque acquisition (art. 4).

Toute inscription doit, sous la loi de brumaire, contenir les renseignements prescrits par l'art 2148 du C. Nap.

Sous le Code Napoléon, l'inscription d'hypothèque légale ou judiciaire frappe tous les immeubles compris dans l'arrondissement du bureau, sans qu'il soit besoin de les indiquer (art. 2148). Sous la loi de brumaire, l'hypothèque de la femme et des mineurs jouit seule de cette faveur ; l'hypothèque judiciaire doit faire connaître dans l'inscription les biens que l'on entend grever, de même que dans l'inscription d'une hypothèque conventionnelle (art. 4 et 17).

Toute inscription doit être renouvelée dans les dix années de sa date (Code Nap., 2154).

Sous la loi de brumaire, l'inscription conserve aussi l'hypothèque et le privilége pendant dix ans ; néanmoins leur effet subsiste sur les tuteurs jusqu'à l'apurement définitif des comptes et six mois au-delà, et sur les époux pendant tout le temps du mariage et une année après (art. 21 et 23).

En assujettissant l'hypothèque légale de la femme à l'inscription, et en limitant l'effet de cette inscription à une année après le mariage, on était conduit, sous la loi de brumaire, à cette conséquence, que les héritiers de la femme devaient renouveler cette inscription dans l'année, faute de quoi leurs droits étaient primés par des hypothèques, même conventionnelles, lorsque leur inscriptipn était antérieure en date.

Le Code Napoléon, au contraire, en n'assujettissant pas l'hypothèque légale de la femme à l'inscription et en ne fixant aucun délai, même à l'égard des héritiers, transmet les droits de la femme à ses héritiers, tels qu'elle les avait elle-même, c'est-à-dire que les héritiers de la femme ne sont, pas plus qu'elle, obligés de requérir inscription.

De la dispense de l'inscription est encore née pour les tiers une position qui n'existait ni sous l'ancien régime, ni sous la loi de brumaire.

La femme peut subroger un créancier dans le bénéfice de son hypothèque légale ; sa subrogation prend rang aussitôt qu'elle a été consentie.

Sous le régime ancien, il n'y avait pas de préférence entre les créanciers qui avaient la femme pour obligée ; tous venaient en sous ordre et par concurrence sur ses reprises.

Sous la loi de brumaire, l'hypothèque légale de la femme devait être inscrite et ne prenait rang que du jour de l'inscription ; si elle était inscrite, le créancier se faisait subroger ; si elle n'était pas inscrite, comme il en prenait une à son nom, la subrogation dans l'hypothèque légale de la femme ne lui présentait pas d'avantages.

Les créanciers ayant privilége ou hypothèque inscrite sur un immeuble, le suivent en quelques mains qu'il passe, pour être colloqués et payés suivant l'ordre de leurs créances ou inscriptions (loi de brumaire, art. 14 ; C. Nap. 2114 et 2166).

Lors même que le contrat est transcrit, le vendeur ne transmet à l'acquéreur que la propriété et les droits qu'il avait lui-même sur la chose vendue, et les transmet sous l'affectation des mêmes priviléges et hypothèques dont il était chargé (art. 28, loi de brum.; 2182 C. Nap.).

Afin de garantir l'acquéreur des poursuites que les créanciers privilégiés ou hypothécaires pourraient diriger contre lui en vertu du droit de suite et afin d'empêcher que les ventes fussent faites à vil prix, dans le but de frauder les droits des créanciers qui ont conservé leur privilége et leur hypothèque, la loi de brumaire, art. 30 et suivants, et le Code Napoléon, art. 2181 et suivants, prescrivent à l'acquéreur de leur faire connaître le contrat de vente et les charges qui grèvent l'immeuble, en leur notifiant le contrat et l'état délivré à la transcription; les créanciers peuvent requérir la mise aux enchères, en faisant la soumission de porter ou faire porter le prix à un dixième en sus (2183 et suiv., C. Nap.).

Au moyen de la notification, l'immeuble acquis est libéré de tout privilége et hypothèque, lorsque l'acquéreur a payé son prix aux créanciers en ordre de le recevoir, ou quand il l'a consigné.

Sur ce point, la loi de brumaire différencie du Code Napoléon. Sous la loi de brumaire, l'acquéreur jouissait des délais accordés au vendeur par ses créanciers ; le Code Napoléon exige, au contraire, que l'acquéreur prenne l'engagement, en notifiant son contrat, d'acquitter sur-le-champ les dettes et charges hypothécaires, jusqu'à concurrence seulement du prix, sans distinction des dettes exigibles ou non exigibles (art. 2184).

Nos lois anciennes avaient établi comme règle que *la transmission* au profit de l'acquéreur était *subordonnée au paiement du prix*, ce qui donnait le droit de faire résoudre la vente à défaut de paiement.

La loi de brumaire, édictée sous ce régime, n'avait apporté aucune modification ; elle accordait aussi un privilége pour assurer le paiement du prix ; le vendeur avait deux droits distincts, le droit de se présenter à l'ordre comme privilégié, et le droit, comme condition tacite, de faire résoudre la vente : le Code Napoléon a confirmé ces deux droits.

Les *transmissions par donation* sont, sous l'empire de la loi de brumaire et sous le Code Napoléon, assujetties à la transcription pour être opposables aux tiers.

Indépendamment du privilége et de l'action résolutoire, constitués pour assurer le paiement du prix des ventes volontaires, le législateur accorde le droit de vente sur *folle enchère* aux ventes judiciaires (art. 737 et suiv. du C. de proc. civ.) : l'acquéreur est censé n'avoir jamais été propriétaire. On a voulu donner ainsi une plus grande sanction aux ventes ordonnées par justice.

Des critiques nombreuses ont été dirigées contre le régime hypothécaire du Code Napoléon. « Par ses imperfections, il éloi« gne les capitaux des prêts sur immeubles, » disaient ses détracteurs : des hommes graves, sans les approuver complétement, s'en sont rendus les échos, l'opinion publique s'en est émue, et ce mouvement a trouvé dans la révolution de 1848 un auxiliaire puissant.

Une commission fut chargée en 1849, par M. le garde des sceaux, de préparer un projet de loi sur la réforme hypothécaire.

Des travaux immenses furent faits sous la Législative pour réformer le régime hypothécaire et établir le crédit foncier : ils n'eurent aucun résultat.

Le crédit foncier a été institué par le décret du 28 février 1852.

Et la loi du 23 mars 1855, qui doit faire l'objet de notre examen, contient dans ses dispositions les parties qui ont été signalées d'une manière plus générale dans toutes les critiques.

COMMENTAIRE

OU

EXPLICATION PRATIQUE DE LA LOI DU 23 MARS 1855

SUR LA

TRANSCRIPTION EN MATIÈRE HYPOTHÉCAIRE

LOI DU 23 MARS 1855.

ART. 1er. Sont transcrits au bureau des hypothèques de la situation des biens :

1° Tout acte entre vifs, translatif de propriété immobilière ou de droits réels susceptibles d'hypothèque ;

2° Tout acte portant renonciation à ces mêmes droits ;

3° Tout jugement qui déclare l'existence d'une convention verbale de la nature ci-dessus exprimée ;

4° Tout jugement d'adjudication, autre que celui rendu sur licitation au profit d'un cohéritier ou d'un copartageant.

ART. 2. Sont également transcrits :

1° Tout acte constitutif d'antichrèse, de servitude, d'usage et d'habitation ;

2° Tout acte portant renonciation à ces mêmes droits ;

3° Tout jugement qui en déclare l'existence en vertu d'une convention verbale ;

4° Les baux d'une durée de plus de dix-huit années ;

5° Tout acte ou jugement constatant, même pour bail de moindre durée, quittance ou cession d'une somme équivalente à trois années de loyers ou fermages non échus.

ART. 3. Jusqu'à la transcription, les droits résultant des actes et jugements énoncés aux articles précédents ne peuvent être opposés aux tiers qui ont acquis des droits sur l'immeuble et qui les ont conservés en se conformant aux lois.

Les baux qui n'ont point été transcrits ne peuvent jamais leur être opposés pour une durée de plus de dix-huit ans.

Art. 4. Tout jugement prononçant la résolution, nullité ou rescision d'un acte transcrit, doit, dans le mois à dater du jour où il a acquis l'autorité de la chose jugée, être mentionné en marge de la transcription faite sur le registre.

L'avoué qui a obtenu ce jugement est tenu, sous peine de cent francs d'amende, de faire opérer cette mention, en remettant un bordereau rédigé et signé par lui au conservateur, qui lui en donne récépissé.

Art. 5. Le conservateur, lorsqu'il en est requis, délivre, sous sa responsabilité, l'état spécial ou général des transcriptions et mentions prescrites par les articles précédents.

Art. 6. A partir de la transcription, les créanciers privilégiés ou ayant hypothèque, aux termes des articles 2123, 2127 et 2128 du C. N., ne peuvent prendre utilement inscription sur le précédent propriétaire.

Néanmoins, le vendeur ou le copartageant peuvent utilement inscrire les priviléges à eux conférés par les articles 2108 et 2109 du C. N., dans les quarante-cinq jours de l'acte de vente ou de partage, nonobstant toute transcription d'actes faite dans ce délai.

Les art. 834 et 835 du C. proc. civ. sont abrogés.

Art. 7. L'action résolutoire établie par l'art. 1654 du C. N. ne peut être exercée après l'extinction du privilége du vendeur, au préjudice des tiers qui ont acquis des droits sur l'immeuble du chef de l'acquéreur, et qui se sont conformés aux lois pour les conserver.

Art. 8. Si la veuve, le mineur devenu majeur, l'interdit relevé de l'interdiction, leurs héritiers ou ayants cause, n'ont pas pris inscription dans l'année qui suit la dissolution du mariage ou la cessation de la tutelle, leur hypothèque ne date, à l'égard des tiers, que du jour des inscriptions prises ultérieurement.

Art. 9. Dans le cas où les femmes peuvent céder leur hypothèque légale ou y renoncer, cette cession ou cette renonciation doit être faite par acte authentique, et les cessionnaires n'en sont saisis à l'égard des tiers que par l'inscription de cette hypothèque prise à leur profit, ou par la mention de la subrogation en marge de l'inscription préexistante.

Les dates des inscriptions ou mentions déterminent l'ordre dans lequel ceux qui ont obtenu des cessions ou renonciations exercent les droits hypothécaires de la femme.

Art. 10. La présente loi est exécutoire à partir du 1er janv. 1856.

Art. 11. Les articles 1, 2, 3, 4 et 9 ci-dessus ne sont pas applicables aux actes ayant acquis date certaine et aux jugements rendus avant le 1er janv. 1856.

Leur effet est réglé par la législation sous l'empire de laquelle ils sont intervenus.

Les jugements prononçant la résolution, nullité ou rescision d'un acte non transcrit, mais ayant date certaine avant la même époque, doivent être transcrits conformément à l'art. 4 de la présente loi.

Le vendeur dont le privilége serait éteint au moment où la présente loi deviendra exécutoire pourra conserver vis-à-vis des tiers l'action résolutoire qui lui appartient, aux termes de l'art. 1654 C. N, en faisant inscrire son action au bureau des hypothèques, dans le delai de six mois à partir de la même époque.

L'inscription exigée par l'art. 8 doit être prise dans l'année à compter du jour où la loi est exécutoire; à défaut d'inscription dans ce délai, l'hypothèque légale ne prend rang que du jour où elle est ultérieurement inscrite.

Il n'est point dérogé aux dispositions du C. N. relativement à la transcription des actes portant donation ou contenant des dispositions à charge de rendre ; elles continueront à recevoir leur exécution.

ART. 12. Jusqu'à ce qu'une loi spéciale détermine les droits à percevoir, la transcription des actes ou jugements qui n'étaient pas soumis à cette formalité avant la présente loi, est faite moyennant le droit fixe de 1 fr.

COMMENTAIRE.

ARTICLE PREMIER.

Sont transcrits au bureau des hypothèques de la situation des biens :

1° Tout acte entre vifs, translatif de propriété immobilière ou de droits réels susceptibles d'hypothèque ;

2° Tout acte portant renonciation à ces mêmes droits ;

3° Tout jugement qui déclare l'existence d'une convention verbale de la nature ci-dessus exprimée ;

4° Tout jugement d'adjudication autre que celui rendu sur licitation au profit d'un cohéritier ou d'un copartageant.

SOMMAIRE.

1. Les actes entre vifs sont seuls assujettis à la formalité de la transcription.
2. Les testaments ne sont pas soumis à la formalité lorsqu'ils opèrent des mutations de propriété immobilière.
3. Exception lorsqu'ils modifient l'état d'un immeuble qui n'est pas dans la succession du testateur.
4. En principe, tous les contrats translatifs de propriété immobilière sont susceptibles d'être transcrits.
5. On peut faire transcrire un testament contenant un legs particulier pour parvenir à purger d'hypothèques l'immeuble légué.
6. Les actes déclaratifs (partages et autres actes en tenant lieu) sont dispensés de la transcription.
7. Disposition applicable aux partages de communauté et de société.
8. Que ces partages soient faits dans la forme amiable ou judiciaire.
9. Transition à la licitation.
10. Lorsque la vente est faite à un coindivis, dans quel cas il y a vente ou partage.

11. Pour qu'il y ait partage, il n'est pas nécessaire que l'indivision soit *ab initio*.
12. Pour qu'il y ait partage, il faut que l'indivision cesse complétement.
13. L'héritier bénéficiaire qui acquiert doit transcrire dans tous les cas.
14. Si la part d'un indivis est fournie en nature, il y a partage même si l'indivision subsiste entre les autres.
15. Les prélèvements des époux sur la communauté sont de l'essence des partages.
16. Il y a vente si des immeubles propres de la succession du mari sont abandonnés à la veuve en paiement de ses reprises.
17. Il y a vente si la femme renonçante reçoit des biens de communauté en paiement de ses reprises.
18. L'ameublissement d'un immeuble doit être transcrit.
19. Il y a partage si l'on attribue un immeuble à charge de payer les dettes, pourvu que ce ne soit pas à la femme renonçant à la communauté.
20. Les partages entre associés sont déclaratifs.
21. Distinction à établir entre les associés.
22. Même distinction dans le cas de vente de droits dans une société.
23. L'apport d'un immeuble dans une société donne lieu à transcrire.
24. Les mutations par décès n'y donnent pas lieu.
25. Les ventes de valeurs mobilières en sont exemptes.
26. Dispositions spéciales pour les navires de commerce.
27. Les transports de créances, tant qu'il s'agit du droit hypothécaire, ne sont obligatoires vis-à-vis des tiers que par la mention sur les registres des hypothèques.
28. Des immeubles par destination.
29. Ils ne peuvent être vendus ni saisis séparément de l'immeuble.
30. Conditions pour que des meubles deviennent immeubles par destination.
31. De l'immobilisation des actions de la Banque de France.
32. Pour qu'il y ait lieu de transcrire, il ne suffit pas que l'acte soit translatif, il faut que la vente soit d'immeubles ou de droits réels susceptibles d'hypothèques.
33. Indication de divers actes translatifs de propriété.
34. L'exercice du droit de réméré donne lieu à transcrire.
35. De la vente faite par l'acquéreur à réméré.
35 *bis* De la vente du droit de réméré.
36. Du terme pour la transcription du rachat.
36 *bis*. Suite.
36 *ter*. Des ventes sous une condition suspensive.
37. Utilité de la transcription lorsque le sort de la vente est fixé.
38. La vente de constructions sur le terrain d'autrui doit être transcrite.
39. Exceptions si les constructions sont vendues pour être démolies.
40. Même exception si la vente est faite au propriétaire du fonds.
41. *Emphitéose*. Le bail à emphitéose doit être transcrit.
41 *bis*. Suite, la vente par le propriétaire du fonds doit être transcrite.
42. La cession de son droit par le preneur doit être transcrite.
42 *bis*. Des domaines congéables ; ce que c'est.
43. La dation à congément doit être transcrite.
44. De même la vente par le domanier.
45. Cession du droit de congément par le propriétaire doit être transcrite.
46. Cession de tous ses droits par le propriétaire doit être transcrite.
47. Congément par le propriétaire de même.

Voir la suite à la page 258, *n°* 334 *à* 342 *bis*.

---

1. Les actes entre vifs sont seuls soumis à la formalité de la transcription ; comme le paragraphe 1er de l'art. 1er est le seul dans lequel la qualification d'actes entre vifs soit énoncée, M. Duclos en fit l'observation dans le cours de la discussion, pensant y trouver une omission qui pourrait faire croire que les autres dispositions des deux articles 1 et 2 sont applicables même à des actes qui n'ont pas la nature d'actes entre vifs ; cependant, ajouta-t-il, d'après l'opinion de la commission partagée par le Conseil d'état, ces derniers actes sont seuls soumis à la transcription.

A cette observation, M. de Belleyme, rapporteur de la commission, répondit que la rédaction des deux premiers articles, dans son ensemble, ne permet pas de supposer qu'ils s'appliquent à autre chose qu'à des actes entre vifs.

2. Les testaments ne sont pas soumis à la formalité lorsqu'ils opèrent des mutations de propriété immobilière; le projet de loi et la commission ont été d'accord sur ce point, par les motifs suivants :

Le légataire n'est pas partie au testament, comme l'acquéreur à la vente; la plupart du temps il ne le connaît pas, et il peut dépendre de l'héritier de laisser son ignorance se prolonger; il s'écoulera donc nécessairement, à partir du décès, un temps plus ou moins long pendant lequel le légataire sera dans l'impossibilité absolue d'opérer la transcription.

Laissera-t-on pendant ce temps le légataire à la merci de l'héritier, et autorisera-t-on celui-ci à aliéner valablement les immeubles de la succession et à dépouiller le légataire? Cela n'est pas possible.

Le droit du légataire est sacré, puisqu'il résulte de la volonté d'un mourant; on ne peut admettre qu'il dépende de l'héritier de l'anéantir.

S'il était possible de donner au légataire le moyen d'assurer son droit, on pourrait l'assujettir à le faire; mais lui imposer la formalité de transcription, c'est lui imposer une condition qu'il ne dépend pas de lui de remplir.

A côté de l'intérêt du légataire se présente celui du testateur; faire dépendre la validité des testaments de leur transcription, c'est altérer la faculté de tester. La validité d'un testament ne dépendra plus du fait seul du testateur; il aura beau avoir observé toutes les prescriptions de la loi, il en restera une qu'il ne peut remplir, qui ne peut être exécutée qu'après son décès et par une main étrangère, c'est cette formalité, dont l'accomplissement et l'inaccomplissement fera ou défera le testament.

La possibilité pour les testateurs de faire des testaments

authentiques, de déposer leur testament olographe chez un notaire ou chez un ami, peut, sans doute, faire disparaître en fait la gravité de l'obligation; mais en droit, il resterait toujours ceci, que la faculté de faire un testament valable n'existerait plus complétement, et que la volonté des testateurs resterait subordonnée à un fait qui ne peut être que postérieur à leur décès.

Enfin, la mise en pratique de la transcription soulèverait de sérieuses difficultés par la nécessité d'accorder au légataire un délai pour transcrire. Quelle durée fixera-t-on à ce délai? le fera-t-on courir du jour du décès ou de la connaissance acquise du testament? Voilà des questions qui se présenteraient, et dont les solutions ne seraient pas nettes et satisfaisantes (Rapport de M. de Belleyme).

3. En principe, les dispositions testamentaires ne sont pas assujetties à la formalité de transcription, mais il arrive quelquefois que les testaments contiennent des dispositions gratuites qui modifient un immeuble, soit en créant une servitude à son profit, soit en l'en dégrevant. La règle ne souffre pas de modification lorsqu'il s'agit d'immeubles appartenant au défunt, mais si la disposition s'applique à un immeuble qui est dans la main d'un tiers, la transcription est obligatoire, par exemple : j'autorise B. à ouvrir des jours directs sur ma propriété de ..., il n'y à pas lieu à transcription; mais si la disposition porte : mon légataire supportera sur sa propriété de ..., les droits que je donne à C. de faire écouler les eaux de son immeuble A., il y a lieu de transcrire, parce que si c'est l'exécution d'une charge, d'un legs, c'est aussi un fait externe qui exige, de la part du légataire, un acte qui intéresse les tiers avec lesquels il a traité, ou avec lesquels il peut traiter, qui, ne consultant que les titres constitutifs du droit de propriété, ne pourraient découvrir le démembrement qui a eu lieu; le droit ne sera donc définitivement acquis au légataire que du jour de la transcription de l'acte de délivrance du legs.

4. La non obligation de faire transcrire les testaments, ne nous paraît pas apporter de modification à l'art. 2181 du Code Napoléon, qui indique, comme susceptibles de transcription, *tous les contrats translatifs de la propriété* immobilière ou de droits réels immobiliers, sans faire de distinction entre les actes entre vifs et les actes testamentaires. La loi nouvelle attribue à la transcription un double caractère, la saisine et le premier acte pour la purge, tandis que le Code Napoléon ne donne à la transcription que le caractère de premier acte de la purge. Elle est maintenant obligatoire pour les actes indiquées aux art. 1er et 2; elle est facultative pour tous les autres actes translatifs de propriété qui tombent sous l'application de l'art. 2181.

5. Ainsi, les testaments qui contiennent des legs particuliers d'immeubles, sont susceptibles d'être transcrits lorsque les biens contenus dans le legs sont grevés d'hypothèques qu'on veut purger : à la vérité l'art. 2181 semble ne requérir la trancsription que pour *les contrats* translatifs de propriété, mais c'est un vice de rédaction, et quoique les testaments ne soient pas des contrats, on doit transcrire celles de leurs dispositions qui contiennent des legs particuliers.

Les seuls légataires à titre particulier, de même que les donataires à titre particulier, ont la faculté de transcrire pour purger, car ils ne sont pas tenus personnellement des dettes du testateur et du donateur, et c'est un principe invariable, que celui-là seul peut purger, qui n'est pas personnellement obligé. Troplong, *des Hyp.*, nº 903.

6. Le projet de loi présenté à l'Assemblée législative obligeait à la formalité de la transcription les actes déclaratifs de propriété, c'est à savoir les partages et autres actes en tenant lieu.

Cette question, examinée par la commission de l'Assemblée législative, a reçu une solution négative, et par suite on a supprimé la disposition obligatoire de la transcription, et pour qu'aucun doute ne pût exister à cet égard, on a ajouté une disposition expresse à la quatrième disposition de l'art. 1er; elle ne contenait que ces mots : tout jugement d'adjudication ; maintenant l'article porte : les jugements autres que celui rendu sur licitation au profit d'un cohéritier ou d'un copartageant.

La transcription n'a aucune utilité à l'égard des créanciers de la succession, qui peuvent conserver leurs droits nonobstant tout partage.

L'intérêt ne peut exister qu'à l'égard du créancier de l'un des cohéritiers, et dans le cas où ce créancier aura pris inscription avant que le partage ait été transcrit.

Dans ce cas, le partage pourra-t-il lui être opposé, ou bien sera-t-il nul et non avenu à son égard?

La nullité du partage non transcrit a été soutenue par assimilation de la vente et des actes translatifs, qui ne sont opposables aux tiers qu'après la transcription.

Elle a été repoussée par cette considération que, dans notre droit, le partage est déclaratif, et non pas attributif de propriété ; que si ce caractère est une fiction de la loi, cette fiction n'en est pas moins la base des règles et des effets du partage, et que la changer serait porter le trouble dans les dispositions du Code Napoléon.

Les partages sont des actes qui intéressent la sécurité des familles et sont communs avec tous les membres ; il ne peut donc suffire du fait de l'un des cohéritiers pour y introduire des étrangers. Le droit d'opposition, dont nous parlerons, est tellement d'exception, que l'un des héritiers peut exercer le retrait successoral sur le transport de droits successifs fait par un héritier à un étranger.

Au moins faudrait-il, pour porter atteinte aux dispositions du Code Napoléon sur ce point, que l'intérêt fût puissant ; or, les créanciers des héritiers ont dans les mains un droit équivalent à celui qu'ils puiseraient dans la nécessité de la transcription ; ce droit résulte de l'art. 882 du Code Napoléon ; il consiste dans la faculté de former opposition au partage.

Cette opposition suffit pour que le partage ne puisse plus avoir lieu hors la présence et en fraude du créancier ; que peut-on vouloir de plus en sa faveur, et pourquoi, lorsqu'il aura négligé de former opposition et de veiller à ses droits, lui accorder une nouvelle faculté.

Elle consisterait à lui donner le pouvoir de considérer comme nul tout partage non transcrit antérieurement à l'inscription par lui prise ; elle ferait double emploi avec le droit d'opposition.

7. Les effets du partage sont applicables non seulement aux partages de successions à faire entre les cohéritiers, mais aux partages de communauté (art. 1476) et aux partages de société (art. 1872). L'article 1er, 4°, place sur la même ligne le cohéritier et le copartageant ; il dispense l'un et l'autre de la transcription. On peut donc tenir pour constant que la dispense existe pour toute espèce de partage, quels que soient les ayants droit, lors même qu'ils viendraient à des titres différents.

8. La dispense de la formalité de transcrire existe non seulement pour les jugements d'adjudication rendus sur licitation, mais pour tous les autres actes en tenant lieu, qu'ils soient dans la forme amiable ou judiciaire.

Lorsque tous les copropriétaires ou cohéritiers sont majeurs, jouissant de leurs droits civils, présents ou dûment représentés, ils peuvent s'abstenir des voies judiciaires ou les abandonner, en tout état de cause, et s'accorder pour procéder de telle manière qu'ils avisent (art. 985 du Code de procédure).

Le soin avec lequel, dans tout le cours de la discussion, les divers orateurs ont déclaré que la nouvelle loi n'est qu'un simple complément à la législation établie, nous donne la conviction que l'on n'a pas entendu assujettir à la transcription les licitations amiables, lorsque l'on en dispensait formellement les jugements d'adjudication rendus sur licitation.

Nous devons cependant reconnaître que les termes de la loi, et même son esprit, paraissent contraires à cette opinion, car le but de la nouvelle loi est de donner plus de publicité aux actes se rattachant à la propriété, que ne l'a fait le Code Napoléon, et l'on trouve plus de publicité dans une licitation devant le tribunal, faite avec concurrence, que dans un écrit rédigé entre deux parties sans solennité.

Cependant, comme cette interprétation apporterait de notables changements dans notre jurisprudence, entraverait les affaires en soumettant à la formalité de la transcription nombre d'actes tenant lieu de partage, on doit la repousser et l'on doit penser que l'on a eu en vue, dans le 4° de l'art. 1er, les jugements des tribunaux, portant mutation de propriété, que l'on a voulu faire cesser toute espèce de doute à cet égard, les placer tous sur la même ligne, et les assujettir à la formalité de la transcription, lorsqu'ils ne tiennent pas lieu de partage, lorsqu'ils sont translatifs et non déclaratifs de propriété ; les actes amiables sont régis par le n° 1, et les actes judiciaires par le n° 4.

9. Lorsque, dans une succession, des immeubles sont impartageables, ou si le partage ne peut en être fait qu'avec préjudice, il y a lieu de les vendre par adjudication, et généralement on appelle la concurrence des étrangers; il est même nécessaire de le faire si la licitation doit avoir lieu en justice, à cause de l'absence d'un des héritiers ou de son incapacité d'agir.

De là, diverses hypothèses que nous allons examiner.

10. Elle est une véritable vente lorsque c'est un tiers qui se rend adjudicataire : il faut transcrire. Mais lorsqu'elle est faite au profit d'un des copartageants, elle n'est plus qu'un partage; il ne faut pas l'assimiler à un contrat de vente ; de là, dispense de transcrire. Troplong, *de la Vente*, nos 12 et 872 ; Pothier, du *Contrat de vente*, n° 638 et suivants.

11. Il n'est pas nécessaire que l'indivision soit *ab initio* et au même titre, il suffit qu'elle existe. Notre article n'établit aucune distinction entre les copartageants et les dispense de la formalité.

En effet, si le partage avait lieu en nature, entre copropriétaires, quels que soient leurs titres, on ne pourrait voir entre eux des échanges de part ; c'est cependant à cette conséquence qu'il faudrait arriver, et elle n'est pas admissible avec nos principes en matière de partage.

Si donc il y a partage dans ce cas, il y a partage même lorsque l'un des indivis reçoit sa part en argent ; car la loi reconnaît pour partage tout acte qui a pour objet de faire cesser l'indivision (1) ; elle va même au devant de la difficulté en disant que la différence pourra être compensée par des soultes ou retour (833 et 2109 C. Nap.)

La soulte est de l'essence de la licitation : point de licitation sans soulte. Aussi l'art. 2109 dit-il que les cohéritiers ou copartageants conservent leur privilége sur les biens de chaque lot, ou sur le bien licité, pour la soulte et retour, ou *pour le prix de la licitation par l'inscription dans les soixante jours.*

Ainsi, le copartageant auquel il est dû le prix de la licitation, n'a point le privilége du vendeur, mais seulement le privilége du copartageant ; s'il n'a que le privilége de copartageant, toutes les règles en matière de partage lui sont applicables. L'une d'elles, c'est que chaque cohéritier est censé avoir succédé seul à tous les effets compris dans son lot, *ou à lui échus par licitation,* et n'avoir jamais eu la propriété des autres effets de la succession ; il n'a donc pu les hypothéquer, il est censé avoir succédé seul ; il n'y a pas lieu à transcrire.

On ne fait nulle part allusion à la nécessité d'un droit de propriété au même titre ; loin de là, on applique les règles sur les partages de succession aux partages de communauté et de société. La loi n'envisage que l'indivision (2).

12. Mais il faut que l'indivision cesse complétement ; il ne suffirait pas que ce fût un cohéritier qui vendît à un

(1) 888 C. Nap.
(2) Voir N° 54.

autre cohéritier ; dans ce cas, l'acte a tous les caractères de la vente, il doit être transcrit. Cassation, 21 juin 1848, 12 juillet 1848; *Journal du Palais*, t. II de 1848, p. 672 ; Voyez conforme, 4 février 1822, 24 août 1829, 27 décembre 1830, 31 janvier, 16 mai et 6 novembre 1832, 24 juin 1844 ; *Journal du Palais*, t. I de 1844, p. 332, 19 décembre de 1845 ; t. II de 1846, p. 186, 9 novembre 1847 ; t. II, de 1847, p. 533.

Les deux arrêts que nous allons citer contiennent des indications complètes.

Premier arrêt, 21 juin 1848 : « Attendu qu'aux termes des art. 883 et 886 du C. Nap. combinés, si le partage a pour effet légal d'attribuer immédiatement à chaque propriétaire les effets compris dans son lot, comme s'il n'avait jamais eu la propriété des autres effets de la succession, il n'y a de partage que par l'acte qui fait cesser l'indivision entre tous les cohéritiers ; que les immeubles vendus sur licitation à l'audience des criées du tribunal civil de la Seine, du 24 mai 1845, et dépendant de la succession des époux Mignon, ont été adjugés à quatre des héritiers, entre lesquels l'indivision a continué de subsister ; que par conséquent le jugement d'adjudication n'avait point le caractère d'un partage et n'était point dans le cas d'exception de l'art. 883 du C. Nap. »

Deuxième arrêt, 12 juill. 1838 : « Attendu que l'art. 883 du C. Nap. forme une exception au droit commun suivant lequel l'hypothèque subsiste sur tous les immeubles affectés et les suit dans quelque main qu'ils passent, et que cette exception doit être restreinte aux seuls cas déterminés par la loi ; qu'il résulte du texte et de l'esprit de l'art. 883, que cette exception ne s'applique qu'au cas où l'un des cohéritiers devenu, par l'effet d'un partage ou licitation, seul propriétaire d'un immeuble possédé par indivis, est censé avoir succédé seul et immédiatement à cet immeuble, mais qu'elle ne s'applique pas au cas où par l'effet de la licitation ledit immeuble est resté indivis entre deux ou plusieurs cohéritiers ; que, dans ce dernier cas, les hypothèques créées par l'un des cohéritiers subsistent, et que dès lors le contrat d'adjudication est de nature à être transcrit ; que l'immeuble possédé indivisément par les dames Ballet et Chaffaujon et par le sieur Ballet, a été adjugé, sur licitation, aux dames Ballet et Chaffaujon conjointement, que dès lors, l'indivision n'ayant pas complétement cessé, le contrat devait être transcrit aux termes de l'art. 54 de la loi du 28 avril 1816. »

13. L'adjudication au profit de l'héritier bénéficiaire, d'immeubles dépendant de la succession, a besoin d'être transcrite, même lorsque l'indivision cesse complétement entre les héritiers, et ce, soit pour faire fixer le prix de la vente, relativement aux créanciers inscrits, soit pour purger les hypothèques du chef de l'auteur de la succession ; de plus l'héritier bénéficiaire qui s'est rendu adjudicataire demeure comptable et a intérêt à faire fixer le prix et purger les priviléges et hypothèques.

14. Il arrive quelquefois que plusieurs héritiers fournissent à l'un d'eux sa part en immeubles, ou même en valeurs mobilières dépendant de la succession, et restent dans l'indivision pour le surplus. Dans ce cas, le partage a tous les caractères du partage et n'a aucun des caractères de la vente ; sa part ne lui est point fournie, comme dans la licitation, avec des valeurs appartenant au cohéritier, c'est avec une partie de l'actif héréditaire ; il n'y a donc point de prix, et la garantie en matière de partage subsiste. Il n'y a pas lieu de faire transcrire un pareil acte.

15. Le partage de la communauté, pour tout ce qui concerne ses formes, la licitation des immeubles quand il y a lieu, les effets du partage, la garantie qui en résulte et les soultes, est soumis à toutes les règles qui sont établies au titre des successions pour les partages entre cohéritiers (art. 1476 C. Nap.).

Ainsi, ne sont point assujettis à la transcription les règlements de communauté dans lesquels les époux exercent sur les immeubles les prélèvements auxquels ils ont droit.

L'ordre des prélèvements indiqué par l'art. 1471 est obligatoire de la femme aux créanciers, lorsqu'ils y figurent comme opposants ; mais lorsque les héritiers seuls stipulent, la veuve et les héritiers peuvent procéder comme bon leur semble, attribuer à la veuve tous ses prélèvements en immeubles, sans changer le caractère de l'acte qui reste toujours partage.

16. Si des immeubles propres à la succession du mari sont abandonnés à la femme, pour le paiement de ses reprises, en cas d'insuffisance de l'actif de communauté, l'acte devient translatif de propriété : comme tel, il doit être transcrit.

Le Code Napoléon ne confère point à la femme un droit de propriété sur la chose, mais seulement un droit de créance, et pour qu'il y ait partage, il faut que les parties contractantes aient un droit de propriété conjoint.

C'est une des dérogations que contient le titre de la communauté aux règles de la société ; il était donc nécessaire de l'établir. Les sociétaires ne peuvent exercer les prélèvements auxquels ils ont droit que sur l'actif social ; en cas d'insuffisance, la différence est supportée par les sociétaires, en proportion de leurs droits à la société.

17. Dans le cas de renonciation à la communauté, la femme cesse d'avoir un droit de propriété aux objets en dépendant : elle n'a plus qu'un droit de créance. Il y a donc nécessité de transcrire l'acte qui lui attribue des immeubles en paiement de ses reprises, parce que ce n'est pas comme copropriétaire qu'elle les reçoit, mais comme créancière ; l'acte cesse d'être déclaratif, il devient translatif de propriété (1).

18. L'ameublissement déterminé rend la communauté

(1) Cette question divise les Cours.

propriétaire de l'immeuble ameubli ; il y a donc changement d'état, translation de propriété, par suite nécessité de transcrire.

Cette nécessité, exacte en principe, ne se fera pas sentir d'une manière absolue ; car, si c'est un bien propre au mari, il peut le grever d'hypothèque : il est maître de la communauté ; les engagements qu'il avait antérieurement souscrits, sont un passif de communauté, sauf indemnité ; est-ce un bien propre à la femme, elle ne peut consentir d'hypothèque qu'avec l'autorisation de son mari, l'utilité n'existera que pour prémunir la communauté contre les engagements que la femme aurait souscrits avant le mariage.

19. L'attribution d'un immeuble de la communauté au profit de l'un des époux ou de ses héritiers, afin de le mettre à même de payer une dette de la communauté, ne constitue qu'une convention de partage ; les dispositions sur les divisions des dettes par moitié, entre chacun des époux, ne font point obstacle à ce que, par le partage, l'un ou l'autre des copartageants soit chargé de payer une quotité de dettes autre que la moitié, même de les acquitter entièrement (1490 du C. Nap.).

Il en serait autrement si l'attribution était faite au profit de la femme renonçante ; comme elle est déchargée de toute contribution aux dettes et perd toute espèce de droit sur les biens de la communauté, il n'existe plus à son égard ni lien, ni indivision. L'attribution prend tous les caractères de la vente, les hypothèques consenties par les héritiers le sont valablement.

20. Les règles qui concernent le partage des successions, la forme de ce partage et les obligations qui en résultent entre les cohéritiers, s'appliquent aux partages entre associés (art. 1872 du C. Nap.). Nous nous en référons aux explications que nous avons fournies sur les différents cas qui font cesser l'indivision entre cohéritiers.

21. Il est nécessaire de distinguer la position des associés : ont-ils un *jus in re*, nul doute ; n'ont-ils qu'un droit de commanditaire ou d'actionnaire, dans ce cas, ce sont de simples créanciers, vis-à-vis desquels l'attribution de l'immeuble a tous les caractères de la vente.

22. Telle est aussi la distinction qu'il faut établir, s'il s'agit de la vente des droits dans une société ; est-ce l'un des associés ayant droit à une quotité quelconque de l'actif, tenu à une quotité quelconque du passif, qui vend ? il y a nécessité de transcrire, parce que si les inscriptions prises contre lui personnellement ne produisent aucun effet contre la société, elles valent contre lui. Est-ce un commanditaire ou un actionnaire ? il n'est point indiqué, il n'est obligé qu'à fournir sa commandite, il n'a point de *jus in re ;* il n'a droit lors de la liquidation qu'à une quotité quelconque de l'actif réalisé, et, pendant la durée, qu'à un intérêt ou une part de bénéfices ; il ne peut s'immiscer dans l'administration, ses droits sont plutôt les droits d'un créancier que d'un copropriétaire ; aussi la loi répute-t-elle *meubles* les actions ou intérêts dans les compagnies de finance, de commerce ou d'industrie, encore que des immeubles dépendants de ces entreprises appartiendraient aux compagnies..... Alors point de nécessité de transcrire.

23. Les actes de société dans lesquels l'un des associés fait apport d'un immeuble sont assujettis à la transcription ; cet immeuble cesse d'appartenir privativement à l'associé pour devenir la propriété de l'être collectif société. Les obligations, les engagements de l'associé et de la société doivent être désormais distincts ; il est nécessaire de faire connaître aux tiers le changement d'état de l'immeuble, et de le purger des charges et hypothèques qui pourraient exister de son chef ou du chef de ses auteurs.

24. Les mutations par décès opèrent un changement dans l'état de l'immeuble, en le faisant passer de la tête du décédé sur la tête de son héritier ; cette mutation s'opère par la seule force de la loi, c'est le mort qui saisit le vif; les fraudes qui tendent à enlever la sécurité dans les transmissions des immeubles et dans les placements hypothécaires, ne sont possibles que par le concours de deux actes entre vifs émanés du même propriétaire et portant aliénation de la même chose, ou diminution de son importance et de sa valeur; les transmissions à cause de mort ne peuvent jamais offrir de pareilles armes à la mauvaise foi; tous les engagements souscrits par le défunt frappent les biens dans la main de son héritier, la transcription est inutile.

Ce serait faire dépendre la saisine d'une prise de fait antipathique à nos mœurs. Celui qui prête à un héritier, ou qui veut acheter un bien de la succession, a toutes les facultés possibles de connaître la mouvance, en se faisant mettre les titres sous les yeux. La transcription ne serait donc pour lui qu'un renseignement supplétif, dont les avantages sont trop secondaires pour les faire acheter par des entraves à la transmission des biens. Troplong, *Préface sur le titre des Hypothèques*.

25. Toutes les transactions, les ventes et les mutations de toute nature de valeurs mobilières, ont été exemptées de la formalité de la transcription, parce qu'elles exigent la célérité; il eût même été contraire à l'intérêt génér alde les y soumettre. En fait de meubles, possession vaut titre, et leur transmission entre les mains de l'acquéreur de bonne foi est à l'abri de toute critique de la part d'un créancier; les meubles ne sont pas susceptibles du droit de suite par hypothèque (2119 C. Nap.).

26. Cette règle n'est pas applicable aux navires et bâtiments de mer, pour lesquels il a été fait des lois spéciales (art. 190 et suiv. C. de comm.), il n'y a été apporté aucun changement, la loi qui nous occupe y est étrangère.

27. Dans le transport d'une créance, d'un droit ou d'une action sur un tiers, la délivrance s'opère entre le cédant et le cessionnaire par la remise du titre; à l'égard des tiers, le cessionnaire n'est saisi que par la signification du transport faite au débiteur, ou par l'acceptation par lui de ce transport dans un acte authentique.

La mutation dans les droits hypothécaires, qui sont la suite des transports de créance, ne sont obligatoires vis-à-vis des tiers que par leur mention sur les registres des hypothèques. Jusque-là, le cédant est seul connu, toutes les actions sont valablement suivies contre lui.

28. Les meubles dont l'énumération suit, deviennent immeubles, lorsque ces choses ont été placées par le propriétaire pour le service et l'exploitation d'un fonds; savoir :

Les animaux attachés à la culture; les ustensiles aratoires; les semences données aux fermiers et aux colons partiaires; les pigeons des colombiers; les lapins des garennes; les ruches à miel; les poissons des étangs; les pressoirs, chaudières, alambics, cuves et tonnes; les ustensiles nécessaires à l'exploitation des forges, papeteries et autres usines; les pailles et engrais et tous les effets mobiliers que le propriétaire a attachés au fonds à perpétuelle demeure (art. 625 du C. Nap.).

Ils deviennent accessoires de l'immeuble auquel ils sont attachés; ils peuvent être donnés à hypothèque avec le fonds, ils sont même censés hypothéquées tacitement.

29. La vente de ces objets ne peut être suivie par un créancier ni consentie par le propriétaire séparément de l'immeuble, car ils rentreraient dans la classe des meubles par le fait de la séparation, et aussitôt cette séparation, la distribution s'en ferait entre les créanciers, par la voie de la contribution, et non entre les créanciers hypothécaires d'après les règles attachées aux hypothèques.

Ainsi, le propriétaire diminuerait par son fait le gage de son débiteur, et les créanciers chirographaires pourraient profiter d'une valeur sur laquelle ils ne devaient jamais faire fonds; leur permettre de les saisir et de les faire vendre serait leur accorder cette faculté.

Les dispositions de nos lois qui tendent à l'immmobilisation de certaines choses, ont été établies dans l'intérêt de l'agriculture et pour favoriser la création des manufactures.

Dans les pays où elle existe, elle est tellement connue que nul ne l'ignore, et la vente qui en serait faite constituerait un acte de fraude de la part du vendeur et de l'acquéreur.

30. L'immobilisation n'existe que si les choses immobilisables appartiennent au propriétaire du fonds et sont attachées au fonds qui lui appartient ; lorsque l'une de ces conditions manque, il n'y a pas d'immobilisation, et les choses restent avec leur nature d'objets mobiliers.

31. D'après l'art. 7 du décret du 16 janvier 1808, les actionnaires peuvent donner à leurs actions sur la Banque de France la qualité d'immeubles, en faisant la déclaration dans la forme prescrite pour les transferts, et cette déclaration une fois inscrite sur le registre, les actions immobilisées restent soumises au Code Napoléon et aux lois des priviléges et hypothèques comme les propriétés foncières, en sorte qu'elles ne peuvent être aliénées et les priviléges et hypothèques être purgés qu'en se conformant au Code Napoléon et aux lois relatives aux priviléges et hypothèques sur les propriétés foncières.

32. Pour qu'un acte soit soumis à la transcription, il ne suffit pas qu'il soit fait entre vifs, il faut qu'il soit translatif de propriété immobilière ou de droits réels susceptibles d'hypothèque.

Nous avons indiqué les motifs qui ont fait écarter de la transcription obligatoire les actes qui ne sont pas entre vifs ; la deuxième disposition de l'article y soumet tout changement, lorsque le propriétaire nouveau ne représente pas le précédent. Elle est destinée à procurer aux tiers la publicité matérielle, durable et qui rend facile la recherche des mutations de la propriété immobilière (*Exposé des motifs.*)

33. Les contrats de vente et tous les actes qui en tiennent lieu étant de leur nature translatifs de propriété, doivent être transcrits.

L'échange, la dation en paiement et la mise en société sont également des actes translatifs soumis à la transcription.

34. Dans la vente à réméré, il semblerait n'être pas nécessaire de faire transcrire l'acte de remboursement, parce que le titre constitutif du droit de l'acquéreur fait connaître la clause résolutoire et prévient les tiers que la vente n'est pas définitive; que, dans un cas donné, l'immeuble peut cesser d'appartenir à la personne avec laquelle ils désirent traiter.

Lorsque le vendeur rentre dans son héritage par l'effet du pacte du rachat, il le reprend exempt de toutes les charges et hypothèques dont l'acquéreur l'aurait grevé; donc point d'hypothèques à purger, par suite nulle nécessité de transcrire.

Si l'on ne considère la question qu'au point de vue hypothécaire, nul doute, il n'y a pas nécessité de transcrire.

Mais la loi nouvelle n'envisage pas la question sous ce simple rapport. elle se propose d'augmenter la sécurité dans les transactions, de faire cesser les ventes inconnues : les registres des conservateurs deviennent les registres de l'état civil de la propriété. Comme conséquence rationnelle, le propriétaire indiqué par une transcription est pour les tiers le seul propriétaire jusqu'à ce qu'une transcription soit venue prendre sa place; les jugements qui prononcent la nullité, résolution ou rescision d'un contrat doivent été mentionnés sur les registres, quoique les hypothèques disparaissent. L'adjudication sur folle enchère doit être transcrite, quoique le propriétaire passager soit censé n'avoir jamais été propriétaire; si les partages ne sont pas assujettis à la formalité, c'est parce que chaque partageant est la continuation de la personne indiquée dans la transcription et que l'immeuble reste responsable des engagements de cette personne.

Le rachat opère la *résolution* de la vente transcrite, il doit donc être connu puisque les résolutions doivent l'être; une transcription fait résider la propriété sur la personne de l'acquéreur, les tiers doivent le considérer comme propriétaire jusqu'à ce qu'une autre transcription fasse savoir la résolution de la vente.

La nouvelle loi fait ainsi cesser un inconvénient qui existe dans les ventes à réméré, l'acquéreur ne peut justifier de ce fait négatif que le réméré n'a pas été exercé; maintenant il le pourra en représentant un certificat du conservateur constatant qu'il n'existe pas de transcription.

35. La revente consentie par l'acquéreur à réméré qui est sous le coup de la faculté de rachat, doit être transcrite puisqu'il est propriétaire de l'immeuble.

La transcription porte la transmission à la connaissance du vendeur à réméré, de sorte que le remboursement qu'il ferait à son acquéreur ne serait pas valable : c'est à l'acquéreur de son acquéreur qu'il doit s'adresser et non à d'autres.

35 *bis*. Est-il nécessaire de faire transcrire la cession du droit de rachat? Non parce que ce droit n'est pas susceptible d'être hypothéqué (*V.* n° 59); d'une autre part, si l'acquéreur exercè le réméré, il devra faire transcrire le retrait en sorte que les tiers seront mis à même de connaître les mutations par les registres des hypothèques.

36 Tant que le terme fixé pour le rachat n'est pas expiré, le défaut de transcription du rachat ne nous paraît présenter qu'un inconvénient, c'est à savoir, si l'acquéreur, au mépris du rachat, vendait à un autre qui, de bonne foi, ferait opérer de suite la transcription avant toute mention; l'acquéreur à reméré n'ayant été dessaisi de son droit par aucun fait porté à la connaissance des tiers par la voie légale, ceux-ci doivent penser qu'il l'a encore entier; ils traitent sous la protection de la loi, ils s'y conforment, leur position est préférable à celle du vendeur à réméré qui n'a rien fait de ce qui lui était prescrit et qui, par sa négligence, a induit un tiers dans l'erreur.

La transcription est sans influence vis-à-vis des créanciers, puisque, dans le cas où le vendeur rentre dans son héritage par l'effet du pacte de rachat, il le reprend exempt de toutes charges et hypothèques; il suffit que la transcription ait lieu dans le terme fixé pour le rachat.

36 *bis*. Lorsque la transcription du remboursement est faite après le terme, la position est toute différente vis-à-vis des créanciers inscrits, même si l'acte a acquis date certaine pendant le terme; les inscriptions qu'ils ont requises, n importe à quelle époque, produisent leur effet et grèvent l'immeuble.

Ce point ne pouvait pas faire question dans le sens négatif sous le Code Napoléon, parce que dans le système général de ce Code, la volonté suffit pour former un contrat et pour déplacer la propriété, la preuve de cette volonté a date contre les tiers du jour où elle est consignée dans un acte authentique, et seulement du jour où la date est certaine dans le cas où elle résulte d'un écrit sous seing privé ; la nouvelle loi exige plus, c'est seulement à partir de la transcription que les droits résultant des actes translatifs de propriété peuvent être opposés aux créanciers inscrits.

Or, la transcription a été faite dans un temps où l'action de reméré ne pouvait plus être exercée, elle n'est plus opposable aux tiers.

Nous reconnaissons que le réméré n'est pas une revente, il n'est pas surtout une aliénation volontaire à la condition d'être exercée dans le temps prescrit ; comme l'exercice n'est vis-à-vis des tiers que postérieur, il n'est censé pour eux mis en action qu'après le délai convenu.

Admettre que la transcription peut être postérieure au délai fixé pour le rachat, c'est admettre qu'elle n'est pas obligatoire ; car nous ne voyons pas quelle différence existe, en réalité, entre faire une chose quand bon vous semble, ou ne pas être obligé de la faire. Loin de là, nous avons démontré qu'elle est utile, qu'elle est dans l'esprit de la loi.

Si la transcription du rachat n'est pas obligatoire, la transcription de la vente sur les registres deviendra une négation de la loi ; elle présentera un propriétaire ostensible, tandis qu'il en existera un qui restera secret. L'immeuble apparaîtra comme la propriété d'une personne qui n'aura plus de droit.

S'il faut transcrire, la formalité doit être remplie dans le temps fixé pour le retrait, puisque, passé ce délai, l'immeuble devient la sûreté des créanciers hypothécaires de l'acquéreur à réméré.

36 *ter*. Si la vente est faite sous une condition suspensive, par exemple, l'acquéreur ne sera obligé que si tel immeuble, mis en vente au tribunal, est vendu plus que tel prix à l'audience du....., la transcription n'en doit pas moins être faite immédiatement et sans attendre que la condition se réalise, parce que l'acquéreur sera saisi du droit qu'il espère, aussitôt la transcription, et dans l'intervalle le vendeur ne pourra ni hypothéquer, ni vendre à un autre au préjudice de l'acquéreur ; les tiers seront avertis et devront traiter en conséquence.

Lorsque l'événement se réalise, la vente est parfaite du jour du contrat ; ne se réalise-t-il pas, la vente est censée n'avoir jamais existé.

Ce que nous venons de dire s'applique aux autres ventes conditionnelles ; elles doivent être transcrites aussitôt que le contrat est passé, sans attendre que la condition s'accomplisse.

37. Dans le cas où la vente ne se réalise pas, le vendeur doit faire transcrire la preuve qu'il retire, afin d'apprendre aux tiers qu'ils ne doivent pas compter sur cette garantie, et annuler la transcription qui devient une charge de l'immeuble vendu, dont un acquéreur pourrait demander le dégrèvement avant de payer son prix.

Semblable transcription doit encore être faite de la preuve de l'accomplissement de la condition, pour établir que la propriété est définitivement acquise : l'acquéreur ne doit encore se libérer qu'après l'accomplissement de la formalité.

La sanction de cette obligation se trouve dans la nécessité de réparer le préjudice que la négligence du vendeur ou de l'acquéreur pourrait occasionner.

38. Les constructions sont de leur nature immobilières, même lorsqu'elles sont établies sur le terrain d'autrui ; ce point a été jugé nombre de fois, sur la demande de l'administration de l'enregistrement ; elles sont donc susceptibles d'hypothèques : le contrat de la vente qui en est faite doit être transcrit.

39. Cette règle n'existe pas lorsque les constructions sont vendues à un tiers pour être démolies ; elles n'étaient devenues immeubles que par la fixité donnée aux matériaux et par leur adhérence au sol. Du moment que cette destination cesse, les matériaux retournent à leur premier état ; ils rentrent dans la classe des meubles, l'intention devient évidente dans l'obligation de détruire, l'acquéreur ne trouve dans son titre qu'une valeur mobilière.

40. Doit-on excepter la vente faite au propriétaire du fonds ?

On s'attache plus à la lettre de la loi qu'à son esprit, en décidant que les constructions sont immeubles, abstraction faite du sol ; car les biens qui sont déclarés immeubles ont cette nature à cause de leur immobilité, parce que, eu égard à leur destination, ils ne doivent pas changer de nature ; ils doivent être attachés au sol et y rester autant que les choses humaines le permettent.

Lorsque c'est un locataire que l'on peut expulser à toute demande, et forcer de rendre place nette, ou bien un locataire qui n'a plus qu'un bail très-court, il est impossible d'admettre que ce soit à perpétuelle demeure ; ce ne peut être que passagèrement, ce qui est contraire à l'intention de la loi, qui exige pour l'immobilisation que les objets mobiliers soient attachés au fonds à perpétuelle demeure ; il n'y a que le propriétaire qui puisse attacher au fonds des objets à perpétuelle demeure.

Aussi, dans tous les articles du Code Napoléon, ne parle-t-on que du propriétaire : ainsi, les animaux que le propriétaire du fonds laisse au fermier; — les objets qu'il y a placés, sont immeubles par destination ; — sont aussi immeubles par destination, tous effets mobiliers que le propriétaire a attachés ; — le propriétaire est censé les avoir attachés à son fonds (art. 522, 524, 525 du C. Nap.).

La terre est seule immeuble, et les constructions qui sont établies dessus ne sont que des accessoires ; elles sont tellement accessoires que les constructions faites sur un terrain nu font partie de l'hypothèque, quoiqu'elles aient été élevées depuis la constitution de l'hypothèque, parce qu'elles sont un accessoire du terrain.

Si l'art. 518 indique les bâtiments comme immeubles par leur nature, c'est parce qu'en général les constructions sont faites par le propriétaire sur son terrain, qu'elles doivent avoir une perpétuelle destination.

Les bâtiments sont immeubles, même lorsqu'ils sont établis par un locataire; alors pourquoi les auteurs se sont-ils divisés sur la question d'emphitéose, qui ne présente d'intérêt que par les constructions ? Elle était toute résolue, puisque les constructions sont immeubles par nature.

A l'expiration d'un bail, si le propriétaire acquiert les constructions, elles sont immeubles, et le prix est distribué entre les créanciers hypothécaires ; s'il n'en veut pas, il faut démolir, et le prix des matériaux est distribué par contribution entre tous les créanciers, même ceux chirographaires. Une telle alternative n'est pas rationnelle, cependant elle existerait si des constructions étaient toujours immeubles.

41. *De l'emphitéose.*— Elle est surtout remarquable en ce qu'elle détache et aliène une portion du domaine utile, un quasi-domaine, tandis que le bail, pris sans mélange et à son état naturel, laisse toute l'utilité de la chose entre les mains du propriétaire.

Ce contrat, fort commun dans l'ancienne législation, est très-rare maintenant. Il constitue un démembrement de la propriété; pour cette raison, la dation à titre d'emphitéose de la part du propriétaire du fonds doit être transcrite.

41 *bis*. La vente que le propriétaire du fonds fait de son immeuble, grevé de l'emphitéose, doit être transcrite, parce qu'il est toujours maître du fonds sur lequel il peut consentir des hypothèques.

42. Le preneur à emphitéose peut-il hypothéquer son droit? — Comme conséquence, la vente qui en est faite doit-elle être transcrite?— M. Grenier pense que non; il se fonde sur ce que l'art. 6 de la loi de brumaire an VII indiquait la jouissance par bail emphitéotique comme susceptible d'hypothèque, tandis que le Code Napoléon a gardé le silence à cet égard.

M. Troplong (1) partage un avis contraire: c'est, dit-il, un droit immobilier qui a une assiette fixe comme un usufruit; l'emphitéose est soumise aux contributions publiques; l'emphitéote peut exercer l'action possessoire; il est saisi d'un démembrement très-important du domaine; il peut donc hypothéquer son droit; c'est ce qui a été jugé par arrêt de la cour de Paris, du 10 mai 1831, confirmé par arrêt de la cour de cassation, du 19 juillet 1832; la question a été décidée dans le même sens, par arrêt de la cour de Douai, du 15 décembre 1832.

C'est aussi l'opinion de M. Persil (2).

42 *bis*. *Des domaines congéables.*— Le bail à domaine congéable n'existe qu'en Bretagne, où il se trouve fort

(1) *Des Hypoth.*, n° 405.
(2) *Des Hypothèques*, sur l'art. 2118, n° 15.

répandu ; son origine remonte à une époque ancienne, il diminue chaque jour.

Par cet acte, le propriétaire du fonds concédait au domanier la propriété utile de l'immeuble, et se réservait le droit de congédier son fermier aux époques fixées dans la baillée, en l'indemnisant des édifices et superficies.

Les droits du colon sont transmissibles par succession, donation et tous autres modes.

La loi du 6 août 1790 a créé un droit nouveau en ce qui regarde le congément : le propriétaire pouvait seul forcer le locataire à quitter à la fin de la baillée, à charge d'indemniser ; maintenant la faculté est réciproque : le fermier peut dire qu'il ne veut pas renouveler. Il faut alors que le propriétaire indemnise le locataire ou qu'il abandonne son droit de propriété.

Le domaine congéable devient la source d'actes de différentes natures :

43. *La dation à congément* est l'acte par lequel le propriétaire donne son immeuble à domaine congéable ; cet acte disparaît, mais il n'en est pas moins reconnu par nos lois ; il constitue un démembrement de la propriété, une mutation du domaine utile ; il doit être transcrit.

44. *La vente par le domanier* est la translation d'un domaine utile, d'un droit immobilier, aux termes de l'art. 9 de la loi du 6 août 1791. Les édifices et superficies dépendant d'un domaine congéable sont immeubles de leur nature ; ils peuvent être soumis à l'hypothèque, ce que décide un arrêt de la cour de cassation du 25 nivôse an X ; le contrat de vente de son droit fait par le domanier doit, comme conséquence, être transcrit.

45. *Cession du droit de congément par le propriétaire.* — Le propriétaire peut céder deux choses : son droit foncier, c'est-à-dire le droit de prendre sa place avec tous les avantages y attachés, ce qui comprend le droit de renouveler les baillées ou de congédier, ou seulement le droit de congédier, le droit de se mettre à la place de l'ancien colon.

Ce droit de congédier est immeuble, puisqu'il donne la faculté de contraindre à la vente de valeurs immobilières. Il est aussi un droit réel affectant un droit immobilier, et soit à l'un, soit à l'autre titre, le contrat doit être transcrit.

46. *Cession des droits du propriétaire, y compris la vente.*— Elle s'applique à un immeuble, puisqu'elle comprend la partie principale, la partie noble de l'immeuble; elle donne même le droit de posséder tout, fonds et superficie : la vente doit donc être transcrite.

47. *Congément par le propriétaire.*— Dans l'ancienne législation, les édifices et superficies étaient meubles à l'égard du foncier, ils étaient immeubles à l'égard de tous autres ; le Code Napoléon ne reconnaissant pas cette distinction, la nature de propriété immobilière existe même vis-à-vis du propriétaire.

Comme conséquence, le congément, qui est un acte translatif de propriété, doit être transcrit.

48. *Abandon par le propriétaire foncier.* — Le colon peut, à la fin de la baillée, déclarer qu'il ne veut plus continuer et qu'il entend contraindre le propriétaire foncier soit à l'indemniser de ses édifices et superficies, soit à lui abandonner son droit de propriétaire foncier: cet abandon est translatif d'un droit immobilier, il doit donc être transcrit.

49. *Mines.*—Les mines concédées sont immeubles ainsi que leurs accessoires (1), la loi les considère comme des propriétés spéciales, indépendantes du sol qui les couvre et susceptibles d'hypothèque par elles-mêmes : les actes translatifs de la propriété des mines doivent donc être transcrits.

(1) Loi du 21 avril

50. *Minières et carrières.* — La loi sur les mines ne contient aucune disposition qui fasse des minières et carrières une propriété spéciale, indépendante du droit de surface.

Il est cependant des propriétés de cette nature qui ont une très grande importance, et rien n'empêche que le dessous ne soit séparé du dessus par convention, chacun ayant une valeur différente, qui ne peut rester dans la même main, sous peine d'inertie de l'une ou de l'autre: le droit sur le dessous n'est pas moins immobilier que les droits des colons à domaine congéable, qui affectent le dessus.

Si un individu possède un droit à une carrière, à une minière, quoique le droit à la surface soit possédé par un autre, il aura un droit immobilier susceptible d'hypothèque. Troplong, *des Hyp.*, n° 404 *bis*.

51. Lorsque le droit d'extraction est borné a telle ou telle exploitation, dans ce cas il est mobilier (1). *A fortiori*, s'il est limité à un certain temps, si le prix de la concession est proportionné à la quantité de matériaux extraits.

Mais on doit envisager le contrat comme constituant un démembrement de la propriété, dans le cas où la concession, même temporaire, s'applique à une carrière non ouverte, ce qui nous paraît résulter des art. 598 et 1403 du C. Nap., qui n'accordent pas de droit à l'usufruitier sur les mines, carrières et tourbières qui seraient découvertes pendant le cours de l'usufruit, et qui ne font tomber les produits dans la communauté, que sauf récompense.

L'ouverture d'une carrière, mine et tourbière, constitue une aliénation du bien de la femme. Toullier, *de la Communauté*, n° 297, t. 14.

La loi qui nous occupe n'a point indiqué d'une manière spéciale la concession d'une carrière, mine ou tourbière non ouverte, mais nous avons démontré que le Code Na-

(1) Troplong, *Des Hypoth.*, n° 404 *bis*.

poléon regarde les carrières, les mines et les tourbières comme partie intégrante du fonds.

L'immeuble est dépouillé d'une partie de sa valeur, il ne serait pas juste que le créancier hypothécaire fût obligé de souffrir une détérioration dans son gage.

Ce serait au moins une servitude temporaire, qui consisterait dans la nécessité de souffrir l'extraction des matières et de fournir le passage pour leur enlèvement ; sous ce point seul l'acte devrait être transcrit.

52. Nous pensons encore que si la carrière, minière ou tourbière était ouverte lorsque le droit d'hypothèque a été conféré, il faut, par assimilation à l'usufruit et à la communauté, considérer les produits comme revenus.

S'il s'agit d'une concession temporaire, on doit suivre les règles tracées par les baux.

Si la concession n'est pas limitée ou si elle doit comprendre toute une matière, elle constitue un démembrement de la propriété : l'acte doit être transcrit.

53. Le transport de droits successifs est un acte translatif ; il doit être transcrit, lorsque des immeubles dépendent de la succession.

Le droit est indéfini, il peut même se réduire à des créances ou à tout autre actif mobilier, sur lequel le droit de suite n'existe pas ; mais il n'en est pas moins certain, qu'au moment du transport, le cédant avait des droits dans les immeubles et que c'est par une fiction de la loi que chaque cohéritier est censé avoir succédé seul et immédiatement à tous les effets compris dans son lot.

L'hypothèque est conditionnelle, mais elle n'en existe pas moins, et le prix du transport doit être distribué par voie d'ordre et non par voie de contribution.

Les tiers qui ont traité avec l'héritier savaient qu'il possédait une part dans une succession opulente ; ils ont souvent agi sous cette influence, il serait injuste qu'il pussent en être privés par la volonté seule du débiteur.

L'opposition entre les mains des autres héritiers est toujours nécessaire, afin qu'ils sachent qu'ils ne doivent pas traiter sans mettre en demeure l'opposant, si c'est un créancier ; ou qu'ils ne doivent plus agir avec l'héritier, mais avec le cessionnaire, s'il y a transport.

Dans ces actes la loi exige une double formalité pour opérer saisissement, la transcription vis-à-vis des tiers s'il existe des immeubles et la signification aux cohéritiers ; le cessionnaire ne doit donc pas penser que la transcription seule est suffisante, il faut encore qu'il sache s'il existe des oppositions et qu'il les fasse lever.

54. Le retrait successoral que l'héritier peut exercer contre le cessionnaire d'un autre héritier est-il dispensé de la transcription ?

Ce droit a été institué dans l'intérêt des familles, afin que des étrangers ne viennent pas s'immiscer dans leurs secrets et apporter des sentiments d'animosité.

Il nous vient des anciens retraits lignagers, dont il est un démembrement.

Le retrait fait changer de main un droit souvent immobilier ; il pourrait donc être classé parmi les actes pour lesquels la transcription est obligatoire.

Mais les créanciers ne peuvent avoir plus de droits que leur débiteur qui n'avait qu'une action conditionnelle, dépendant de la volonté des héritiers de l'admettre ou de ne pas l'admettre, ils suivent sa condition.

Par le retrait, le cessionnaire est censé n'avoir jamais eu de droit, il ne reste donc plus qu'une somme d'argent, pour laquelle il n'y a pas de suite ; la transcription n'est pas nécessaire.

De ce que le retrait est le droit de prendre le marché de l'acheteur sur qui il est exercé, le retrayant est censé tenir et avoir acheté directement du vendeur l'héritage par lui retiré et non de l'acheteur sur qui il a exercé le retrait, quoique ce soit par l'interposition de la personne de cet acheteur que la propriété de l'héritage a passé de la personne du vendeur à la sienne.

Il suit de là que le retrayant n'ayant pas pour auteur l'acheteur sur qui il a exercé le retrait, mais ayant pour auteur le vendeur, de qui il est censé avoir acheté l'héritage, à la place de l'acheteur sur qui il a exercé le retrait, il n'est point tenu des droits d'hypothèque et autres qui auraient été imposés par l'acheteur avant le retrait sur l'héritage, lesquels s'éteignent par le retrait (Pothier, *Traité des retraits*, n° 425). Ajoutons que la transcription ne concerne pas spécialement un immeuble qui s'en trouverait grevé, mais des droits dans ces successions qui sont assujetties à tout ce qui se rattache au partage pour lesquels la loi n'a pas voulu de la transcription.

Nonobstant ces raisons, nous pensons qu'il y a lieu de transcrire non pour purger puisqu'il ne peut exister d'inscription, mais pour satisfaire à la grande règle de la loi, qu'une transcription doit être remplacée par une autre transcription ; or, comme la vente faite par l'héritier doit avoir été transcrite, le retrait, qui opère l'annulation de la vente, doit l'être également.

55. Il faut placer dans les actes translatifs de propriété, et soumettre à la transcription, les résolutions volontaires qui dérivent du consentement mutuel des parties (1134 Cod. Nap.). Elles portent plus à la fraude que les résolutions prononcées par justice ; nous verrons ci-après que celles-ci doivent être rendues publiques, *à fortiori* les résolutions amiables.

Les résolutions judiciaires éteignent la vente ; la résolution amiable la laisse au contraire subsister.

Les résolutions sont prononcées en justice avec la solennité des actes des tribunaux, tandis que les résiliations amiables ne sont souvent que des actes clandestins émanés des particuliers.

Nombre de raisons se réunissent donc pour rendre la transcrition obligatoire.

La propriété, par son court passage entre les mains de l'acquéreur, n'a pas éprouvé une transition qui se fasse sentir. Le public considère même l'ancien propriétaire comme ayant possédé sans interruption, lorsque le contrat transcrit indique l'acquéreur comme véritable propriétaire. Ce serait enfreindre d'un manière grave le principe de la publicité par la transcription que de dispenser les résiliations amiables de la formalité.

56. La vente de l'usufruit d'un immeuble transfère le domaine utile à l'usufruitier, tout en réservant la propriété foncière ; d'où la conséquence que l'usufruit d'un immeuble est immeuble, et que la vente d'un droit d'usufruit, faite par celui qui a la toute propriété, doit être transcrite.

L'usufruit d'un immeuble est susceptible d'hypothèque ; ainsi l'aliénation que l'usufruitier en fait doit aussi être transcrite.

La renonciation par l'usufruitier au profit du nu-propriétaire est sujette à la transcription, attendu que l'usufruitier ne peut, par un fait dépendant entièrement de sa volonté, nuire à ses créanciers en éteignant leur gage.

57. On doit faire transcrire non seulement les actes translatifs de propriété immobilière ou de droits réels susceptibles d'hypothèques, mais tout acte portant renonciation à ces mêmes droits, qu'ils soient à titre gratuit, ou à titre onéreux.

Pour qu'il y ait lieu d'appliquer cette disposition, il faut que les biens soient *in bonis*, autrement il n'y a pas lieu de transcrire.

Une succession s'ouvre, l'héritier y renonce avant d'avoir fait acte d'héritier ; comme le renonçant est censé n'avoir jamais été héritier, il n'a jamais été saisi d'aucune parcelle de la succession, il n'y a jamais eu translation de propriété à son profit, il ne renonce pas à un droit immobilier.

Il en est de même du legs ou de la donation qui n'ont pas encore été acceptés.

Aussitôt qu'il a été fait acte d'héritier, ou que la donation et le legs ont été acceptés, la renonciation est translative, elle doit être transcrite.

Dans la renonciation à titre onéreux, faite *ab initio*, le prix que le renonçant reçoit emporte acceptation, il y a comme conséquence acte translatif en même temps : ce n'est dans la forme qu'une renonciation, en réalité c'est une vente.

Si la renonciation est partielle, elle doit être transcrite, car l'acceptation de la succession constitue un fait un et indivisible, de même que d'un legs et d'une donation la rétention d'une partie emporte acceptation ; il faut transcrire pour la partie à laquelle on renonce.

58. Les choses qui ne sont pas dans le commerce ne peuvent être ni hypothéquées ni vendues.

Les établissements qui sont formés sur les rivages de la mer par une concession du gouvernement, tels que pêcheries, salines, etc., peuvent entrer dans le commerce ; ainsi la cour de Caen a jugé, par un arrêt du 3 août 1824, qu'une pêcherie établie par tolérance du roi, sur le rivage de la mer, constitue au profit de celui qui l'a formée ou de ses héritiers, un droit immobilier dont il a la jouissance exclusive, et qui, bien que résoluble au gré du gouvernement, est susceptible d'être grevé de l'hypothèque légale de la femme.

Il y a donc lieu de faire transcrire l'aliénation qui en est consentie.

59. Une action en revendication, en rescision, et toutes actions quelconques qui tendent *ad immobile*, sont-elles des droits réels susceptibles d'hypothèque; comme conséquence, leur mutation par acte entre vifs doit-elle être transcrite ? tombent-elles sous l'application de la loi ?

Elles ne peuvent servir d'assiette à une hypothèque et l'on ne doit pas les comprendre dans l'hypothèque générale qui embrasse les biens présents et à venir (Troplong, *des Hypothèques*, n° 406).

La raison s'en fait sentir d'elle-même, dit cet auteur.

Une action est un droit incorporel sans base solide ; ce n'est pas, dit M. Tarrible, ce qu'on peut appeler un bien immobilier, le résultat n'en est jamais certain, et souvent l'action peut ne produire que des sommes pécuniaires, comme par exemple l'action en rescision pour lésion, lors que l'acquéreur se détermine à payer le juste prix ; si ces actions produisent leur effet dans la main de l'acquéreur, il faudra qu'il fasse transcrire ou mentionner l'acte qui opérera l'annulation, en sorte que les tiers seront avertis.

60. Du moins ne pourrait-on pas hypothéquer éventuellement l'immeuble sur lequel on a le droit d'exercer une action immobilière ? M. Troplong se prononce pour l'affirmative, n° 469 de son Traité des hypothèques.

M. Grenier a pareillement examiné la question et se prononce pour la négative ; la cour de Besançon a fait prévaloir son opinion dans les considérants d'un arrêt du 22 novembre 1823, elle se fonde sur le principe que le vendeur n'a pas la propriété de l'immeuble, que cette propriété réside toute entière sur la tête de l'acquéreur et qu'il est nécessaire d'être actuellement propriétaire d'une chose pour l'hypothéquer.

La vente qui en serait faite serait nulle comme vente de la chose même, mais on devrait la faire valoir comme simple cession de droit.

Il n'y a pas lieu à transcription, puisqu'il ne peut être pris d'inscription.

61. La transcription n'est pas restreinte aux actes faits entre parties, elle doit avoir lieu pour tous les jugements qui déclarent l'existence d'une convention verbale de la nature ci-dessus exprimée.

Nous pensons que cette disposition doit être entendue d'une manière large, et que l'on devra faire transcrire tout jugement qui opérera mutation d'un immeuble ou d'un droit réel toutes les fois que cette mutation, opérée par acte amiable, devrait être rendue publique par la transcription : le législateur n'a pas voulu que l'on pût croire que la publicité des actes de l'autorité judiciaire fût suffisante.

C'est l'état civil de la propriété que l'on veut établir : on ne peut le faire que par une institution unique, il ne faut pas que l'on soit obligé de recourir à diverses sources ; les bureaux des hypothèques sont établis, chacun les connaît, le législateur a pensé avec raison qu'ils devaient être investis de cette mission.

62. Tout jugement d'adjudication doit être transcrit.

Sont seuls exceptées les adjudications rendues sur licitation au profit d'un cohériter ou d'un copartageant, parce que, dans cette hypothèse, le jugement tient lieu de partage, et tombe sous l'application des partages qui en ont été dispensés.

Les termes formels de notre article et l'exception unique que l'on a pris soin d'indiquer démontrent d'une manière précise la volonté du législateur.

Ainsi, doit être transcrit le jugement — d'adjudication sur licitation au profit d'un étranger — sur conversion et vente volontaire — sur expropriation forcée — sur folle enchère — sur surenchère et sur délaissement ; l'art. 22 de la loi de brumaire obligeait à faire cette transcription.

63. La loi a fait exception dans le cas d'adjudication au profit d'un cohéritier ou d'un copartageant, mais cette exception doit être entendue dans le cas où la licitation tient lieu de partage ; notre article n'apporte aucune modification aux principes résultant des dispositions du Code Napoléon, qui ont été développés par la jurisprudence, comme nous l'avons établi n° 12.

Il faut que l'indivision cesse entièrement, et qu'un seul héritier ou copartageant reste propriétaire de l'immeuble, pour que l'exception existe ; si l'indivision subsiste encore entre des cohéritiers, on entre dans les règles ordinaires sur les transmissions, il faut faire transcrire.

64. L'adjudication sur conversion en vente volontaire a tous les caractères d'une vente consentie ; elle n'a jamais été l'objet d'une dérogation aux règles sur les ventes volontaires qui toutes lui sont applicables.

65. *Adjudication sur expropriation forcée.* — La formalité de la transcription paraît utile avec le régime de publicité des transmissions pour que les tiers soient avertis

de la mutation et qu'ils ne soient pas induits en erreur par la présentation des titres que le saisi a très-souvent gardés.

Le propriétaire peut vendre valablement s'il désintéresse tous les créanciers inscrits ; il faut, conséquemment, un acte qui fasse connaître que l'expropriation a été mise à fin, qu'il y a eu transmission.

66. La vente n'est opposable aux tiers que du jour de la transcription, comme nous le verrons ci-après ; nous pensons donc que la vente faite par le saisi, pour être valable, doit être transcrite avant l'enregistrement de la dénonciation faite aux hypothèques en conformité de l'art. 681 du Code de prodédure.

Aux termes des art. 681 et 692 du Code de procédure civile, la partie saisie ne peut aliéner les immeubles, à peine de nullité, à compter du jour de la dénonciation à elle faite de la saisie ; comme cet acte peut n'être pas connu, la vente vaut à cause de la bonne foi présumée des tiers acquéreurs, pourvu qu'elle soit antérieure à l'enregistrement de cette dénonciation opérée sur les registres du conservateur des hypothèques.

Du jour de cet enregistrement, la vente n'est plus valable : les tiers pouvaient connaître l'incapacité relative du vendeur.

Il suffit sous le Code Napoléon que la vente ait acquis date certaine avant l'enregistrement de cette dénonciation pour qu'elle soit opposable aux créanciers, parce que la date certaine emporte transmision vis-à-vis des tiers ; il faudra, sous la loi nouvelle, plus que la date certaine, il faudra la transcription, qui seule est opposable à ceux qui ont des droits sur l'immeuble et qui les ont conservés en se conformant aux lois. Les créanciers inscrits sont dans la catégorie dont parle la loi, la saisie avait été inscrite, la dénonciation avait été enregistrée, ils se sont en un mot conformés aux lois pour conserver le droit qu'ils avaient de faire vendre le gage par autorité de justice ; l'acquéreur pouvait vérifier aux hypothèques, prendre des renseignements près du maire ou du garde champêtre de la commune, il aurait appris que le bien était saisi, et que le propriétaire n'avait plus qu'un délai de grâce pour vendre à l'amiable : c'est à lui à se hâter.

67. De tout temps, il a été reconnu que l'adjudication sur expropriation purge le privilége et l'hypothèque établis sur l'immeuble.

De là, dispense de faire transcrire le jugement d'adjudication ; de là, doit-on purger les hypothèques légales ? est-ce nécessaire ? question sur laquelle M. Troplong se prononce négativement, n° 996, qui divise les cours et que la pratique juge affirmativement.

Nous plaçant sous le Code Napoléon, nous nous permettons une observation qui nous paraît encore avoir son utilité sous la loi nouvelle.

Nous reconnaissons dans l'hypothèque deux droits qui paraissent communs, mais qui sont cependant séparables :

Le droit sur l'immeuble, et le droit sur le prix, qui est la représentation de l'immeuble.

Le droit sur l'immeuble donne au créancier le droit de suite ; en quelque main qu'il passe, celui-ci peut contraindre les acquéreurs au délaissement, s'ils ne préfèrent remplir les formalités prescrites par la loi, et il peut surenchérir s'il pense que l'immeuble a été vendu un prix inférieur à sa valeur. Ces droits font l'objet des chap. 6 et 8 du Cod. Nap. ; à notre avis c'est le droit de faire fixer le prix à sa véritable valeur.

Le droit sur le prix est le droit de se faire payer par préférence aux créanciers chirographaires, d'après les règles tracées par le Code Napoléon entre les créanciers hypothécaires.

Malgré la saisie, le débiteur conserve le droit d'hypothéquer, parce que la saisie ne détruit pas le droit de propriété ; elle apporte seulement quelques modifications à ce droit ; donc la saisie n'est pas un obstacle à la constitution d'hypothèques valables, les créanciers peuvent requérir des inscriptions pendant les délais prescrits par la loi, c'est à savoir, sous le Code Napoléon, jusqu'à l'adjudication, et, sous la loi nouvelle, jusqu'à la transcription.

Il n'existe dans nos codes aucune disposition modificative lorsqu'il y a saisie; même dans ce cas, on reste dans le droit commun.

Le droit du créancier hypothécaire subit une modification en ce sens qu'il n'a plus sur l'immeuble de droit réel, l'aliénation en est définitive et la valeur a été fixée d'une manière complète et régulière par l'adjudication sur saisie.

Reste le droit sur le prix ; ici, la saisie ne nous paraît avoir apporté aucun changement, c'est seulement par la transcription que l'on arrête le cours des inscriptions.

Telle est l'opinion de Pigeau que nous transcrivons.

Si l'adjudicataire n'a pas besoin de la transcription, il est utile, pour se libérer en sûreté, qu'il la fasse faire relativement aux inscriptions prises avant l'adjudication : quand même il leverait un extrait d'inscription depuis l'adjudication, qu'il y aurait eu ordre et qu'il aurait employé son prix à payer les créanciers compris dans l'extrait, parce que, si le conservateur avait omis de comprendre dans cet extrait un créancier inscrit, ce créancier n'en aurait pas moins conservé son hypothèque, attendu que l'art. 2198 du Code Nap. ne déclare l'immeuble affranchi des charges inscrites omises dans le certificat, qu'autant que ce certificat a été requis depuis la transcription ; l'adjucataire obligé de payer ce créancier, si celui-ci fût venu utilement, aurait seulement un recours en garantie contre le conservateur (2197).

La loi hypothécaire, dant nous nous occupons, n'a pas modifié les dispositions du Code Napoléon en matière de saisie.

Le transcription de la saisie, opérée au bureau des hypothèques, continuera d'empêcher le saisi d'aliéner et, jusqu'à la transcription du jugement d'adjudication, les créanciers pourront requérir utilement des inscriptions qui vaudront dans les limites que nous avons indiquées, c'est-à-dire sur le prix seulement.

68. Les adjudications sur surenchère nous présentent deux hypothèses.

Dans l'une, c'est l'acquéreur qui conserve l'immeuble en se rendant dernier enchérisseur ; il ne fait pas une nouvelle acquisition, il conserve seulement celle qu'il avait faite, à la charge d'un supplément de prix ; il n'y a donc pas nécessité de faire transcrire le jugement d'adjudication (art. 2189 du Code Napoléon).

Cette disposition reçoit encore son application sous la nouvelle loi hypothécaire.

Lorsque c'est un tiers qui se rend adjudicataire, la vente qui avait été faite est résolue, la propriété est censée n'avoir pas résidé sur la personne de l'acquéreur premier, mais seulement sur l'adjudicataire qui a pour titre son jugement d'adjudication.

D'où la conséquence que l'acquéreur doit être indemnisé par l'adjudicataire de tous les frais d'achat, et qu'il a un recours en dommages-intérêts contre son vendeur.

La transmission de l'ancien propriétaire à l'acquéreur a été rendue publique par la transcription de son contrat d'acquisition, il faut qu'une pareille publicité fasse connaître la transmission qui s'opère au profit de l'adjudicataire.

Une autre raison nous paraît encore nécessiter cette formalité.

Par le fait de la résolution de la vente, l'immeuble est devenu le gage des créanciers du vendeur; aussi la Cour de Paris a décidé, par arrêt du 3 avril 1812, que non seulement l'adjudicataire étranger devait transcrire, mais encore qu'un créancier non inscrit dans la quinzaine de la vente primitive, pourrait remplir cette formalité dans la quinzaine du jugement d'adjudication.

La dispense de transcrire n'ayant pas été formulée à l'égard du tiers acquéreur, comme elle l'a été pour l'acquéreur qui conserve, on peut, *a contrario*, soutenir qu'il y a obligation de le faire.

Le droit des créanciers portés dans la première transcription et des créanciers compris dans la deuxième, n'existe que sur le prix ; l'action sur l'immeuble a été éteinte par l'accomplissement des formalités qui ont conduit à l'adjudication, laquelle a fixé définitivement le prix.

L'action sur le prix reste entière ; elle existe au profit des créanciers compris dans la première comme dans la deuxième transcription.

69. Si après que les créanciers inscrits ont été payés, il reste quelques fonds, c'est l'acquéreur premier qui doit en profiter, et ils lui appartiennent légitimement, sans que les créanciers chirographaires y puissent prétendre des droits, car ceux-ci n'ont rien à réclamer sur le prix de la surenchère, qui n'a pas éte faite dans leur intérêt, et qu'ils n'auraient pu demander ; ils n'ont de droit que sur le prix, tel qu'il a été fixé par le contrat ; mais ce prix leur a été enlevé par les créanciers hypothécaires qui leur étaient préférables. Troplong, *des Hypoth.*, n° 971.

70. Dans le cas de la surenchère du sixième, autorisée sur les ventes faites devant le tribunal, l'acquisition est trop récente pour que la formalité ait été remplie ; on transcrit toute la procédure qui comprend les deux adjudications.

Cette surenchère différencie de la surenchère du dixième, qui appartient aux créanciers inscrits, en ce qu'elle proroge plutôt le délai pour recevoir les enchères que d'annuler la vente. Tant que le délai n'est pas expiré, l'adjudication ne peut être regardée comme définitive ; il n'y a pas contrat lié entre les vendeurs et l'adjudicataire, comme dans les ventes à l'amiable. De là, cette conséquence que la première adjudication n'est qu'un incident de la procédure ; l'adjudicataire surenchéri ne peut demander qu'une seule chose, d'être indemnisé ; mais il ne peut espérer aucun droit à la différence.

71. S'il y a *folle enchère* à défaut de paiement des

frais, il n'y a pas eu de transcription, de la nécessité pour le nouvel adjudicataire de remplir cette formalité.

A défaut de paiement du prix, si la formalité n'a pas été remplie, il faut faire transcrire ; si elle a été au contraire remplie, la transmission est régulière, et c'est seulement entre les créanciers hypothécaires d'après le rang que leur a assigné l'ordre sur le premier prix que se fait la distribution du deuxième prix ; le fol enchérisseur ne peut jamais profiter de la différence, c'est une peine que la loi lui impose.

S'il existe un excédant, il appartient d'abord aux créanciers inscrits, ensuite au vendeur (1).

L'adjudication sur folle enchère est un incident de la vente judiciaire qui a eu lieu ; elle ne constitue pas une nouvelle vente, le nouvel adjudicataire est substitué au premier, dont il prend la place. Ce fait, en matière hypothécaire, entraîne diverses conséquences graves : les inscriptions qu'il avait consenties s'évanouissent, les formalités remplies par le fol enchérisseur profitent au nouveau, comme s'il les avait remplies lui-même.

Ces principes doivent encore recevoir leur exécution sous la nouvelle loi hypothécaire ; cependant l'acquéreur sur folle enchère est obligé de transcrire.

Cette formalité n'est exigée que pour faire connaître un nouveau propriétaire au lieu de l'adjudicataire fol enchérisseur ; elle tient lieu de l'obligation imposée par l'art. 4, de faire mentionner en marge des transcriptions les jugements qui prononcent la nullité ou la rescision d'un contrat transcrit.

72. L'obligation de cette transcription est personnelle à l'acquéreur, et l'on ne pourrait invoquer contre l'avoué les obligations que lui impose l'art. 4. Ce serait étendre une peine d'un cas à un autre, ce qui n'est pas possible en fait d'obligations, surtout de pénalités.

Les avoués s'empresseront d'accomplir la formalité,

(1) Arrêt de la Cour de Grenoble du 2 mai 1851.

afin d'éviter à l'adjudicataire toute espèce de recours; eux-mêmes pourraient être déclarés coupables de négligence, si l'adjudicataire était un homme illettré dont l'avoué aurait toute la confiance.

73. Le conservateur des hypothèques devra requérir une inscription d'office, au profit de l'ancien vendeur; la radiation en sera consentie par les créanciers colloqués au fur et à mesure des paiements qui leur seront faits, comme ils auraient fait de l'inscription d'office requise contre le fol enchérisseur.

74. La vente sur délaissement a lieu lorsque l'acquéreur mis en demeure par les créanciers inscrits, préfère délaisser l'immeuble que de remplir les formalités prescrites par la loi, pour purger sa propriété des priviléges et hypothèques qui la grèvent; c'est l'abandon de la possession de l'héritage fait par le tiers détenteur aux créanciers inscrits pour l'exempter de l'expropriation.

Jusqu'à cette vente, la propriété réside en la personne de l'acquéreur; mais lorsque l'aliénation est consommée, les choses sont replacées au point où elles étaient avant même que le tiers détenteur ne devînt acquéreur; la propriété n'en a pas moins résidé en sa personne, ses créanciers personnels, après tous ceux qui sont inscrits sur le précédent propriétaire, exercent leur hypothèque à leur rang sur le bien délaissé ou adjugé.

Il y a donc nécessité pour l'adjudicataire de faire transcrire, afin de connaître les hypothèques qui grèvent l'immeuble, sans avoir égard à la première transcription; les créanciers compris dans la première transcription n'ont point été dispensés de renouveler leur inscription, et c'est sur l'état délivré à la deuxième transcription que se suit l'ordre.

Les droits des créanciers inscrits sont définitivement purgés sur l'immeuble, et n'existent plus que sur le prix, par analogie de ce que nous avons dit n° 67, en parlant de l'expropriation forcée.

75. Dans le cas de délaissement, les créanciers de l'ancien propriétaire seront-ils primés par les créanciers de l'acquéreur délaissant, si ceux-ci les priment en date ?

La loi de brumaire an VII avait tranché la question en disant que les créanciers du plus ancien vendeur primaient les créanciers d'un vendeur postérieur, de sorte que, sous cette loi, il fallait d'abord considérer à quel ancien propriétaire l'inscription s'appliquait pour la date de l'inscription.

Le Code Napoléon, art. 2134, ne s'occupe pas de l'origine de l'hypothèque; il pose en principe que l'hypothèque n'a de rang que du jour de l'inscription.

La difficulté ne devrait donc pas exister, et l'on devrait suivre le rang des inscriptions, préférer l'inscription prise sur le délaissant, parce quelle est d'une date antérieure, à l'inscription prise contre le premier propriétaire.

L'intérêt qui existe en faveur du vendeur disparaît, puisque son créancier peut être privé du bénéfice de son hypothèque, s'il ne l'a pas fait inscrire avant la transcription. L'on peut mettre aussi en paralèlle le principe de la publicité qui se trouverait amoindri.

Une disposition spéciale a été placée au délaissement, tranche t-elle la question, à cause des modifications et des changements subies par le régime hypothécaire.

« Ses créanciers personnels (du délaissant), après tous ceux qui sont inscrits sur le précédent propriétaire, exercent leur hypothèque à leur rang sur le bien délaissé ou adjugé » (2177 C. Nap.).

Pas de question sous le Code Napoléon, la disposition est précise, les créanciers du délaissant après les créanciers des anciens vendeurs. Mais alors la vente purgeait toutes les hypothèques non inscrites. Aussitôt que la vente a acquis une date certaine, le créancier ayant hypothèque ne peut plus requérir inscription, son droit est paralysé, l'art. 834 du Code de procédure a permis de l'inscrire pendant la quinzaine qui suit la transcription, en sorte que dans l'intervalle entre la vente et la quinzaine de la transcription, il pourrait être requis des inscriptions, ayant une date antérieure à l'inscription prise par le créancier de l'ancien vendeur.

MM. Persil et Dalloz pensent que les créanciers du précédent propriétaire doivent toujours l'emporter, par la raison que l'art. 2177 fait clairement entendre qu'il suffit d'être inscrit sur le précédent propriétaire, pour être préféré aux créanciers hypothécaires du tiers détenteur.

MM. Tarrible et Troplong sont d'un avis contraire, qu'ils établissent sur la règle posée par l'art. 2134, qu'entre créanciers l'hypothèque n'a de rang que du jour de l'inscription.

La question peut encore se présenter sous la nouvelle loi hypothécaire ; les créanciers de l'ancien vendeur peuvent requérir des inscriptions jusqu'à la transcription, même obtenir un droit d'hypothèque; les créanciers de l'acquéreur peuvent aussi obtenir un droit d'hypothèque et requérir inscription aussitôt que l'immeuble est acquis, sans attendre la formalité de la transcription, en sorte qu'entre la vente et la transcription, il existe un espace de temps pendant lequel les créanciers, tant du vendeur que de l'acquéreur, peuvent se faire inscrire, venir ainsi par concurrence.

Examinons si, dans le cas de délaissement qui nous occupe, les créanciers tant du vendeur que du délaissant devront venir à leur rang d'inscription.

Nous pensons que la date des inscriptions, bonne en règle générale, n'est pas ici applicable.

Le délaissement est tout d'exception de la part de l'acquéreur; c'est un abandon à la masse des créanciers qui courent désormais les chances de la vente : le prix est-il inférieur à la première vente, tant pis pour la masse, et l'acquéreur présume qu'il en sera ainsi, autrement il aurait gardé ; est-il supérieur, l'acquéreur profite de l'excédant après que les créanciers sont désintéressés. La loi lui fait donc une belle part due à sa qualité d'acquéreur ; indemnisé de ses frais, il ne court en définitive aucune chance défavorable.

C'est à la masse que le délaissement est fait ; en excepter

quelqu'un des créanciers serait changer son caractère : si le créancier de l'acquéreur a compté sur le gage, il pouvait vérifier que son débiteur n'avait pas transcrit, et il eût reconnu qu'il pouvait survenir des inscriptions jusqu'à la transcription, qu'ainsi sa position n'étant pas nette, son droit eût été consolidé par l'accomplissement de cette formalité ; il doit s'imputer à faute de ne pas l'avoir fait.

76. Nous renvoyons pour tout ce qui tient à la transcription, comme formalité, à un chapitre spécial.

ART. 2.

Sont également transcrits :

1° Tout acte constitutif d'antichrèse, de servitude, d'usage et d'habitation ;

2° Tout acte portant renonciation à ces mêmes droits ;

3° Tout jugement qui en déclare l'existence en vertu d'une convention verbale ;

4° Les baux d'une durée de plus de dix-huit ans ;

5° Tout acte ou jugement constatant, même pour bail de moindre durée, quittance ou cession d'une somme équivalente à trois années de loyers ou fermages non échus.

—

SOMMAIRE.

77. De la nécessité de faire transcrire certains actes modificatifs du droit de propriété.
78. De l'*antichrèse*.
79. Suite.
80. Exemples d'antichrèse.
81. *Servitudes*.

82. Ne sont pas susceptibles d'hypothèque.
83. Nécessité de la transcription.
84. N'est pas nécessaire lorsqu'elle est contenue dans l'acte constitutif du droit de propriété.
85. De même lorsqu'elle résulte de la destination du père de famille.
86. L'énonciation dans le titre du créancier vaut transcription à son égard.
87. Les *servitudes* apparentes sont opposables au prêteur et à l'acquéreur.
88. Peuvent s'acquérir par prescription.
89. Les actes transcrits, constitutifs de servitudes, ne sont opposables qu'aux créanciers postérieurs.
90. Des droits d'usage et d'habitation.
91. *Baux* de plus de dix-huit ans, — de leur transcription.
92. Les baux transcrits ne sont opposables qu'aux créanciers postérieurs.
93. L'obligation de transcrire s'applique à toute espèce de baux.
94. Dans les renouvellements de baux, on doit suivre les règles tracées pour la communauté et l'usufruit.
95. Du bail renouvelé dans la période voulue de deux ou trois ans et transcrit.
96. Du bail de dix-huit ans fait dans la période voulue et non transcrit.
97. Du bail renouvelé avant la période, — des créanciers.
98. Suite.
99. Effets des baux en cas de vente.
100. Des baux sous seing privé.
101. Il n'est apporté aucune modification aux droits des usufruitiers, — maris, — administrateurs.
102. Il y a nécessité de transcrire le jugement qui déclare l'existence d'un bail de plus de dix-huit ans.
103. Tout acte, tout jugement qui constate la cession ou la quittance d'une somme équivalant à trois années de fermage, doit être transcrit.
104. S'il n'y a pas d'inscription, quel est le sort du transport ou de la quittance non transcrits vis-à-vis des créanciers postérieurs.
105. Du transport de moins de trois ans s'il existe des inscriptions.
106. De la nouvelle loi à ce sujet.
107. Du cas où le créancier antérieur au transport vient en ordre utile.
108. De la résiliation des baux et des paiements anticipés.
109. De la renonciation à l'antichrèse.
110. De la cession de l'antichrèse.
111. De la cession de la créance lorsque l'on a abandonné l'antichrèse sans faire mentionner l'abandon.
112. De la renonciation à une servitude.
113. De la renonciation au droit d'usage.
114. De la renonciation au droit d'habitation.
115. De la renonciation au mépris des créanciers inscrits.

---

77. L'expérience avait démontré que certains actes modificatifs de la propriété exerçaient une grande influence sur la valeur du gage hypothécaire; la loi qui nous occupe a voulu garantir les prêteurs et les acquéreurs contre l'état de choses créé par le Code Napoléon, qui, dans l'absence de dispositions sur ce point, a laissé la porte ouverte à la fraude.

Au premier rang vient se placer la cession du droit d'usufruit faite par le propriétaire ; le Code Napoléon a mis cette cession au nombre des actes translatifs d'un droit de propriété immobilier, il l'avait assujettie à la formalité de la transcription ; notre article 2 n'en parle donc pas comme étant compris dans la catégorie à laquelle s'applique l'art. 1er, il ne fait mention que des actes qui n'étaient pas astreints à la formalité, il les y soumet maintenant.

Ces actes seront indiqués dans l'examen auquel nous allons nous livrer.

78. L'antichrèse est une convention par laquelle le créancier acquiert la faculté de percevoir les fruits de l'immeuble, à la charge de les imputer annuellement sur les intérêts, s'il lui en est dû, ensuite sur le capital de la créance.

Le créancier paie les contributions et les charges annuelles, il pourvoit à l'entretien et aux réparations utiles et nécessaires.

Ce droit constitue un droit sur la chose, un droit réel ; il suit l'immeuble en quelque main qu'il passe, jusqu'à ce que la dette soit éteinte.

Il est opposable aux tiers, créanciers hypothécaires ou acquéreurs de l'immeuble, postérieurs à la constitution de l'antichrèse.

Sans être d'une nature égale au droit d'usufruit, il est certain qu'il affecte l'immeuble dans une limite qui s'en approche, et des tiers qui traitaient avec le débiteur pouvaient être trompés sur la valeur de l'immeuble, par ce qu'aucune formalité extérieure ne faisait connaître ce contrat, qui était restreint entre les parties.

Il ne pourra plus valoir vis-à-vis des tiers que par l'accomplissement de la transcription.

79. Cette formalité augmente la sécurité des tiers qui traitent et donne un complément à ce contrat.

En le faisant transcrire on demandera au conservateur un état des charges existantes ; s'il est négatif, l'acte sera à l'abri de tout reproche ; s'il révèle l'existence d'hypothèques, le créancier sera averti qu'il doit les faire lever, autrement le contrat pourrait être critiqué par ces créanciers vis-à-vis desquels il ne serait pas obligatoire.

La garantie était moindre en levant seulement un état, il pouvait survenir des inscriptions entre l'état et le contrat, le conservateur pouvait avoir omis une inscription, tandis que l'état délivré depuis la transcription est à l'abri de toute omission, sauf la responsabilité du conservateur, aux termes de l'art. 2198 du Code Napoléon qui est applicable à tous les actes susceptibles d'être transcrits.

80. On devra voir un contrat d'antichrèse dans les exemples suivants (1).

La dot est constituée, mais payable seulement après le décès du survivant des futurs époux au profit desquels on se dessaisit du revenu d'une ferme pour en jouir par eux ou leurs successeurs jusqu'au paiement intégral de la dot.

Un cohéritier ou copartageant remet à son cohéritier une somme, au moyen de laquelle ce dernier consent à ce que l'autre jouisse des biens qui sont indivis jusqu'au partage, époque à laquelle la somme avancée doit être rendue.

Une veuve, aux termes de son contrat de mariage, retient la jouissance des biens de son mari jusqu'au remboursement de ses reprises.

Enfin le propriétaire qui donne sa maison ou sa ferme à son créancier pour se libérer de sa dette, en se réservant la faculté de résilier le bail par le remboursement ; si cette dernière clause n'est pas apposée, au lieu d'y voir le contrat d'antichrèse, on n'aperçoit que le contrat de louage, seulement le prix aurait été payé d'avance.

81. *Servitudes.* — La servitude est une charge imposée

(1) *Répertoire du Notariat*, par Rolland de Villargues, vº Antichrèse.

sur les héritages, pour l'usage et l'utilité d'un héritage appartenant à un autre propriétaire.

Droit réel, les servitudes suivent l'héritage dans quelque main qu'il passe.

Ce n'est pas des conventions seules qu'elles dérivent, c'est de la loi, c'est de la situation naturelle des lieux ; leur nécessité est évidente dans les villes pour faciliter les constructions et pour établir de la symétrie ; elles occupent une grande place dans l'agriculture pour l'écoulement des eaux et l'irrigation des terres.

82. Les servitudes ne sont pas susceptibles de privilége ni d'hypothèque, parce que la fin de ces garanties est le droit de suite et le droit de faire vendre l'objet ; or, une servitude n'est qu'un droit établi en faveur du fonds dominant (le fonds auquel la servitude est due) sur le fonds servant (le fonds qui supporte la servitude) ; si la servitude pouvait être détachée, la convention changerait, puisque la servitude ne serait pas établie conformément à la convention, qu'elle modifierait les obligations du fonds servant, ce qui est impossible sans son consentement. On ne peut exproprier un droit de vue, un droit d'égout, un droit de prospect, en sorte que le droit de suite n'est pas possible, et l'action hypothécaire ne peut exister sans le droit de suite ; pour ce motif il n'y avait pas nécessité de transcrire sous le Code Napoléon.

83. En raison de l'influence que certaines servitudes exercent sur le fonds servant, dont elles diminuent quelquefois la valeur d'une manière notable, par exemple, la servitude *non altius tollendi*, la loi, dans l'intérêt du créancier hypothécaire et des tiers qui se rendent acquéreurs, assujettit les actes créatifs de servitudes à la transcription.

Nous examinerons dans les nos suivants les modifications qui résultent de cette disposition.

84. La transcription n'est pas nécessaire lorsque la

servitude est établie dans le titre de propriété lui-même, attendu l'indivisibilité qui ne permet au créancier de prendre l'immeuble que tel qu'il résulte de l'acte.

L'obligation de la transcription n'existe que pour les servitudes qui sont créées, non pas dans l'acte qui établit le droit à la propriété de l'immeuble, mais par un acte postérieur, à cause de l'indivisibilité dont nous venons de parler.

85. Pour le même motif, nous pensons que les servitudes résultant de la destination du père de famille sont légalement acquises sans la transcription, attendu qu'elles sont nées en même temps que le titre de propriété a été établi, et qu'elles résultent même de la loi (art. 692). Il suffira donc de faire la preuve que les deux fonds actuellement divisés ont appartenu au même propriétaire, comme on y est obligé aujourd'hui : rien n'est changé à cet égard.

86. Lorsque le titre du créancier indiquera la servitude, cette énonciation vaudra transcription à son égard, parce que la transcription n'est établie que pour prévenir les tiers contre des créations de servitudes qui auraient lieu en fraude de leurs droits ; du moment qu'ils ont été avertis, ils ont traité en connaissance de cause, ils ne peuvent se plaindre.

87. Nous pensons même que les servitudes continues, apparentes, hors terre, qui existent au moment du prêt ou lors de l'acquisition, sont opposables au prêteur et à l'acquéreur.

Cette connaissance ne pourrait être établie par témoins seulement, mais il suffirait que l'acte portât que l'immeuble est pris tel qu'il se poursuit et comporte, et que le prêteur ou l'acquéreur déclarât en avoir une parfaite connaissance.

Il ne faut pas pousser dans ses dernières limites l'obligation de la transcription, il faut lui donner son véritable caractère de formalité conservatrice, et la concilier avec les engagements sans nombre qui sont la conséquence du voisinage.

Les servitudes sont en grand nombre, différentes les unes des autres; telle servitude, le droit d'écoulement des eaux ménagères, est très-important dans une ville où les constructions serrées donnent une très-grande valeur au sol, et sans importance dans les campagnes; le juge devra donc prendre en grande considération les faits qui établiront la connaissance de l'existence de la servitude de la part du créancier ou de l'acquéreur.

Cette opinion était suivie dans l'ancienne jurisprudence; le décret purgeait tous les droits de propriété et autres droits réels que des tiers auraient pu avoir dans l'héritage; cependant le décret ne purgeait pas les droits de servitude que le maisons voisines avaient sur la maison adjugée par décret, *lorsqu'elles étaient visibles*, telles que les droits de vue ou d'égout.

88. L'obligation de transcrire ne nous paraît pas mettre obstacle à ce qu'une servitude puisse s'acquérir par prescription, autrement ce serait bouleverser le titre qui traite de cette matière, car si une servitude ne peut être acquise par prescription à cause de la transcription, il en est de même de tous les objets qui forment le sujet des contrats soumis à la prescription, et qui, dans les cas ordinaires, doivent être transcrits.

Celui qui invoquera la prescription par dix ou vingt ans devra justifier d'un titre transcrit.

Les causes qui empêchent de prescrire ou qui interrompent la prescription pourront être invoquées par l'acquéreur ou par le créancier inscrit, parce qu'à défaut de transcription du droit constitutif de la servitude, ils peuvent, dans l'esprit de notre loi, invoquer toutes les causes qui tendent à écarter la servitude.

89. Les contrats qui établiront des servitudes et qui seront transcrits, seront opposables aux acquéreurs et aux créanciers postérieurs; c'est un point hors de toute controverse.

L'effet de la transcription et du contrat constitutif sont différents ; lorsqu'il existe à cette époque des créanciers inscrits, ils convient d'examiner quels seront leurs droits.

Ils ne pourront faire prononcer la nullité du contrat, car l'hypothèque ne dépouille point le débiteur de son immeuble, il reste toujours sa chose, le créancier n'a que le droit de suite pour se faire payer de ce qui lui est dû.

Nous avons déjà démontré que la servitude, en elle-même, n'est pas susceptible du droit de suite, parce qu'elle ne peut être l'objet d'une expropriation.

Ce raisonnement nous conduirait à cette conséquence, que le droit d'hypothèque se trouverait annihilé, ce qui n'est pas possible; cependant le débiteur ne peut être privé du droit de disposer de la chose.

Nous pensons que dans ce cas le créancier pourrait demander que le débiteur fût privé du bénéfice du terme et rendre ainsi sa créance exigible, puis poursuivre la vente sans avoir égard à la servitude, et faire adjuger l'immeuble libre de cette servitude.

Nous reconnaissons que cette forme protége le créancier, mais elle a pour objet d'annuler indirectement la servitude, ce qui est contraire au droit de propriété : le sujet nous paraît difficile.

Pour mettre d'accord ces intérêts, les créanciers pourraient faire condamner le débiteur à les indemniser du préjudice à dire d'expert, par analogie de l'art. 2175, et même étendre leur action en indemnité jusqu'au propriétaire lui-même de la servitude, car ce dernier ne peut acquérir de droits préjudiciables aux inscriptions, à moins qu'il ne préfère renoncer à la servitude.

90. *Usage.* — L'usager d'un fonds peut en exiger autant qu'il lui en faut pour ses besoins et ceux de sa famille, celui qui a un droit d'habitation dans une maison peut y demeurer avec sa famille.

Ces droits ont quelque rapport avec l'usufruit, mais ils différencient beaucoup.

L'usufruitier a le droit de jouir de la chose comme le propriétaire lui-même ; il peut faire des baux, vendre ses droits à un autre, le domaine utile lui appartient pendant toute la durée de son usufruit.

Les droits d'usage et les droits d'habitation ne confèrent aucune partie de la propriété, ils donnent seulement le droit de prendre la quantité suffisante pour les besoins, ils sont personnels.

Mais comme ils suivent le détenteur de l'immeuble dans quelque main qu'il passe et sont un démembrement notable de la propriété, la loi hypothécaire oblige de transcrire les actes constitutifs de ce droit.

Lorsque la transcription ne révélera l'existence d'aucune inscription, l'acte produira tout son effet, ce sera en connaissance de cause que les tiers traiteront, ils ne pourront se plaindre d'aucun dommage.

Mais s'il existe des inscriptions, nous pensons qu'ils pourront saisir et faire vendre l'immeuble sans avoir égard aux droits d'usage et d'habitation.

En effet, ces droits ne confèrent que la jouissance de certains fruits sans aucune partie du droit de propriété, et les fruits ont été virtuellement attribués ou concédés aux créanciers par l'hypothèque, et ce serait leur enlever leur garantie que d'accorder le droit d'en disposer à leur détriment.

Les droits d'usage et d'habitation ne peuvent invoquer en leur faveur les causes qui militent en faveur du droit de servitude : celui-ci est nécessaire à la propriété, celui-là est au contraire nuisible.

91. *Baux.*— Les baux sont assujettis à la transcription lorsqu'ils excèdent dix-huit ans ; à défaut de cette formalité, ils ne valent que pour ce laps de temps.

Nous ne voyons dans cette disposition aucune entrave au droit de propriété ; les baux de plus de dix-huit ans sont excessivement rares ; on pourra donc, comme par le passé, faire des baux dans la forme que l'on jugera convenable ; ils doivent recevoir leur exécution sous les conditions que le Code Napoléon leur impose. Si le bail n'est pas fait par acte authentique ou n'a point date certaine, l'acquéreur peut expulser le locataire, sans être tenu d'aucuns dommages-intérêts.

S'il sont d'un plus long temps et que le locataire ne les fasse pas transcrire, l'acte sera assimilé à un bail qui aurait été fait pour dix-huit années ; le temps écoulé viendra en déduction.

Il nous semble voir le même esprit qui a limité les baux en matière de communauté, et qui réduit à neuf années les baux d'un plus long espace de temps sur lequel on doit imputer les années qui se sont écoulées.

92. Dans le cas de transcription, les baux sont obligatoires vis-à-vis des acquéreurs et des créanciers inscrits postérieurement.

Vis-à-vis des créanciers inscrits antérieurement, ils sont réputés non transcrits, et se trouvent soumis aux règles que nous avons tracées dans le numéro précédent.

Le bail d'un plus long terme que dix-huit ans ayant été réputé fait au préjudice des créanciers inscrits, il ne se peut que la formalité change la nature de l'acte, il reste le même ; à l'époque du prêt, l'immeuble en était affranchi ; le débiteur ne peut de sa volonté changer la nature du contrat et diminuer le gage.

93. La loi ne fait aucune distinction et s'applique à toute espèce de baux.

94. Dans le cas de renouvellement, on doit suivre les règles tracées pour la communauté et pour l'usufruit ; s'il s'agit de baux ruraux, ils ne peuvent être renouvelés plus de trois ans avant le bail courant, et plus de deux ans avant la même époque s'il s'agit de maison.

La loi hypothécaire est muette, mais on doit recourir aux autres dispositions de nos lois qui peuvent fournir des enseignements, elle est venue au secours du créancier, tout en respectant le droit du propriétaire, elle a circonscrit les baux à dix-huit années, pensant ainsi qu'un plus long terme emportait démembrement de la propriété, et que l'acte devait être rendu public ; tout ce qui est inférieur à dix-huit ans est, du débiteur au créancier, un acte d'administration qu'il peut faire ; c'est avec raison que nous avons appelé à notre secours les règles sur l'administrarion des biens.

Nous regardons comme sortant de la règle ordinaire et comme se présentant sous un caractère de fraude les baux dont les renouvellements sont anticipés (1), un délai de trois ans est suffisant pour que le fermier dispose la culture, et l'on n'a pas besoin d'explication pour le délai de deux ans en ce qui regarde les maisons : c'est ce que les auteurs enseignent. Toullier, *de la Communauté*, n° 412.

95. Il existe des créanciers inscrits au moment du renouvellement.

Il est transcrit, il est de dix-huit années, il est fait dans la période voulue de deux ou trois ans suivant la nature des immeubles, il est opposable parce que la période dans laquelle le renouvellement a lieu est en rapport avec les actes d'une bonne administration ; le bail lui-même n'est pas classé dans la catégorie des baux à long terme soumis à la transcription, les parties ont satisfait à la loi.

96. Le renouvellement fait dans la période voulue et pour dix-huit ans n'est pas transcrit.

Le nouveau bail sera valable s'il est commencé lorsque les créanciers intenteront leur action, ou avant l'incapacité relative dont nous parlerons ; il recevra son exécution pour les dix-huit années, parce que le bail eût été valable pour ce temps, s'il eût été fait pour cette période le jour où il a commencé son cours.

S'il n'est pas commencé, la question est plus grave : on

(1) Les baux renouvelés longtemps d'avance, surtout par ceux qui administrent les biens d'autrui, sont suspects de fraude et ne se font ordinairement que par des personnes pressées d'argent, qui ne consentent à se lier pour un aussi long temps d'avance que moyennant des pots-de-vin plus ou moins considérables, sur lesquels le bail garde le silence. Toullier, *de la Communauté*, n° 410.

peut dire que si les créanciers sont obligés d'exécuter dans une certaine mesure les baux non transcrits, cette disposition est faite en vue des baux en cours d'exécution, qu'il n'en est pas ainsi des renouvellements des nouveaux baux non commencés, qu'ils ne peuvent être opposés. Nous reconnaissons cette objection fondée en règle générale ; il y a ici nécessité d'un renouvellement, une sage administration le prescrit. On doit donc regarder le nouveau bail comme courant, le valider ; mais l'ancien et le nouveau bail excédant dix-huit ans, il y a lieu de le réduire au temps suffisant, pour, avec ce qui restait à courir du précédent bail, compléter dix-huit ans.

Mode de procéder qui se trouve en rapport avec ce que nous avons dit ci-dessus n° 91.

Le rapporteur du projet de loi reconnaît que la publicité donnée aux baux est une invasion faite dans le domaine des droits personnels, une dérogation au principe de la liberté et du secret des conventions privées.

Cette disposition doit donc être entendue de manière à concilier les droits du créancier et du débiteur, ce que produit notre interprétation, tandis que l'opinion contraire exige la publicité pour des actes qui, seuls, en sont dispensés.

97. Le bail a été renouvelé avant la période de deux ou trois ans, suivant la nature de l'immeuble ; il existe des créanciers.

Le bail nouveau et l'ancien ne forment ensemble qu'une période de dix-huit ans au moment de la passation du nouveau, celui-ci n'est pas commencé.

Dans ce mode de procéder, il y a présomption de fraude, et, de la part du propriétaire, c'est un acte hors des limites de l'administration (1) ; c'est alors que l'on peut dire : le bail ne m'est pas opposable, il n'est pas en cours d'exécution, et c'est aux baux en cours d'exécution

(1) Il y a abus lorsque le renouvellement du bail est fait par anticipation à une époque où l'intérêt d'une bonne administration n'exige pas que cette mesure soit prise. Sulpici, sur l'art. 1718.

que s'applique l'art. 3 qui permet d'opposer les baux d'une durée de dix-huit ans et au-dessous.

La transcription du nouveau bail serait elle-même sans force vis-à-vis des créanciers, parce que c'est un acte postérieur auquel les créanciers n'ont point participé, bon seulement à titre d'avertissement pour les créanciers postérieurs.

Le propriétaire pouvait faire un bail de dix-huit ans, mais il atteignait la dernière limite. Cet acte était fait dans le cercle de ses facultés, devait valoir tant qu'il n'y avait pas de fraude et se trouve présumé fa t sans fraude ; les baux anticipés présentent au contraire le caractère de fraude : au créancier vigilant on a présenté le bail courant, c'est en considération de ce bail que l'on a traité, l'on change sa position.

Les débiteurs de mauvaise foi, et c'est contre eux qu'il faut se prémunir, auraient intérêt à faire un bail court, parce qu'il leur faciliterait une vente préméditée à l'époque fixée pour le remboursement; mais reconnaissant alors l'impossibilité d'atteindre le but qu'ils espéraient, ils feraient un nouveau bail avec pot-de-vin.

Pour les baux de dix-huit ans, qui sont en cours lors du prêt, ils se trouvent diminués d'autant de temps que le prêt a duré, tandis que les renouvellements anticipés maintiennent la période complète.

98. Déjà sous le Code Napoléon, quelques auteurs faisaient à l'égard des baux anticipés la distinction suivante : relativement aux créanciers chirographaires et aux créanciers hypothécaires inscrits seulement depuis que le bail a acquis date certaine, ils reconnaissent que le bail doit être maintenu pour toute sa durée ; mais à l'égard des créanciers inscrits avant que le bail eut acquis date certaine, ils prétendent que le bail ne peut être maintenu que pour une durée de neuf années, et qu'il ne peut être renouvelé que trois ans avant l'expiration du bail courant, s'il s'agit de biens ruraux, et de deux ans s'il s'agit de maison, par application des art. 481, 595, 1429, 1430 et 1718. Pigeau, annoté par Crivelli, t. II, p. 242 ; Duranton, t. XVII, n° 155 et 156 ; Delvincourt, t. III, notes, p. 197 ; Dalloz, *Hyp.*, p. 331, n° 5. — *Contrà*, Duvergier, *Louage*, t. I, n° 558 ; Locré, t. XIV, p. 348, et t. XXII, p. 220 ; Troplong, *des Hyp.*, 777 *ter*.

Le projet de rédaction du Code de procédure contenait une disposition restrictive des baux d'un long terme (1). Tarrible, *Rép. de Merlin*, v° Tiers détenteur, n° 4, regrette que cette disposition n'ait pas été maintenue à cause de sa sagesse : « le rejet (2), dit-il, ne peut guère être attri-« bué qu'à l'opinion où devait être le conseil d'état, que « les autres dispositions des codes suffisaient pour attein-« dre le même but. »

La nouvelle loi est venue pour protéger les droits des tiers ; elle doit donc se rapprocher de tout ce qui écarte les baux faits hors les règles ordinaires d'administration, surtout les baux renouvelés avant le temps ordinaire ; c'est ce qu'elle fait en n'obligeant qu'à l'exécution du bail courant, s'il n'a pas été transcrit avant que les tiers aient acquis leurs droits.

99. S'il y a vente, il convient d'établir une distinction entre les ventes faites sur expropriation forcée et les autres ventes qui ont le caractère de vente volontaire.

S'il s'agit d'une vente faite par expropriation forcée, l'acquéreur est subrogé au lieu et place des créanciers inscrits, pour exercer tous leurs droits et actions à l'encontre des locataires, comme ils l'auraient pu eux-mêmes ; il a des droits acquis avant les baux, par conséquent préférables.

(1) Pour quelque terme qu'aient été faits les baux à terme ou à loyer, ils seront exécutés pour tout le temps qui aura été convenu si, à l'époque où ils avaient été faits, il n'y avait pas d'inscription hypothécaire sur les immeubles ; dans le cas où il y aurait une ou plusieurs inscriptions à ladite époque, leur durée sera toujours restreinte relativement à l'adjudicataire au temps de la plus longue durée des baux, suivant l'usage des lieux, à partir de l'adjudication, sauf tout recours des fermiers ou locataires contre le saisi.

(2) On craignit de trop gêner les transactions et l'exercice du droit de propriété. Troplong, *des Hypoth.*, n° 777 *ter*.

Dans les ventes amiables, l'acquéreur n'a que les droits du vendeur, le traité se concentre entre eux, il ne peut avoir plus de droit que lui. De là, la défense faite à l'acquéreur d'expulser le fermier ou le locataire qui a un bail authentique ou dont la date est certaine (C. Nap. 1743); c'est à cause des charges imposées à la propriété par des baux à long terme et dont la connaissance est nécessaire à l'acquéreur, que la loi nouvelle exige la transcription lorsqu'ils excèdent dix-huit années ; c'est un renseignement qu'il doit avoir pour baser son traité.

Si le bail est transcrit, il doit imputer à sa négligence de ne pas l'avoir connu; ses droits sont postérieurs et ne peuvent venir qu'au second rang, il n'y aurait même de recours contre son vendeur qui si celui-ci s'était rendu coupable de dol.

Il en serait de même dans le cas où, par une clause spéciale contenue dans le contrat d'acquisition ou dans le cahier des charges, l'acquéreur se serait obligé de maintenir le fermier jusqu'au terme convenu : il y aurait contrat formé entre le vendeur et l'acquéreur; non-seulement celui-ci ne pourrait prétexter cause d'ignorance, mais il aurait pris le fait du vendeur, peu importe alors que le bail soit ou ne soit pas transcrit, qu'il ait ou qu'il n'ait pas de date certaine, la stipulation devient partie intégrante et indivisible du contrat.

Du reste, une telle renonciation ne se présume pas facilement; en général, et à part toute circonstance, la simple réserve de maintenir les baux ne doit s'entendre que des baux légalement faits, et dans la mesure fixée par le législateur. Troplong, *du Louage*, n° 157.

100. Les baux sous seing privé ne sont opposables aux créanciers et à l'acquéreur dans les limites précédemment indiquées que s'ils ont acquis date certaine (art. 1328 et 1743).

L'un des moyens est l'enregistrement, celui-là surtout ne donne force à l'acte que s'il est accompli dans un temps où le propriétaire avait la plénitude de ses droits ; à l'égard des tiers, c'est à ce moment seulement qu'il a acquis sa perfection. Si donc il était dirigé quelques actions contre le propriétaire, il ne pourrait transmettre plus de droits qu'il n'en aurait lui-même, et la validité serait subordonnée à sa faculté.

Quand les immeubles sont loués par bail dont la date ne serait pas certaine avant le commandement, la nullité peut en être prononcée, si les créanciers ou l'adjudicataire le demandent. Lorsque les immeubles saisis ne sont pas loués ou affermés, le saisi en reste en possession jusqu'à la vente, comme séquestre judiciaire (C. pr., art. 688 et 691).

Les baux sous seing privé, ayant date certaine et exempts de fraude, sont obligatoires vis-à-vis des créanciers et de l'acquéreur; le délai de dix-huit années, maximum des baux dispensés de la transcription, commence non du jour de l'enregistrement ou de tout autre fait donnant date certaine, mais du jour indiqué par l'écrit sous seing privé qui, vis-à-vis des parties contractantes, a la même foi que l'acte authentique (1322).

101. La loi qui nous occupe ne modifie pas les règles tracées par le Code Napoléon sur la capacité des usufruitiers, du mari chef de communauté sur les biens propres de sa femme, du tuteur et de toute autre personne qui n'a que des pouvoirs d'administration. Leurs droits n'ont pas acquis d'extension, ils sont les mêmes; la loi n'est faite que du débiteur au créancier, du vendeur à l'acquéreur, ce qui nous paraît résulter de ses dispositions et de la discussion qui l'a préparée.

Elle tend à moraliser les rapports du débiteur au créancier et du vendeur à l'acquéreur, la jurisprudence et la pratique devront s'efforcer de la seconder vers ce but, surtout être convaincues que la justice et l'équité sont les bases les plus solides de la propriété.

102. L'article ne contient pas de disposition qui oblige de faire transcrire les jugements qui déclarent l'existence d'un bail de plus de dix-huit ans, tandis qu'il en existe pour tous les autres actes soumis à la transcription, d'où l'on pourrait tirer la déduction qu'ils n'y sont pas soumis.

Le but de la loi est de rendre publiques par la transcription les transmissions entre vifs et les modifications de la propriété. Les baux de plus de dix-huit ans ayant été placés dans cette catégorie ne peuvent éviter la formalité. Si le jugement déclare l'existence d'un bail, le bail devra être transcrit, car le jugement ne fait que d'en ordonner l'exécution ; si au contraire, sur une assignation, le bail qui n'avait point été constaté, est reconnu en justice, c'est le jugement qui tient lieu de bail, il doit être transcrit parce que la loi veut que les baux soient transcrits ; la disposition était donc inutile.

103. Il faut aussi transcrire tout acte, tout jugement, constatant la quittance ou la cession d'une somme équivalant à trois années de fermage ou de loyer.

S'il existe des inscriptions au moment de la transcription, elle ne leur est pas opposable; nous dirons plus qu'elle emporte comme sanction la nullité à leur égard du paiement ou transport ; la partie doit s'imputer le tort d'avoir remis les fonds sans s'être enquis si l'immeuble était grevé d'inscriptions ; l'obligation de la formalité fait ressortir le préjudice que les créanciers peuvent éprouver et qui ne doit pas être souffert.

Il est à remarquer que l'obligation de transcrire commence à trois années, que c'est seulement pour ce qui est au-dessous de trois années que la dispense existe.

104. S'il n'y a pas d'inscription, quel est le mérite du transport ou de la quittance non transcrits vis-à-vis des créanciers inscrits postérieurement ?

Nous avons dit que ces actes n'étaient pas opposables dans le cas d'existence d'inscription au moment de l'acte ; cela, surtout, en considération des droits acquis au profit des créanciers inscrits ; comme il n'y avait pas de créanciers, il est valable en principe, mais il n'a pas satisfait à la loi, le transport sera réduit à trois années. Les trois années écoulées, l'acte a produit tout son effet vis-à-vis des tiers.

On ne pourrait dire : le délai de moins de trois années dont parle la loi, est supposé au temps de la saisie, époque à laquelle les revenus sont immobilisés ; puis, partant de cette base, ajouter : le transport étant opposable à tout autre qu'aux créanciers inscrits, doit valoir à leur égard au moins autant que tout autre transport, il vaudra pour trois années à partir de la veille de la saisie.

La règle est ici la même que pour les baux, ce n'est pas de la transcription de la saisie que commencent les dix-huit années, c'est du jour où le bail a commencé ; c'est du jour où le transport a été fait que le délai doit commencer ; il n'y a pas que le cas de saisie immobilière qui puisse mettre le créancier en opposition avec le cessionnaire, il y a encore le cas d'opposition ; ce ne sont pas les loyers courus à partir de la saisie qui sont immobilisés, ce sont les loyers dus au temps de la saisie : dans ces deux cas le créancier inscrit et le cessionnaire sont en concurrence.

Le transport devait être transcrit ; il ne l'a pas été, le cessionnaire est coupable d'une négligence dont il doit être puni.

105. Examinons le mérite d'un transport fait pour moins de trois années, lorsqu'il existe à ce moment des inscriptions.

S'il existe des inscriptions, le créancier a un droit d'hypothèque et ce droit n'est qu'une imitation du nantissement ou de l'antichrèse ; l'hypothèque concède un droit tout aussi réel que le gage lui-même (1), la publicité de ce droit par l'inscription prévient le tiers que la capacité du propriétaire de l'immeuble n'est plus entière.

Autrement, la loi laisserait au débiteur la facilité de créer des droits qui seraient profitables à l'hypothèque, ce qui est en opposition avec le droit de préférence que la loi leur accorde (art. 2094).

(1) Troplong, *Des Hypoth.*, n° 8.

L'immeuble hypothéqué reste la propriété du débiteur et à défaut de prohibition il peut faire de la chose ce qu'il juge convenable; c'est exact s'il ne porte pas préjudice aux droits hypothécaires : aucun article du Code ne prohibe le transport qu'il fait de ses revenus par anticipation.

Le projet du Code de Procédure contenait, art. 715, un article renfermant cette disposition : « Dans le cas où, lors des baux à ferme ou à loyer, il y aurait eu des inscriptions hypothécaires sur des immeubles, les paiements faits par anticipation par le fermier ou locataire ne vaudraient contre les créanciers ou l'adjudicataire que pour l'année dans laquelle l'adjudication est faite. »

M. Tarrible, dans Merlin, v° *Tiers Détenteur*, n° 4, regrette que cette disposition n'ait pas été maintenue à cause de *sa sagesse*, le rejet, dit-il, ne peut guère être attribué qu'à l'opinion où devait être le Conseil d'Etat, que les autres dispositions des Codes suffisaient pour atteindre le même but.

La question eut été tranchée, mais le rejet la *laisse* entière, moins le précédent et les opinions de MM. Tarrible et Merlin qui étaient contemporains de la rédaction du Code de procédure.

Aux termes de l'art. 2166 du Code Napoléon, les créanciers qui ont acquis privilége ou hypothèque sur un immeuble ont droit, non seulement sur le prix de l'aliénation de cet immeuble, mais encore sur les intérêts du prix, à compter du jour de l'aliénation ; en effet, à compter de l'aliénation faite par le débiteur ou prononcée contre lui, le prix entier de la vente volontaire ou de l'adjudication appartient et doit être distribué aux créanciers inscrits, jusqu'à concurrence de leurs créances.

Or, ce prix se compose, non seulement de la somme principale qui a été fixée pour l'aliénation, mais encore des intérêts à échoir qui sont un accessoire du principal; d'où il suit que les créanciers inscrits ont droit à ces intérêts, nonobstant toutes ventes ou cessions anticipées qui pourraient avoir été faites par le débiteur ou de ces intérêts, ou des revenus qui les représentent ; autrement le débiteur qui serait menacé d'une expropriation forcée, ou qui aurait l'intention de vendre, pourrait impunément porter préjudice aux droits de ses créanciers inscrits et s'enrichir à leurs dépens, en consentant des ventes ou cessions, à prix comptant, des revenus de l'immeuble hypothéqué, pour un grand nombre d'années à échoir.

Aussi, l'art. 2091 dispose expressément que l'antichrèse qui a été consentie par le débiteur ne préjudicie point aux droits que les tiers pourraient avoir sur le fonds de l'immeuble remis à titre d'antichrèse, et l'antichrèse n'étant autre chose qu'une cession des fruits d'un immeuble, il est évident que la cession des revenus qui ne doivent échoir qu'après l'aliénation de l'immeuble ne peut, pas plus que l'antichrèse, être opposée aux tiers qui ont des droits hypothécaires sur l'immeuble aliéné (1).

Le contrat d'antichrèse, dit-on, est un contrat particulier régi par des lois spéciales; on ne saurait étendre par l'analogie les restrictions apportées au droit de propriété ; — on ne peut pas non plus confondre la position du créancier antichrésiste avec celle du cessionnaire ; pour le premier, les choses sont remises au même état qu'avant l'antichrèse, sa position n'en est point aggravée, tandis que le cessionnaire qui aurait payé de bonne foi le prix de la cession, verrait se réaliser à son préjudice une perte certaine et souvent irréparable.

La différence en droit n'est pas contestable, mais en fait elle n'est pas sensible ; dans l'un comme dans l'autre, le créancier se propose de rentrer dans son capital; pour arriver à cette fin, il se fait attribuer les fruits et revenus d'un immeuble.

Un immeuble est loué à un locataire solvable qui est tenu, comme il est d'usage, de l'acquit des contributions et de l'entretien des réparations. Le débiteur ne trouverait rien à emprunter sur hypothèque, en raison des inscriptions existantes, l'antichrèse ne serait pas valable: on fera un transport de loyers, le prêt sera excellent ; ainsi, la loi

(1) Arrêt de la Cour de Cassation, du 3 nov. 1813, rendu sur le rapport de Chabot, de l'Allier, et cassant un arrêt de la Cour de Turin.

laisserait placer dans un rang secondaire l'hypothèque et le nantissement.

Il y a plus, elle permettrait d'un côté d'aliéner au préjudice des créanciers hypothécaires près de trois années de loyer; d'une autre part, l'inscription conserve au même rang deux années et l'année courante d'intérêts, au moment où les loyers sont immobilisés (la transcription de la saisie). En sorte que, dans le cas d'un transport de loyers, il y aurait, en réalité, plus d'un quart des accessoires. Ce résultat est la réponse la plus péremptoire.

« On ne peut dire que toute cession de loyers antici-
« pés, consentie par le propriétaire d'un immeuble grevé
« d'inscription, soit entachée d'une nullité radicale ; ce
« serait frapper la propriété d'indisponibilité dans les
« mains du propriétaire, qui n'est point dépouillé du
« droit d'administrer les biens grevés de l'hypothèque, et
« qui conserve par suite la faculté de disposer des fruits
« qu'ils produisent. »

L'arrêt de Colmar de 1851, dans lequel cette objection est puisée, dit que tout fait de la part du débiteur qui tend à diminuer le gage hypothécaire au point de le rendre *insuffisant, est une fraude;* il est certain que le transport diminue le gage, puisque l'acquéreur fera entrer en grande considération le temps pendant lequel il sera privé du loyer dont le transport a été fait, et ce ne sera pas seulement d'une somme équivalente aux loyers transportés, mais d'une somme plus forte; car l'expérience démontre que l'on désire recevoir chaque année des revenus et que l'on est toujours éloigné du désir d'acheter lorsque l'on a devant soi l'expectative d'être plusieurs années sans rien recevoir.

Ainsi, le transport n'est point un acte d'administration, c'est bien une fraude que la propriété elle-même est intéressée à voir détruire ; si c'est une fraude, la loi la prohibe d'une manière absolue.

Ce n'est pas seulement le préjudice que la morale réprouve ; c'est la possibilité même : lorsqu'un débiteur a des immeubles grevés d'une somme telle qu'il ne puisse plus emprunter par hypothèque, il peut craindre de ne pas satisfaire à ses engagements. Il y a de sa part possibilité d'un préjudice dans le transport de loyers à échoir; il ne peut donc invoquer la bonne foi.

De la part du cessionnaire, c'est un acte insolite qui ne mérite pas plus de protection que de la part du cédant; est-il rien de plus contraire aux régles ordinaires qu'un locataire qui paie à l'avance plus de loyer que d'usage? Le créancier qui prend des loyers en paiement d'une dette ancienne, le prêteur qui recevra son argent par fractions sans intérêts, font l'un, l'acte d'un créancier qui accepte ce qu'il peut avoir, et l'autre, s'il ne prête pas à usure, fait un acte très-peu ordinaire. Dans toutes les hypothèses, le cessionnaire ne peut non plus invoquer la bonne foi, il connaissait l'état de gêne du cédant; l'acte lui-même le prouve.

« Les fruits civils ne pouvant jamais être immobilisés, « ne sauraient subir l'affectation hypothécaire. »

Cette règle est exacte, si l'immeuble est dans la possession du débiteur; mais elle ne peut se continuer au-delà. Ainsi, les loyers et les fermages sont immobilisés à partir de la transcription de la saisie, parce que de ce moment le débiteur ne peut plus aliéner, la propriété lui échappe.

Ils sont encore immobilisés à compter du jour de la sommation faite au tiers détenteur de payer ou délaisser, conformément aux dispositions de l'art. 2176 C. Nap. Il est clair, dit M. Troplong, *des Hypoth.*, n° 840 *bis*, que par cela seul que les fruits échus depuis la sommation tombent sous le coup du droit de suite, ils sont immeubles.

Les fruits d'un immeuble en sont la portion utile, et l'acheteur ne doit point d'intérêts de son prix, si la chose vendue ne produit pas de fruits ou *autres revenus*. Les loyers ne sont donc pas d'une nature tout à fait mobilière, ils sont une partie de la chose, et les aliéner, c'est démembrer la propriété.

A l'appui de notre opinion, nous pouvons citer:

Dans l'ancien droit, Denisart, v° *Loyers*, n° 20, et Salviat, *Jurisprudence du Parlement de Bordeaux*, v° *Bail*;

Dans le droit nouveau, Delvincourt, *Cours de Code civil*, édit. 1819, t. III, p. 426 ; notes, p. 97, n° 10 ; Duranton, *Cours de Droit français*, t. XVII, n° 163 ; Persil, *Régime hypoth.*, t. II, sur l'art. 2166, n° 7 ; Tarrible, *Répert. de Merlin*, v° *Tiers-Détenteur*, n° 4 ; Carré, *Lois de la procédure*, quest. 2318, et la note Bioche, *Diction. de procédure*, v° *Saisie immobilière*, n° 288.

106. La loi nouvelle, en établissant des garanties, ne peut être envisagée comme abandonnant des principes conservateurs de droits qu'elle tient à maintenir ; on doit plutôt être convaincu qu'elle vient à leur secours.

Elle ne valide pas par son silence les transports de moins de trois années ; les membres de la commission ont au contraire voulu, ce nous semble, les proscrire lorsqu'ils portent préjudice aux acquéreurs ou aux créanciers.

Nous fondons notre opinion sur les paroles de M. Allart, l'un des membres de cette commission, paroles qui ne nous paraissent pas laisser de doute sur ce point.

« Le propriétaire, *avant de vendre la propriété ou de* « *l'hypothéquer*, pouvait faire un bail de quatre-vingt- « dix-neuf ans, ou toucher d'avance une quotité illimitée « de loyers ; la loi nouvelle, dans les deux cas, pose la « limite de dix-huit et de trois années, de telle sorte que « le dommage causé à l'acquéreur ou au créancier ne peut « s'étendre au-delà ; *si le bail ou la quittance anticipée* « *sont postérieurs à la transcription du contrat de vente,* « *ou à l'inscription de l'hypothèque, il est évident qu'ils* « *ne peuvent avoir aucun effet.* » *Moniteur* du 18 janvier 1855, rectifiant le n° du 17 janvier 1855.

107. Dans le cas où le créancier hypothécaire antérieur au transport ou au paiement anticipé, trouve dans le prix de la vente de quoi le désintéresser de sa créance le transport ou paiement produit tout son effet, toujours dans la limite de moins de trois années, vis-à-vis des créanciers qui lui sont postérieurs en date ; car ni l'un ni l'autre ne sont nuls ; ils ne peuvent pas être opposés aux créanciers inscrits alors, vis-à-vis de tous autres ils sont efficaces.

Ils ne peuvent être opposés aux créanciers inscrits avant le transport, parce que ceux-ci ont des droits acquis auxquels on ne peut porter préjudice; vis-à-vis des créanciers postérieurs, les droits du cessionnaire sont acquis antérieurement, ils sont dans la limite légale, ils doivent être préférés.

Le transport n'étant pas opposable aux créanciers inscrits antérieurement, la vente de l'immeuble aurait lieu sans y avoir égard, sauf par le cessionnaire, à produire à l'ordre : les droits de chacun sont protégés par ce mode d'agir.

108. La résiliation des baux, les transports de loyers et paiements anticipés de loyers, ne sont point dans la nomenclature des actes sujets à transcription; ces actes n'y sont pas soumis, parce que l'on ne peut étendre une obligation d'un acte à un autre acte.

Ils n'affectent l'immeuble qu'indirectement, tandis que les actes à l'égard desquels la transcription est obligatoire l'affectent directement.

Le rapporteur fait connaître que c'est la nécessité qui a contraint de recourir à cette formalité pour les actes dont s'agit, il déclare que c'est une invasion « faite dans le domaine des droits personnels, une dérogation au principe de la liberté et du secret des conventions privées. »

La transcription a pour but de faire connaître le bail ou le paiement, parce qu'ils sont regardés comme une charge pour l'immeuble ; lorsque cette charge n'existe plus, c'est un avantage dont les tiers ne peuvent se plaindre.

109. La renonciation à un acte constitutif d'antichrèse, de servitude, d'usage et d'habitation doit être transcrite.

Dans ces divers cas, les actes établissent des charges qui frappent directement la propriété, et l'on s'est demandé comment on ferait connaître l'extinction de ces charges.

Le législateur a préféré la transcription de l'acte de renonciation à la simple mention mise en marge, comme il est d'usage pour la radiation des inscriptions, parce que s'agissant d'un droit qui touche directement l'immeuble on a voulu que les tiers intéressés fussent à même de prendre connaissance de l'acte sur le registre sans qu'il y ait lieu de craindre la perte de la pièce dans un délai fort éloigné.

L'art. 2 qui nous occupe ne s'applique qu'aux renonciations amiables ; si l'extinction résulte d'un jugement, on tombe sous l'application de l'art. 4.

L'antichrèse est un droit conféré sur un immeuble, afin d'assurer le recouvrement d'une créance ; son extinction ou la renonciation que l'on y ferait paraissent uniquement dans l'intérêt du débiteur ; il serait ainsi juge de l'opportunité. Nous ferons connaître au n° 111 les inconvénients qui peuvent en résulter.

110. La créance garantie par une antichrèse est de sa nature cessible ; au moyen du transport qui en est fait, le cessionnaire jouit du bénéfice de l'antichrèse. Comment faire connaître cette subrogation ?

A défaut de disposition spéciale, on pourrait croire que règle commune sur les transports de créance et autres oits incorporels est applicable, qu'il suffit de faire signifier transport au débiteur, à moins que ce dernier ne l'accepte.

Cependant, comme la transcription de l'acte est la seule garantie vis-à-vis des tiers, on ne doit pas laisser cette garantie à la discrétion du cédant, qui, de connivence avec les débiteurs ou avec des créanciers, pourrait consentir une renonciation.

Et cette renonciation aussitôt transcrite vaudrait vis-à-vis des tiers, sans que le cessionnaire puisse avoir d'autre droit qu'une action en dommages-intérêts.

La transcription de cet acte annoncera la mutation, et si plus tard une renonciation est indûment consentie, le registre du conservateur démontrera le droit du cessionnaire sans que les tiers puissent invoquer la bonne foi, puisque la cession leur eut été connue s'ils avaient consulté les registres du conservateur.

111. Le créancier a renoncé à son droit d'antichrèse sans avoir reçu son remboursement, l'acte n'a pas été transcrit, puis il transporte sa créance, et soit par mauvaise foi, soit par mégarde, cette renonciation n'est pas portée à la connaissance du cessionnaire, qui, lui, fait transcrire son acte.

Le droit d'antichrèse existe au profit du cessionnaire, car la publicité établit le droit ; vis-à-vis des tiers, elle le constitue, et l'on doit, par analogie de la vente non encore transcrite, décider que le tiers qui traite en considération des faits révélés par les registres des conservateurs traite valablement.

Le débiteur a commis une négligence qui a induit en erreur, il est juste qu'il en supporte la peine.

Les autres personnes qui ont traité avec le débiteur ne peuvent prétendre qu'elles ont éprouvé un préjudice, car la renonciation ne leur était pas légalement connue, elles sont censé avoir stipulé comme si l'antichrèse existait encore.

112. La renonciation à une servitude n'intéresse pas seulement le fonds servant, auquel elle procure un avantage en diminuant les charges qui le grèvent, elle diminue la valeur du fonds dominant en ce qu'elle le prive d'un avantage : par exemple le droit de vue est préjudiciable au fonds servant qu'il empêche souvent de bâtir, il est avantageux au fonds dominant, en ce qu'il lui permet de donner des jours à des dépendances de sa propriété.

La transcription est nécessaire au fonds servant, puisque, si le propriétaire du fonds dominant vendait à un acquéreur qui se hâterait de transcrire, la renonciation ne lui serait pas opposable, la servitude continuerait d'exister.

113. Ces explications trouvent encore leur application

à l'égard du droit d'usage ancien, qui existait en faveur des habitants de certaines localités, particulièrement dans les bois et sur les terres dépouillées de récoltes.

Il est certaines propriétés pour lesquelles le droit d'usage forme un objet principal de leur valeur.

Ce droit résulte généralement de coutumes, mais il est aussi quelquefois établi par des titres particuliers.

L'abandon peut tromper un acquéreur, un prêteur, si la renonciation n'a pas été rendue publique ; il était donc nécessaire qu'elle le fût.

114. Sous le Code Napoléon les droits d'usage et d'habitation sont personnels et ne peuvent être cédés, ni même loués ; les tiers n'ont jamais aucun droit à prétendre ; l'abandon qui en est fait est définitif aussitôt qu'il est consenti, la transcription n'est alors qu'une mesure d'ordre utile pour faire connaître l'extinction d'une charge.

115. Nous avons dit que l'on ne pouvait établir une servitude au préjudice des créanciers qui ont des droits acquis conservés par les inscriptions ; par les mêmes principes, on ne peut renoncer à un droit avantageux, tel qu'une servitude ou un droit d'usage lorsqu'il est réel, c'est-à-dire établi d'après l'ancien droit, parce que, dans cette hypothèse comme dans l'autre, il y a diminution de l'hypothèque au profit d'une tierce personne, ce qui n'est jamais permis.

Dans ce cas, comme lorsqu'il s'agit de la création d'une servitude, la dette hypothécaire peut être rendue exigible, si le bénéficiant n'indemnise pas le créancier, ce point est laissé à l'arbitrage du juge. Nous nous référons aux explications que nous avons fournies lorsque nous nous sommes occupés de la constitution des servitudes.

ART. 3.

Jusqu'à la transcription, les droits résultant des actes et jugements énoncés aux articles précédents, ne peuvent être opposés aux tiers qui ont des droits sur l'immeuble et qui les ont conservés en se conformant aux lois.

Les baux qui n'ont pas été transcrits ne peuvent jamais leur être opposés pour une durée de plus de dix-huit ans.

—

SOMMAIRE.

116. Les art. 1 et 2 font connaître les actes soumis à la formalité ; l'art. 3 renferme la sanction.

Jusqu'à la transcription, les droits résultant des actes et jugements énoncés dans ces deux articles ne peuvent être opposés aux tiers.

Cette disposition est la plus importante de la loi, elle change le régime hypothécaire.

Notre Code Napoléon avait posé en règle que l'obligation rend le créancier propriétaire, et comme le créancier ne peut avoir plus de droits que son débiteur, les tiers ne pouvaient acquérir aucun droit, aucune nouvelle action, à partir de l'obligation conclue.

Par la loi nouvelle, l'effet des obligations est toujours le même entre les parties ; mais il subit une profonde modification vis-à-vis des tiers, il a besoin d'un acte extérieur, de la publicité au moyen de la transcription.

Jusqu'à ce que cette formalité ait été remplie, il n'y a pas pour les tiers de changement d'état, de mutation, les choses sont restées dans la même situation ; l'immeuble appartient toujours à la même personne.

117. Notre loi ne traitant que des hypothèques, ne pouvait s'appliquer à tous les tiers sans exception, ce qui aurait compris même les créanciers chirographaires, elle ne confère de droits qu'aux tiers qui ont des droits sur l'immeuble, et comme elle est toute de publicité, elle exige que les tiers aient conservé leurs droits en se conformant aux lois.

Ce sont : 1° les créanciers hypothécaires qui ont rendu leur hypothèque publique par l'inscription, jusque là elle est inconnue ; ils ne peuvent réclamer le bénéfice d'une loi à laquelle ils n'ont pas encore satisfait ;

2° Les acquéreurs d'immeubles lorsqu'ils ont fait transcrire ;

3° Les usufruitiers, les usagers, les locataires, les cessionnaires de loyers, en un mot les personnes qui ont des droits soumis à la transcription et qui ont rempli cette formalité.

118. Les droits sur les immeubles prennent la base de leur conservation dans la publicité, c'est donc en partant de la publicité que l'on doit examiner si les droits ont été ou n'ont pas été conservés.

L'hypothèque légale de la femme, du mineur ou de l'interdit font exception ; cependant cette exception n'existe pas autant qu'elle le paraît, car le débiteur doit les déclarer à peine de stellionnat, l'acquéreur peut les purger en remplissant les formalités indiquées par la loi, le subrogé-tuteur doit les faire inscrire, un ami peut les requérir.

L'hypothèque doit être inscrite avant que l'on ne puisse en réclamer l'effet.

Puisque le principe de la publicité est admis, il est nécessaire de le suivre dans ses développements, si l'on ne veut pas le voir se perdre. Il ressortira, des explications que nous fournissons, la preuve des tiraillements que la publicité restreinte fait naître à chaque instant dans l'application des lois ; notre article nous donne un exemple par le vague qu'il présente dans sa rédaction : « les droits conservés en se conformant à la loi ; » pourquoi n'avoir pas dit : s'ils ont été rendus publics.

C'est que cette rédaction était franche, elle obligeait de rendre publique l'hypothèque légale, — la rescision, — la nullité pour dol, — l'action en révocation d'une donation, tous les droits, en un mot, qui sont encore exemptés de la formalité de la publicité.

Nous n'en dirons pas moins que la publicité est la règle générale, que les cas dispensés sont l'exception.

119. Le jour de la transcription est le terme fixé aux tiers pour la conservation de leurs droits, ainsi l'inscription requise le jour de la transcription vaudra, parce qu'elle est prise dans les délais.

L'inscription peut être requise avant le dépôt de la pièce à transcrire, elle doit donc valoir, puisqu'à ce moment, la vente n'est pas publique, elle peut être requise après le dépôt, la vente peut alors être connue, mais la journée entière appartient pour l'accomplissement de la formalité ; l'on a supprimé la distinction des inscriptions prises avant ou après midi ; l'une et l'autre viennent par concurrence.

On n'a pas voulu faire dépendre les droits d'un créancier de la négligence d'un conservateur.

La concurrence est possible entre deux créanciers, mais elle n'est pas possible du créancier à l'acquéreur. Ou l'acquéreur aura son immeuble affranchi de l'hypothèque et le droit d'hypothèque disparaîtra, ou le créancier conservera son droit, et l'acquéreur gardera son immeuble, mais grevé d'une hypothèque : il ne peut exister de moyen terme entre ces deux positions.

Attendu que, dans tous les actes, on doit faire en sorte qu'ils produisent leur effet, la préférence doit exister en faveur de notre interprétation : par là l'hypothèque est valable, elle produit son effet, l'acquéreur reste propriétaire de la chose.

La surenchère n'est qu'une mesure exceptionnelle, l'acquéreur à juste prix ne la craint pas, et pour que la position de l'acquéreur fût rendue plus mauvaise, il faudrait que le créancier retardataire fût seul inscrit ; autrement s'il y avait lieu à surenchère, elle pourrait être formée au nom d'un autre créancier.

Si l'acquéreur a payé son prix, il a eu tort, il fallait qu'il attendît l'accomplissement de la formalité en le déposant. L'imprudence qu'il invoque en sa faveur ne peut être suffisante pour le protéger.

120. Dans le cas où deux acquéreurs auraient fait transcrire leur contrat le même jour, on ne peut donner la préférence à l'un sur l'autre, parce qu'il aurait le premier opéré la formalité, tous deux sont quant à ce au même titre.

Mais il faut remarquer que la vente est parfaite aussitôt qu'elle est convenue, que les actes sont opposables aux tiers du moment qu'ils ont acquis date certaine : le premier acquéreur est propriétaire conformément aux règles du

Code Napoléon, seulement cette vente n'est opposable à un autre acquéreur que si elle est antérieure à la sienne, ce qui paraît être l'esprit de l'art. 3 qui se sert de ces termes, *jusqu'à la transcription*.

Or, aucun des deux acquéreurs ne peut établir que sa transcription a précédé la transcription de son concurrent, donc ils tombent sous l'empire du Code Napoléon. La préférence appartient à l'acquéreur dont le contrat a le premier acquis date certaine.

121. Dans le cours de la discussion, M. Duclos soutenait que les termes de la loi n'étaient pas assez explicites, il demandait à quelle époque les droits des tiers doivent être acquis pour pouvoir être opposés ; est-ce au moment de l'acte, ou bien au moment de la transcription? Il ajoutait: d'après le Code, c'est au moment où intervient l'acte ou le jugement; si on suit le principe nouveau du projet, il suffit que ces droits soient acquis avant la transcription.

C'est, en effet, ce qu'il faut décider dans toute hypothèse, disait M. Rouher, commissaire du gouvernement, pour savoir quelle sera la condition des droits qui auraient été acquis antérieurement à l'acte ou au jugement, ou dans le temps intermédiaire entre l'acte ou le jugement et la transcription ; qu'il s'agisse d'une vente ou d'une hypothèque judiciaire ou conventionnelle. La question sera résolue par la date de la transcription ; si un premier acquéreur n'a pas fait transcrire son contrat, si un créancier n'a pas pris son inscription, ils ne seront pas protégés contre les effets d'une vente, même postérieure, qui aurait été transcrite ; s'ils ont fait transcrire ou pris inscription antérieurement à la transcription de cette seconde vente, leur droit sera consacré.

122. Cette disposition peut donner matière à des fraudes que la vigilance des parties et des notaires devra s'efforcer de déjouer, il faudra transcrire de suite et requérir l'inscription dans le plus bref délai ; un créancier apprendra que son débiteur a vendu un immeuble, il se hâtera d'obtenir un jugement, même par défaut, et requerra inscription en vertu d'un jugement postérieur à la vente : un propriétaire criblé de dettes, obtiendra un pot de vin, et vendra à une autre personne qui fera transcrire de suite gagnant le premier acquéreur à la course.

123. Tel vendeur fort riche au temps de la vente peut, longtemps après, perdre sa fortune ; des jugements obtenus contre lui, et des inscriptions requises frapperaient l'immeuble vendu à défaut de transcription.

Dans le cas où l'acquéreur éprouverait un dommage, il ne pourrait exercer de recours contre son vendeur que pour la répétition des sommes qu'il aurait payées en son acquit, à sa décharge, mais en aucune manière parce que les créanciers auraient fait vendre l'immeuble, ni parce qu'ils auraient dirigé des poursuites nombreuses qu'il serait forcé d'acquitter.

Le vendeur est obligé de garantir l'acquéreur de tous troubles, lorsque la cause est antérieure à la vente; elle est ici postérieure, et c'est à la négligence de l'acquéreur qu'elle doit être attribuée ; les inscriptions n'existant pas au temps de la vente, si l'acquéreur avait fait remplir les formalités de transcription, l'immeuble en serait affranchi.

Or, l'accomplissement de cette formalité n'est point à la charge du vendeur, mais bien à la charge de l'acquéreur, ce dernier doit satisfaire aux conditions imposées par la loi, pour assurer la propriété en sa personne.

Il en serait autrement si l'hypothèque avait été consentie par le vendeur, au mépris du contrat, parce qu'il devrait répondre de son dol.

124. La transcription d'une vente postérieure peut-elle équivaloir à cette formalité pour la première vente qui n'a pas été transcrite ?

Ce point a fait l'objet de diverses interpellations auxquelles M. Rouher, commissaire du gouvernement, a répondu : « C'est là une question judiciaire, une question « du régime hypothécaire, dont la solution ne saurait « trouver place dans la loi actuelle. »

La question est donc entière, elle est en pratique l'une des plus importantes, nous nous proposons de l'examiner.

Sous le Code Napoléon, elle ne pouvait se présenter, puisque la vente arrêtait le cours des inscriptions, la transcription n'étant que le premier acte des formalités pour purger un immeuble des hypothèques qui le grevaient; il importait peu que le précédent contrat ait ou n'ait pas été transcrit, puisque la transcription elle-même n'avait aucune influence, elle permettait d'avoir un état sur transcription qui fixât à ce point, vis-à-vis de l'acquéreur, les charges hypothécaires; l'immeuble est affranchi dans ses mains des charges inscrites omises dans cet état.

Réduisant la transcription opérée sous le Code Napoléon à sa véritable valeur, nous dirons : c'est une formalité exigée pour arriver à la levée d'un état.

Le créancier d'un précédent propriétaire indiqué dans la vente, par suite dans l'état, n'avait pas le plus petit intérêt à la transcription ; il ne pouvait et ne devait examiner qu'une chose, si les inscriptions par lui requises étaient ou n'étaient pas régulièrement portées sur l'état.

Lorsqu'un ancien propriétaire n'était pas indiqué dans la vente, son existence n'étant pas revelée au conservateur, il ne pouvait le comprendre dans l'état ; à son égard les choses restaient entières ; si, postérieurement, cet ancien propriétaire était connu, on faisait transcrire l'établissement de propriété supplémentaire, et le conservateur délivrait de suite un état d'inscription sur le propriétaire (1).

125. Est intervenu l'art. 834 du Code de procédure civile dont il faut examiner l'influence sur le régime hypothécaire.

La vente empêche toujours de consentir de nouvelles charges hypothécaires, mais l'art. 834 accorde le droit

(1) Ce point est resté une règle pour les conservateurs ; sous le Code de Procédure, ils délivraient de suite les états supplémentaires sans attendre la quinzaine.

d'inscrire postérieurement les charges antérieures à la vente ; contrairement au Code Napoléon, il concède un délai de grâce limité à quinze jours à partir de la transcription.

Le délai a été pris à partir de la transcription, parce que, dans un but purement fiscal, on voulait obliger l'acquéreur à transcrire. Troplong, *des Hyp.*, 898 et s.

Mais on n'a point changé les caractères de la transcription, elle ne purge point les hypothèques, elle est toujours une simple formalité sans influence sur le droit de propriété.

Son seul et véritable caractère est de livrer la vente à la publicité.

Elle s'adresse à tous les ayants droit collectivement, de même que tous les actes de publicité s'adressent à tous les citoyens.

C'est le public qui est mis en demeure de faire valoir ses droits.

Aussi la Cour de cassation a-t-elle décidé par trois arrêts des 13 décembre 1813, 16 mars 1816 et 14 janvier 1818 : « Que l'art. 2181 n'impose à celui qui veut purger un « immeuble que l'obligation de transcrire le contrat qui « l'a rendu propriétaire ; que tel est le sens manifeste de « cet article expliqué clairement par les n°s 1 et 2 de « l'art. 2183 qui ne parlent que de la transcription d'un « seul acte de mutation ; que d'ailleurs imposer au dernier « propriétaire, qui veut purger son immeuble, l'obligation « de transcrire tous les contrats non transcrits des précé- « dents détenteurs, ce serait exiger une formalité très « onéreuse, et dans plusieurs cas impossible à exécuter. »

126. Les opinions des auteurs sont divisées sur cette question.

M. Tarrible veut que tous les contrats antérieurs soient transcrits en entier, car il n'y a pas de loi qui rende suffisantes les simples nomenclatures, et rien ne peut remplacer dans le sens de la publicité la transcription entière des actes dans un registre public.

M. Grenier établit une distinction : ou le dernier contrat

rappelle la nomenclature exacte de tous les précédents vendeurs, et alors la transcription qui en est faite suffit pour donner l'éveil à tous les créanciers sans exception ;

Ou bien le dernier contrat ne contient pas cette nomenclature, et alors il faut transcrire tous les contrats antérieurs.

Il soutient que la transcription du dernier contrat, qui ne rappelle pas les contrats antérieurs, n'est un appel que pour faire inscrire les hypothèques appartenant aux créanciers du vendeur immédiat, mais que les créanciers des précédents possesseurs ne sont nullement mis en demeure de s'inscrire par la transcription d'un contrat qui n'émane pas de leur débiteur direct. Cette transcription n'est pas pour eux un avertissement suffisant, ne fut-ce que parce qu'ils n'y trouvent pas le nom de leur débiteur, et qu'ils peuvent croire que l'aliénation porte sur un bien autre que celui qui sert d'assiette à leur hypothèque. Ainsi, si les créanciers, dont il est question ici, ne prennent pas inscription dans la quinzaine de la transcription, ils se défendront en disant qu'ils ont ignoré la transcription, et leur hypothèque restera ; mais lorsque la dernière vente contient une nomenclature de tous les précédents propriétaires, la transcription qui en est faite suffit pour donner l'éveil à leurs créanciers, et il est inutile de se jeter alors dans les frais de transcription d'une foule d'actes qui n'ajouteraient rien aux lumières dont ont besoin les créanciers mis en demeure.

C'est aussi à l'aide de cette distinction que MM. Delvincourt et Merlin résolvent la difficulté. Voici les termes de M. Merlin : « Tous les jours on regarde les hypothèques « prises sur tous les précédents propriétaires comme pur- « gées par la transcription du contrat du dernier acqué- « reur suivie de la notification et des autres formalités « prescrites à cet effet, pourvu qu'on y rappelle exacte- « ment les noms de tous les précédents propriétaires dont « les titres d'acquisition n'ont pas été payés. »

M. Troplong (*des Hyp.*, n° 913) approuve la distinction faite par MM. Grenier et Delvincourt, et repousse l'opinion de M. Tarrible et de la Cour de cassation. Rien, dit-il, ne serait plus inutile et néanmoins plus onéreux que de forcer le tiers détenteur à transcrire tous les contrats qui successivement ont fait passer l'immeuble de possesseur en possesseur jusqu'à lui, lorsque, par une nomenclature exacte de toutes ces transmissions diverses, il excite l'attention des créanciers QUI ATTENDENT *le moment de la transcription pour se faire inscrire.*

Mais aussi rien ne serait plus injuste, plus contraire aux principes de la publicité, que de prononcer la déchéance contre un créancier qui n'aurait été mis en demeure que par la transcription d'un acte où le nom de son débiteur ne serait pas rappelé; n'est-il pas clair qu'il n'aurait pas été averti de l'aliénation, puisqu'il aurait pu croire que l'immeuble vendu appartenait à un autre et n'avait pas d'identité avec celui qui servait de siége à son hypothèque.

127. Les raisons déduites par les auteurs que nous avons cités, ne paraissent pas suffisantes pour enlever aux arrêts de cassation que nous avons rappelés toute leur autorité.

Ils paraissent avoir changé, vis-à-vis des créanciers, le rôle de l'acquéreur qui n'est point chargé de les mettre en demeure ni de leur donner des avertissements; c'est à eux de veiller à la conservation de leur hypothèque; s'ils ont une hypothèque conventionnelle, ils savent dans quel lieu les biens sont situés; ils en ont apprécié la valeur avant de traiter, c'est à eux de prendre des inscriptions et de ne pas attendre au dernier moment; si c'est une hypothèque judiciaire, qu'ils s'informent des arrondissements dans lesquels leur débiteur possède un immeuble, qu'ils prennent des inscriptions.

Le motif que l'on a fait valoir pour établir le délai de quinzaine est que le créancier était surpris par une vente consentie promptement, qui détruisait le droit d'hypothèque qui leur avait été conféré; mais il n'y a rien là qui puisse même faire présumer que l'on ait voulu le continuer jusqu'à ce qu'un avertissement soit donné au créancier, par l'indication du nom de ses débiteurs dans une vente.

En pratique, le nom du détenteur qui a précédé le vendeur est indiqué dans le contrat de vente, « appartenant au vendeur comme lui provenant de tel.» L'omission ne peut commencer que du troisième détenteur, et malgré la promptitude des transmissions, on est forcé de reconnaître que le créancier pourrait être taxé de négligence s'il n'avait pas requis d'inscription.

Réduisons aussi à sa juste valeur l'avantage de la transcription, comme publicité, et nous dirons qu'elle est nulle ; il n'est donc pas nécessaire de lui donner l'importance que l'on veut lui attribuer.

Accordons aux bureaux des hypothèques leur véritable valeur : un bureau de renseignements.

Laissons la transcription sous le Code Napoléon ce qu'elle est, une formalité nécessaire pour arriver à la purge des hypothèques.

128. Ce que l'on appelle vulgairement les formalités de transcription comprennent deux choses :

La première, la transcription du contrat de vente sur les registres publics tenus par le conservateur des hypothèques ;

La deuxième, l'indication des hypothèques et des privilèges grevant l'immeuble, faite par le conservateur et qui est tellement de rigueur que, si une charge inscrite est omise, l'immeuble n'en est pas moins affranchi dans la main du nouveau possesseur.

Cette dernière formalité est en réalité la plus importante, et c'est dans son accomplissement que l'acquéreur doit s'efforcer d'être exact ; il doit regarder s'il a fait connaître les noms des précédents propriétaires, à l'égard desquels toutes les formalités hypothécaires n'auraient pas été remplies ; car s'il en omet un, l'ancien possesseur omis ne peut requérir d'inscription après la quinzaine de la transcription ; mais s'il en a pris une, le certificat du conservateur étant muet à son égard, ses droits restent entiers.

129. Sous le Code Napoléon et l'art. 834 du Code de procédure civile, la transcription n'exerçait aucune influence sur le droit de propriété ; l'état d'inscription fourni, elle n'avait qu'une influence très secondaire, qui ne s'étendait pas au-delà de l'action hypothécaire ; elle ne servait pas même pour prescrire le droit de propriété (art. 2180, 2219 et 2262 combinés). Alors, comme nous l'avons dit, la transcription se réduisait à faire connaître la vente d'un immeuble, c'est le contrat qui transférait la propriété.

La nouvelle loi hypothécaire a changé le caractère de la transcription ; elle est destinée à devenir un acte de sécurité pour les tiers ; c'est elle seule qui rendra la transmission opposable aux tiers ; jusque là, le contrat sera sans force contre eux. « Le moment est donc enfin venu « de livrer au grand jour de la publicité toutes les muta- « tions d'immeubles » (Rapport de M. de Belleyme).

Ainsi je puis, sous la nouvelle loi, me fixer sur la solvabilité d'une personne qui désire traiter avec moi ; elle se dit propriétaire d'un immeuble, je me présente au bureau des hypothèques, et le conservateur me communique le contrat d'acquisition, j'ai la preuve de la transmission à son profit; puis le conservateur fait connaître les inscriptions existantes et m'apprend s'il a vendu ; s'il n'y a pas de transcription, il est encore considéré comme propriétaire. Je traite avec lui, sauf à prendre des précautions, par exemple le dépôt des fonds entre les mains du notaire rédacteur de l'acte, jusqu'à ce que j'aie la certitude que rien n'a été changé, qu'il n'y a pas eu d'inscription prise, de transcription requise dans l'intervalle qui s'est écoulé, depuis les renseignements que j'ai pris jusqu'au moment où j'aurai moi-même rempli les formalités que la loi m'impose.

L'un des points principaux de la loi, c'est d'obtenir ce résultat qui n'est pas possible sous le Code civil, parce qu'il n'est pas nécessaire de révéler la vente au bureau des hypothèques. La vente elle-même sans transcription est opposable aux tiers, créanciers hypothécaires et autres, du moment qu'elle a acquis date certaine.

Pour l'obtenir, il faut que tous les contrats soient transcrits, autrement les registres du conservateur seraient muets et l'on rentrerait dans l'inconvénient qui existe sous le Code Napoléon.

Démontrons aussi qu'une transcription postérieure ne peut équivaloir.

Il est d'abord certain que si le précédent propriétaire n'est pas indiqué, la nouvelle transcription ne peut équivaloir, puisque rien ne révèle la transmission, et le conservateur ne peut faire aucune mention sur ses registres, de sorte que son certificat ne peut être que négatif.

Le titre translatif non transcrit est analysé ; il indique le nom du vendeur, le prix, voir même la libération.

Il faudra d'abord que le conservateur dépouille les contrats, puis porte sur la table la mutation, sans cela il ne pourrait encore donner le certificat de transcription, et quel certificat? la copie de l'analyse qu'il aurait trouvée dans le contrat : ce qui est contraire à la loi qui ne veut pas d'une transcription par analyse, qui veut une transcription faite conformément aux règles prescrites par le Code Napoléon. « Le mode de transcription suivi jusqu'à « ce jour est préférable ; un simple extrait n'offre ni les « mêmes garanties, ni les mêmes avantages que la copie « littérale du titre » (Rapport de M. de Belleyme).

Les tiers n'auront pas la garantie qu'ils peuvent exiger, puisque l'analyse peut n'être pas exacte, peut n'être pas complète, elle ne contiendra pas tous les documents que fournissent les transcriptions du contrat entier ; c'est un inconvénient.

De même, la loi hypothécaire veut que l'on trouve dans l'inscription les renseignements suffisants sur la créance ; de même la transcription doit les fournir, et les tiers ne peuvent être contraints de les puiser ailleurs : c'est impossible avec une simple énonciation.

On ne peut non plus se fixer sur le mérite de la vente.

L'effet principal de la transcription est de saisir l'acquéreur vis-à-vis des tiers ; avec le système des analyses, une vente serait scindée, elle vaudrait pour la portion vendue et ne serait pas opposable pour la portion restante. Que l'on réfléchisse un instant aux embarras que ces déchirements occasionneraient dans le cas d'une revente faite en détail, et l'on reconnaîtra que ce serait rendre le système de la transcription d'une pratique à peu près impossible.

Le système hypothécaire, c'est la transcription ; il faut y entrer franchement, faire transcrire, et ne pas chercher à éluder la loi par des équipollents dont on ne peut fixer la limite.

129 *bis*. A vend à B qui ne fait pas transcrire, et B à C qui fait transcrire.

Pour les raisons que nous avons déduites, la vente transcrite n'exerce, à l'égard des tiers, aucune influence sur la vente non transcrite ; elle reste toujours vente non transcrite avec toutes les conséquences qui en découlent.

Les tiers peuvent traiter avec A de même que s'il était toujours propriétaire, la vente qu'il a faite à B ne leur est pas opposable.

Mais A lui-même et les autres créanciers de B ne peuvent plus requérir inscription, puisque C acquéreur de B a fait transcrire, et l'on ne peut prendre d'inscription au delà de la transcription.

De A (vendeur) et de ses représentants à B (acquéreur) la vente est parfaite, et la propriété est acquise de droit à l'acquéreur dès qu'on est convenu de la chose et du prix ; il incombe au vendeur de requérir inscription tant que la propriété est dans les mains de son acquéreur; s'il ne l'a pas fait avant la transcription de la vente par B à C, il est en faute et doit en supporter les conséquences.

La transcription est établie en faveur des tiers pour empêcher des transmissions clandestines ; jusque-là ils sont censés ne pas les connaître ; elle n'est d'aucune influence entre les parties qui ont signé le contrat.

130. Dans le temps intermédiaire de la vente à la transcription, il est requis deux inscriptions, l'une contre l'acquéreur, l'autre contre le vendeur; l'inscription requise contre l'acquéreur est la première en date. Quel rang devraient-elles avoir sur le prix de la revente faite par l'acquéreur?

C'est la date des inscriptions qui fixe leur rang (art. 2134 du C. N.); comme conséquence, l'inscription prise contre l'acquéreur doit primer l'inscription prise contre le vendeur.

La qualité de créancier de l'ancien vendeur présente une juste cause de préférence dans le droit de suite sur la première vente; mais elle s'efface lorsque le prix de la deuxième vente doit être distribué; il y a plus, il n'est pas créancier de l'acquéreur, il n'a de droit sur l'immeuble que eu égard à la faveur dont les tiers jouissent de ne considérer les ventes comme faites que du jour de la transcription, d'acquérir des droits du chef de leur débiteur lorsqu'il n'en a plus lui-même.

Le défaut de transcription n'empêche pas que l'acquéreur ne soit propriétaire de l'immeuble; il peut l'hypothéquer, et de même que le créancier du vendeur est tiers à l'égard de l'acquéreur, de même le créancier de l'acquéreur est tiers à l'égard du créancier du vendeur; leur qualité est égale l'un vis-à-vis l'autre; ils ne peuvent donc avoir de cause de préférence, ils doivent rentrer dans la loi commune, la date de l'inscription doit fixer le rang.

L'obligation de la transcription ne regarde que l'acquéreur et n'incombe pas au créancier. Aussitôt que l'acquisition est faite, l'immeuble devient son gage.

Cette opinion a été admise sous l'empire de la loi de brumaire an VII, par un arrêt de la Cour de cassation du 13 brumaire an XIV.

M. Merlin a aussi résolu la question en ce sens dans son *Répertoire de Jurisprudence*, v° *Ordre de créanciers*, § 2, art. 3.

Pour éviter cet inconvénient, le créancier du premier vendeur doit suivre l'ordre sur le premier prix, afin d'obtenir une collocation qui lui permettre de venir par privilége sur le deuxième prix.

131. La transcription d'une vente frauduleuse ne lui enlève pas son caractère; mais la fraude constitue une nullité relative, non une nullité absolue, par l'effet de la transcription, l'immeuble est devenu pour les tiers la propriété de l'acquéreur, il doit donc leur servir de gage à cause des engagements qu'il contracte.

Il y a par rapport aux effets de la transcription, une différence entre le contrat radicalement nul et le contrat frauduleux ou simulé; cette différence, il est vrai, n'est relative qu'au tiers acquéreur ou au créancier hypothécaire.

Un tiers qui de bonne foi aura acquis, soit des droits de propriété, soit des droits hypothécaires sur un bien aliéné par un acte radicalement nul, ne sera pas mis à couvert de l'action par la transcription, tandis qu'il aurait acquis valablement si le titre de son vendeur était simulé ou frauduleux.

Une vente est faite par un mineur, elle entache de nullité les actes faits par les tiers, elle est dolosive, elle est rescindable pour cause de vilité de prix ou de violence; la nullité atteint les tiers qui ont traité, parce qu'ils ne peuvent avoir plus de droit que l'acquéreur lui-même, et l'acquéreur était sous le coup d'une action en nullité, la transmission était viciée dès sa naissance.

Dans le cas de fraude ou de simulation, il y a titre apparent et régulier, la vente a tous les caractères d'un acte valablement consenti. — Pour éviter l'action de ses créanciers, le mauvais débiteur achète sous le nom d'un autre, la transmission est valable vis-à-vis des créanciers du prétendu acquéreur, ils ont pour eux un titre apparent régulièrement consenti.

Pour enlever un gage à ses créanciers, tel fait une vente simulée; elle n'a pas moins toute l'apparence d'une vente régulière, les tiers de bonne foi doivent la regarder comme sérieuse.

Ces deux ventes étaient atteintes d'un vice, mais qui n'était que relatif et en faveur des créanciers; la vente n'en avait pas moins été librement consentie, et l'acquéreur représentait le vendeur pour les tiers.

132. Dans le cas où l'acquéreur aurait connaissance d'une vente précédente, il aurait néanmoins la préférence sur le premier acquéreur, si son contrat était transcrit le premier.

Cette formalité est regardée comme indispensable à notre ordre social; il ne se peut donc que des intérêts privés viennent en entraver l'efficacité.

Un créancier a souvent connaissance de l'existence d'hypothèques consenties par ses débiteurs; son titre en contient même la déclaration; il requiert une inscription qui prime en date des hypothèques déclarées; son droit de préférence n'est pas contesté.

Ce cas a été invoqué dans toutes les discussions sur la réforme hypothécaire : le principe de la publicité a prévalu.

Il en est ainsi, parce que dans les débats d'intérêts privés, les lois ne repoussent pas l'activité que l'on déploie pour la conservation de ses intérêts.

Si, dit Pothier, le créancier ou l'héritier du donateur avait eu connaissance de la donation, par exemple, s'ils eussent reçu l'acte comme notaire, s'ils l'eussent souscrit comme témoin, *pourraient-ils opposer le défaut d'insinuation?* Je le pense, car quoique la raison qui a fait introduire la nécessité de l'insinuation ne se rencontre pas à leur égard, néanmoins il suffit que les ordonnances aient introduit ce moyen de rendre publiques les donations, pour qu'il ne puisse être accompli par équipollence et pour que tous ceux qui ont intérêt à la publicité de la donation, quelque connaissance particulière qu'ils en aient, soient reçus à en prétendre cause d'ignorance, tant qu'elle n'est pas publique par le moyen que la loi a introduit pour la publicité. *Traité des donations entre vifs*, sect. 2, § 4.

Telle est aussi l'opinion de M. de Vatimesnil (*Moniteur* du 16 février 1851, p. 496). Le Code Napoléon contient une disposition formelle sur ce point, à l'égard des actes contenant des dispositions à charge de rendre, « le défaut de transcription ne peut être suppléé ni regardé comme couvert par la connaissance que les créanciers ou les tiers acquéreurs pourraient avoir eue de la disposition par d'autres voies que celles de la transcription. » (Art. 1071.)

133. Si le nouvel acquéreur s'était rendu coupable de dol ou de toute autre maneuvre frauduleuse pour faire retarder la transcription de la première vente.

Comme dans ce cas, la cause du retard serait la suite de sa mauvaise action, il ne pourrait en profiter ; la première vente recevrait son exécution ; il faudrait alors qu'un jugement annulât la deuxième vente, ce qui aurait lieu sans préjudice des droits acquis aux tiers jusqu'au temps de la transcription du jugement d'annulation faite en conformité des prescriptions de l'art. 4.

134. Le défaut de transcription ne peut être invoqué par le vendeur, car la vente est définitive dès que l'on est convenu de la chose et du prix, conformément aux dispositions de l'art. 1583 du C. Nap. ;

Ni par ses héritiers purs et simples (1), ni par tous autres tenus à l'exécution de ses engagements.

Une exception concluante que l'on peut opposer contre le défaut de transcription, est que celui qui l'oppose se trouve responsable envers l'acquéreur de ce défaut, tel : le mandataire, le tuteur, l'administrateur, le *negotiorum gestor* et toutes autres personnes qui, par la loi, par les conventions ou par leur position, sont chargées de stipuler ou de défendre les intérêts de l'acquéreur.

135. La loi n'ayant accordé le droit de critique qu'aux tiers, sous les conditions qu'elle indique, ne peut être étendu ni aux donataires par acte entre vifs, ni aux léga-

(1) Il n'en est pas de même de l'héritier bénéficiaire, qui conserve contre la succession le droit de réclamer le paiement de ses créances (art. 802). Voir aussi le chapitre où nous traitons de la transcription des donations.

taires, même s'ils faisaient transcrire les actes qui leur ont transmis les droits de propriété (art. 1072 C. Nap.).

En effet, ceux-ci ne sont point des tiers, mais des représentants à titre particulier du vendeur ; ils ne peuvent avoir plus de droit que lui.

La transcription qu'ils ont fait faire n'est qu'un avertissement pour les tiers de la mutation qui s'est opérée ; elle vaut pour l'avenir, mais elle n'influe en aucune manière sur le droit de propriété qui reste tel qu'il était.

Si l'acquéreur qui a transcrit le premier obtient la préférence, c'est en considération de la sécurité qui est indispensable dans les transactions, pour qu'en échange de son argent l'acquéreur puisse être assuré qu'aucune autre vente ne lui sera préférée, qu'il recevra l'équivalent de ce qu'il fournit. Mais dans une donation, dans un legs, la transmission est un acte gratuit, qui ne peut, ni ne doit jouir des avantages accordés aux transactions à titre onéreux. Dans cette transmission, celui qui se dépouille ne reçoit rien, il n'est censé donner la chose qu'autant qu'elle est à lui ; aussi n'est-il tenu à aucune garantie (1) ; la perte de la chose n'est qu'un manque de gain ; dans la vente, au contraire, le vendeur est tenu de transférer la propriété de la chose qu'il vend, et de garantir ce transfert à l'acquéreur qui éprouve une perte.

La vente consentie par le légataire ou par le donataire à une personne qui remplirait la formalité de la transcription, n'effacerait pas l'exception, car la transmission est viciée dès son origine. L'effet de la transcription ne se produit que du vendeur à l'acquéreur ; elle n'exerce aucune influence sur les transactions antérieures ; le vendeur ne transmet à l'acquéreur que ses droits sur la chose vendue, et il la lui communique sous l'affectation des mêmes charges et hypothèques (art. 2182 C. Nap.). *Nemo plus juris in alium transferre potest, quam ipse habet*, dit l'adage latin.

(1) Pothier, *des Donations entre vifs*, sect. 3, § 1er. — Troplong, *de la Vente*, n° 414.

136. Le syndic de la faillite doit, sous sa responsabilité, requérir inscription pour la conservation des droits de la masse, sur tous les biens que le failli possède. Cette inscription frappe-t-elle sur des biens qu'il aurait vendus par un contrat non transcrit?

Chacun des créanciers pris individuellement est tiers vis-à-vis du vendeur, mais il n'est pas créancier hypothécaire ; s'il est hypothécaire, il n'a pas pris inscription en son nom et pour son profit particulier, en sorte qu'il ne satisfait pas à la condition ; donc chacun des créanciers pris individuellement ne peut exciper du défaut de transcription.

Les créanciers considérés collectivement ont une inscription requise en conformité de l'art. 500 du Code de commerce ; mais l'inscription dont il est ici question n'est qu'une formalité conservatrice qui fait savoir que la masse des créanciers est constituée, et que le débiteur est en faillite. Le failli peut avoir des propriétés éloignées de son domicile, son état de faillite pourrait être inconnu, et des tiers pourraient de bonne foi traiter avec lui ; l'inscription les avertit.

Cette inscription n'a donc pas le caractère principal de l'inscription prise en vertu des dispositions du Code Napoléon ; celle-ci annonce un droit de préférence, elle est la suite d'une convention dans laquelle le créancier, non content d'une obligation personnelle, a stipulé en sa faveur un droit réel et principal sur des immeubles. Aucune de ces conditions ne se présente dans une inscription prise au nom d'une masse, tous sont égaux ; elle peut être assimilée à une inscription de séparation de patrimoine : celle-ci conserve les droits des créanciers de la succession contre les créanciers de l'héritier, celle-là conserve les droits de la masse contre d'autres dettes que le failli pourrait faire. Or, comme c'est en vue du crédit hypothécaire que la disposition a été établie, l'inscription ne satisfait pas à la condition.

D'une autre part, la masse des créanciers prise collectivement n'est point un tiers vis-à-vis du vendeur, elle est sa continuation et son ayant cause, il faut qu'elle satisfasse aux engagements pris par le failli ; dans ce nombre se trouve l'obligation de livrer l'immeuble, de garantir l'acquéreur de tous troubles ; elle ne peut donc prétendre à un droit dont le résultat serait de réduire la vente au néant.

137. Le défaut de transcription peut être opposé au mineur et à tout autre incapable, attendu que c'est une mesure d'ordre public qui ne peut en conséquence souffrir aucune exception.

Dans l'ancienne législation, le défaut d'insinuation des donations faites à des mineurs ou à l'église pouvait leur être opposé, quand même l'insolvabilité de leur tuteur ou autre administrateur ne laissait aucun recours.

Sous le Code Napoléon, aux termes des art. 942 et 1069, les incapables ne peuvent être restitués contre le défaut de transcription des donations et des dispositions grevées de restitution ; ils n'ont qu'un recours contre le tuteur.

Dans son silence, la nouvelle loi s'en est référée aux précédents.

ART. IV.

Tout jugement prononçant la résolution, nullité ou rescision d'un acte transcrit, doit, dans le mois à dater du jour où il a acquis l'autorité de la chose jugée, être mentionné en marge de la transcription faite sur le registre.

L'avoué qui a obtenu ce jugement est tenu, sous peine de 100 francs d'amende, de faire opérer cette mention, en remettant un bordereau rédigé et signé par lui au conservateur qui lui en donne récépissé.

SOMMAIRE.

138. L'obligation de la mention s'applique à tout acte susceptible d'être transcrit.
139. Nécessité de cette obligation.
140. Si l'acte n'est pas transcrit, la transcription du jugement ne paraît pas utile ; de l'avantage de la faire.
141. Tant que le jugement n'est pas mentionné, les choses restent dans le même état vis-à-vis des tiers.
142. De l'autorité de la chose jugée, ce qui la constitue.
143. Le bordereau pour faire opérer la mention doit être rédigé par l'avoué qui a occupé en première instance.
144. L'avoué qui ne ferait pas opérer la mention serait passible de dommages-intérêts.
145. Ce que doit contenir le bordereau.
146. Les faits consignés au bordereau seront tenus pour authentiques.
147. Forme de la mention.
148. De la résolution qui ne s'appliquera qu'à une partie des biens compris dans l'acte transcrit.
149. Le conservateur responsable de la régularité de la mention, ainsi que du fait de l'avoir opérée sur un bordereau irrégulier et non probant.
150. La mention est suffisante par elle-même pour établir l'annulation.
151. De l'arrêt cassé par la cour de cassation.
152. L'arrêt de cassation doit être mentionné.
153. Des défenses faites pour celui qui s'est pourvu en cassation.
154. De l'enregistrement du bordereau.
155. Les frais du bordereau accessoires de la procédure.
156. L'avoué a droit à des honoraires exceptionnels (1).

---

138. Les dispositions de cet article ne s'appliquent pas seulement aux actes dont la transcription est ordonnée par la présente loi, mais à tous les actes, sans exception, qui sont susceptibles de transcription, en vertu tant de cette loi que de toutes autres dispositions du Code Napoléon.

Ce qui comprend les donations entre vifs de biens immeubles, et les testaments disposant de biens immeubles contenant des dispositions à charge de rendre.

(1) Voir encore les observations consignées sous le titre de *la transcription des donations*.

Notre loi admet en principe la transcription; comme elle la trouvait établie pour les actes dont nous venons de parler, il n'était pas nécessaire de la prescrire; on n'a rien innové à ce qui existait. — *V.* ci après, art. 4, § dern.

139. La formalité de la transcription rend les actes transcrits opposables aux tiers, et autorise ceux-ci à se les approprier ; mais les droits ne sont pas toujours consolidés d'une manière stable et irrévocable entre les mains de celui qui les a acquis ; ils sont aussi, quelquefois, soumis à des conditions. En un mot, la mutation n'est pas toujours définitive, l'acte peut être résolu, annulé ou rescindé.

La sécurité des transactions exige que ces changements soient portés à la connaissance des tiers ; sans cette précaution ils les ignoreraient souvent, ils traiteraient sous la conviction profonde que les choses sont dans le même état qu'au temps de la transcription ; la garantie sur laquelle ils comptaient leur échapperait, ils deviendraient la victime de la bonne foi publique.

C'est pourquoi la loi veut « que tout jugement prononçant la résolution, nullité ou rescion d'un acte transcrit, soit mentionné en marge de la transcription faite sur le registre. »

La mesure est également nécessaire pour détruire le contrat que la transcription forme tacitement et indirectement avec les tiers, elle complète la publicité : la loi ne pourrait obtenir le but principal qu'elle se propose : établir l'état civil de la propriété.

140. Si l'acte rédigé depuis le 1er janvier 1856 (*V.* art. 11 de la loi) n'a pas été transcrit, il n'est pas opposable aux tiers, il n'est pas venu à leur connaissance, il n'a pas été rendu public, dès lors l'utilité de la mention du jugement prononçant la résolution, nullité ou rescision, n'est pas la même.

Aussi notre article ne parle que des actes transcrits, et il exige que la mention soit mise en marge de la transcription, afin que l'on ne puisse plus connaître l'un sans connaître l'autre. La prudence engagera cependant de faire transcrire le jugement, parce que la vente résolue pourrait être transcrite depuis, et les registres du conservateur indiqueraient une transmission susceptible de tromper les tiers, ce qui n'aurait pas lieu si le jugement était transcrit.

141. Tant que la mention du jugement n'est pas mise en marge de la transcription, les choses restent dans le même état vis-à-vis des tiers; à leur égard les droits ne peuvent être acquis que par la publicité, pour eux les registres des conservateurs sont les registres de l'état civil de la propriété; ils doivent, par des signes patents et des caractères certains, rendre son établissement public; de là cette conséquence : une transcription opérée sur les registres révèle une transmission, et cette transmission sera valable vis-à-vis des tiers tant qu'il n'existera pas sur les registres la transcription d'une autre transmission, ou une mention constatant que la transmission précédente a été annulée ou résolue; de là encore cette conséquence que, dans le temps intermédiaire du jugement et de la mention, des hypothèques peuvent être valablement acquises et des inscriptions valablement requises. C'est seulement à partir de l'inscription de la mention que les droits au profit des tiers cessent.

On ne peut, contre ce raisonnement, invoquer l'art. 3 qui ne fait mention que des droits résultant des actes et jugements énoncés *aux articles précédents*, qui ne peuvent être opposés aux tiers jusqu'à la transcription, pour en induire que les jugements, dont est fait mention art. 4, restent sous l'empire du droit précédent, par suite valent aussitôt qu'ils ont acquis force de chose jugée.

La loi est muette sur ce point; c'est que, en effet, un jugement qui prononce la nullité, la rescision ou la résolution d'un acte transcrit est toujours déclaratif d'un droit préexistant. Il ne s'opère point de mutation proprement dite, le propriétaire primitif ne peut avoir moins de droits qu'avant le jugement; si donc son droit emportait résolution des hypothèques prises contre le débiteur, elles disparaissent, quelle que soit l'époque à laquelle elles aient été requises ; il était tout à fait inutile que la loi s'expliquât sur ce point.

Si, au contraire, l'immeuble ne devait revenir qu'avec les hypothèques dont il aurait été grevé, la bonne foi des tiers et le principe de la publicité exigeaient que le jugement leur fût tenu pour connu avant d'être exécutoire contre eux ; or, cette connaissance ne peut exister légalement que du jour où le jugement est mentionné sur le registre des hypothèques.

Autrement l'utilité de la mention ne paraîtrait pas, à moins de ne la regarder que comme une mesure d'ordre qui n'aurait besoin d'être sanctionnée, ni par une amende, ni par un délai.

142. L'autorité de la chose jugée s'entend des arrêts des cours souveraines et des jugements dont l'appel n'est pas recevable.

Les voies extraordinaires pour les attaquer, telles que la requête civile, le pourvoi en cassation, n'en empêchent point l'exécution ; ils ont l'autorité de la chose jugée, jusqu'à ce qu'ils soient réformés ou annulés.

Cette autorité commence, pour le jugement de première instance, aussitôt le délai d'appel expiré, ou du jour où l'appel n'est plus recevable par l'acquiescement de la partie ou sa renonciation à l'appel.

Pour les jugements en dernier ressort et les arrêts des cours souveraines, aussitôt le prononcé.

Ce sera donc des époques précédemment indiquées, que commencera le délai d'un mois.

Afin de pouvoir mentionner dans le bordereau comment le jugement de première instance a acquis l'autorité de la chose jugée, l'avoué devra faire constater par un acte régulier l'acquiescement ou la renonciation.

143. Le bordereau doit être rédigé par l'avoué qui a occupé en première instance pour la partie demanderesse, même dans le cas où, sur l'appel, le jugement de première instance aurait été réformé, parce qu'il s'agit d'une matière réelle, dans laquelle l'exécution appartient au tribunal dont est appel (art. 472 C. de proc.) (1).

Il s'agit aussi de formalités à remplir, pour lesquelles les avoués de première instance ont plus de facilités que les avoués d'appel.

144. Si l'avoué ne faisait pas mentionner le jugement dans le délai qui lui est départi, non seulement il encourrait l'amende, mais il serait tenu de réparer le préjudice qu'il aurait fait éprouver.

La loi ne dit rien sur ce point, parce qu'aux termes de l'art. 1383 du C. Nap., chacun est responsable du dommage qu'il a causé, non seulement par son fait, mais encore par sa négligence.

La rédaction des bordereaux a été mise dans les attributions des avoués, et fait partie de leurs fonctions.

Si, dans le cours d'une procédure, un avoué se rendait coupable de négligence, à ce point de compromettre l'intérêt de sa partie, il en encourrait la responsabilité. Or, ce cas est celui d'un avoué qui ne ferait pas opérer la mention, puisqu'elle fait partie de la procédure, qu'elle en est le complément.

145. Le bordereau contiendra deux parties principales : l'une, l'énoncé du jugement ; la deuxième, les faits et actes qui lui ont donné force de chose jugée.

Le contenu de cette pièce intéresse les tiers ; elle doit donc être suffisante pour leur faire connaître le jugement.

Le conservateur doit être mis à même de savoir s'il a été satisfait aux vœux de la loi, en ce que le jugement a acquis l'autorité de la chose jugée ; s'il s'applique à la transcription en marge de laquelle la mention est requise ; si les parties en cause sont les mêmes que celles dénommées à la transcription.

Il ne sera pas nécessaire de le faire en double, puisque

(1) Il nous semble que l'on ne peut invoquer le précédent qui existe en matière de séparation de biens, parce que cette procédure n'est pas en matière réelle.

le conservateur doit en donner récépissé. Au surplus, aussitôt la mention opérée, le bordereau ne sera plus nécessaire que pour couvrir la responsabilité du conservateur.

146. Les faits consignés dans le bordereau seront dispensés de justifications ; ils seront sous la responsabilité de l'avoué, comme, dans les mutations de rentes, les faits consignés dans les certificats de propriété sont sous la responsabilité du notaire.

Attestés par l'avoué, ils devront être regardés comme authentiques, et ne pourront être contestés qu'en suivant la voie tracée pour les actes de cette nature.

Le conservateur n'aura donc qu'à examiner si le vœu de la loi est rempli.

147. La mention en marge de la transcription sera faite dans la forme des radiations d'inscription.

Le contrat transcrit ci-contre a été ou annulé, ou rescindé, ou résolu, par jugement du tribunal civil de en date du ayant acquis l'autorité de la chose jugée ; le tout ainsi qu'il est justifié par un bordereau rédigé et signé par M^e , avoué à , et déposé en ce bureau.

A , ce

148. Il se présentera des cas où la résolution n'affectera pas tous les biens compris au contrat transcrit ; par exemple, un vendeur a dégrevé de son privilége certains des immeubles aliénés; son action résolutoire n'existera plus que sur les autres.

L'avoué devra donc, dans la procédure, faire mention de cette circonstance, l'indiquer dans son bordereau, et le conservateur la faire connaître dans sa mention.

L'omission qui en serait faite pourrait être très-préjudiciable, comme on le verra ; elle compromettrait gravement la responsabilité de la personne qui l'aurait commise.

149. Le conservateur des hypothèques sera responsable du contenu en sa mention, ainsi que de l'avoir opérée sur un bordereau non probant.

Il ne s'agit pas d'un acte dont le conservateur donne une simple connaissance aux tiers, pour qu'ils en deviennent les appréciateurs, mais de dire : L'acte ci-contre est annulé. Il sera dans la même position que pour une inscription rayée.

Il y a parité entre la radiation opérée illégalement et la mention faite sur un certificat non probant ou irrégulier.

150. La mention sur le registre sera suffisante par elle-même, pour établir l'annulation, résolution ou rescision de l'acte ; vis-à-vis des tiers, elle forme titre.

La question a été examinée, sous le Code Napoléon, en ce qui regarde la radiation des inscriptions. Voici ce qu'en dit M. Troplong (*des Hyp.*, n° 746 *bis*) :

« Lorsque la radiation a été opérée, encore bien qu'elle l'ait été sans motif légal, l'inscription radiée ne peut jamais être opposée au créancier qui a contracté postérieurement, sur la foi d'un certificat négatif du conservateur des hypothèques.

» C'est dans ces registres seuls que les tiers doivent puiser les renseignements dont ils ont besoin sur la position hypothécaire de celui avec lequel ils veulent contracter. Ces registres sont l'œuvre du conservateur ; c'est avec l'œuvre seule de ce préposé que les tiers, d'après l'esprit comme d'après le texte de la loi, se trouvent en rapport ; les tiers n'ont pas à s'inquiéter de la régularité ou de la sincérité des actes en vertu desquels le conservateur a agi ; il suffit qu'une inscription n'y soit plus portée, pour quelque motif que ce soit, pour que, relativement aux tiers, cette inscription doive être considérée comme n'existant plus. »

C'est ce qu'ont jugé des arrêts positifs qu'on doit aprouver, dit M. Troplong. Paris, 15 avril 1811 ; Douai, 10 juin 1812 ; Paris, 12 juin 1815 ; Cass. 26 janvier 1814 et 18 juillet 1838.

151. Ainsi, il a été mis une mention en marge d'une

transcription en vertu d'un arrêt qui est cassé par la Cour de cassation, le rétablissement de la transcription ne pourra nuire à ceux qui ont contracté avec la certitude de l'annulation du contrat transcrit; et, dans le moment de son absence légale, ils restent dans la même position que s'il n'y avait pas eu de cassation; à l'égard des droits précédemment acquis, ils reprennent leur force, mais pour ne venir qu'après les droits acquis dans l'intervalle écoulé entre l'arrêt d'appel et l'arrêt de la Cour de cassation.

C'est ce qui résulte de l'arrêt de la Cour de Paris, du 12 juin 1815, et de l'arrêt de la Cour de Douai, du 10 janvier 1812, cités au n° précédent.—*V.* aussi Troplong, *des Hyp.*, n° 746 *bis*.

152. S'il y a cassation, les choses sont placées dans le même état qu'avant le jugement.

On ordonne la transcription de l'arrêt de cassation sur les registres du tribunal dont le jugement est annulé. Il y aura lieu aussi d'opérer une pareille transcription à la suite de la mention, afin de l'annuler et pour que les tiers connaissent le véritable état des choses.

153. Pour éviter que des charges soient imposées par la personne dont les demandes ont acquis l'autorité de la chose jugée, la partie qui s'est pourvue signifierait en vain des défenses au conservateur, puisque celui-ci ne devrait y avoir aucun égard; ce serait annihiler indirectement l'autorité de la chose jugée, qui a été donnée aux jugements et arrêts en dernier ressort par respect pour la justice, et afin de ne pas éterniser les procès; ce serait, en définitive, contraire à l'ordre public.

154. La loi nouvelle ne parle pas de l'enregistrement du bordereau; il nous paraît cependant devoir être soumis à cette formalité, comme tenant la place d'un certificat, ce qui est en réalité.

Il eut fallu fournir une très grande quantité de pièces, la loi a préféré suivre la marche tracée en pareil cas au ministère des finances, où l'on ne remet plus des pièces établissant les faits, mais des certificats les attestant.

Ce mode de procéder, qui s'étend chaque jour, est en effet plus économique et plus simple.

Les bordereaux pour requérir inscription sont dispensés de la formalité de l'enregistrement, parce qu'ils sont un acte privé, tandis que le bordereau dont parle notre article est émané d'un officier ministériel ; il doit avoir la force d'un acte authentique, et il est de règle que tous les actes des officiers ministériels, dans l'exercice de leurs fonctions, doivent être soumis à la formalité.

155. Aux frais de qui enfin cette mention doit-elle être faite? C'est une conséquence du jugement prononçant la résolution, nullité ou rescision d'un acte transcrit ; la formalité devient nécessaire par la faute du propriétaire dépossédé, c'est cette faute qui a motivé la condamnation, entraînant la peine des dépens ; il est naturel de lui faire supporter les frais de mention.

156. Le bordereau rédigé par l'avoué n'a aucune analogie avec les autres actes de son ministère, il constitue un acte d'exécution et non de postulation ; en le rédigeant l'avoué assume la responsabilité d'un acte qui exigera des peines et des soins ; ses honoraires doivent, comme conséquence, être en rapport avec sa garantie ; il ne peut être payé comme un certificat de signification qui est un acte simple ; la longueur ne peut non plus servir de base, car la concision formera l'une de ses qualités.

ART. 5.

Le conservateur, lorsqu'il en est requis, délivre, sous sa responsabilité, l'état spécial ou général des transcriptions ou mentions prescrites par les articles précédents.

SOMMAIRE.

---

157. La publicité devenue de l'essence du régime hypothécaire, il était nécessaire d'ouvrir au public les registres dont les conservateurs ont la tenue : c'est pour ce motif que le Code Napoléon (art. 2196) oblige le conservateur des hypothèques à délivrer, à tous ceux qui le requièrent, copie des actes transcrits sur les registres, des inscriptions subsistantes, un état, ou un certificat s'il n'en existe aucune.

L'usage et les instructions adressées aux conservateurs des hypothèques autorisent de demander, soit des états généraux, soit des états spéciaux qui peuvent être limités non seulement aux personnes, mais aux immeubles.

158. Notre article a étendu la délivrance des états à toutes les transcriptions et mentions prescrites par la loi nouvelle, et ce qui n'était qu'un usage a été converti en loi ; le conservateur délivrera un état spécial ou général.

La loi dit un état spécial pour faire comprendre que l'on a le droit de désigner au conservateur des hypothèques la transcription dont on désire avoir la copie, à l'exclusion de toutes les autres qui auraient pu avoir lieu relativement au même immeuble. Les conservateurs délivreront donc, sur la réquisition des parties, des états relatifs à telle ou telle aliénation précisée, et n'obligeront pas les parties à lever, en toutes circonstances, des états généraux de toutes les transcriptions qui peuvent exister du chef de l'immeuble (Rapport de M. de Belleyme) (1).

159. Les obligations du Code Napoléon sont opposables au conservateur pour toutes les dispositions que renferme la nouvelle loi, attendu que ces dispositions ne font qu'étendre leurs fonctions sans les changer, et qu'elles ont été renouvelées par l'art. 5.

160. Ainsi, le conservateur est responsable du préjudice résultant de l'omission sur ses registres de la transcription des actes et des mentions requises;

Du défaut de mention dans le certificat d'une ou de plusieurs des transcriptions ou des mentions existantes, à moins que l'omission ne soit le résultat d'une désignation insuffisante qui ne pourrait lui être imputée.

En effet, c'est seulement par l'état que l'on peut juger de la solvabilité des débiteurs et connaître les charges qui grèvent l'immeuble; si le certificat était inexact, le prêteur ou l'acquéreur seraient, le plus souvent, conduits à une détermination qu'ils n'auraient pas prise, s'ils eussent connu les hypothèques, les servitudes et les autres démembrements.

Autrement il n'y aurait pas de sécurité.

161. Les fonctions de conservateur des hypothèques exigent la plus grande attention et de grands soins, une exactitude complète; leur responsabilité ne pourrait être envisagée d'une manière trop sévère; c'est déjà ce que M. Grenier pensait sous le Code Napoléon, t. II, n° 53, où leurs fonctions étaient beaucoup moins surchargées que sous la loi actuelle. Voici ce qu'il dit:

(1) Voir ce que nous disons dans un chapitre spécial sur les réquisitions d'état et les modèles que nous proposons, n° 382 et suivants.

« Les devoirs qui leur sont imposés sont très pénibles, et les suites en seraient très funestes pour eux, si on n'apportait un juste tempérament dans l'application des lois et des règlements qui les concernent. On doit d'autant plus être animé de cet esprit, que la responsabilité est une espèce de peine qui, de sa nature, mérite plutôt d'être adoucie que d'être aggravée ; ainsi, les conservateurs ne doivent subir une condamnation en garantie qu'autant que l'omission ou la négligence qu'on leur impute est une contravention positive à ce qui leur est prescrit, et qu'il en résulte une déchéance irréparable contre un créancier ou un acquéreur. »

Cette opinion est aussi partagée par M. Troplong, *des Hyp.*, n° 1001, qui cite à l'appui deux arrêts de la Cour de cassation, des 22 avril 1808 et 4 avril 1810, et un arrêt de la Cour d'Angers, du 16 août 1826. Enfin, ajoute-t-il, lorsque la responsabilité d'un conservateur est réellement engagée, elle est limitée aux sommes pour lesquelles, sans sa faute, le créancier aurait été utilement colloqué.

162. Nous trouvons encore dans les Œuvres de M. Troplong, *ibid.*, n° 1002, un avis du conseil d'État du 26 décembre 1810, qui indique la marche à suivre pour la rectification des erreurs commises par le conservateur ; en voici le texte :

« Considérant qu'une transcription inexacte des bordereaux remis au conservateur des hypothèques, par un créancier requérant l'inscription, donne à celui-ci, s'il en a souffert quelque préjudice, une action en garantie contre le conservateur ; mais qu'à l'égard des tiers, *la valeur de l'inscription se réduit à ce qui a été transcrit sur le registre, parce que* CE REGISTRE EST LA SEULE PIÈCE QUE LES INTÉRESSÉS SOIENT APPELÉS A CONSULTER, et que le créancier qui a acquis l'inscription a plus spécialement à s'imputer de n'avoir pas veillé à ce que la transcription fût exacte ;

« Que, du reste, au moment même où l'on découvre, soit des erreurs, soit des irrégularités dans la transcription faite au registre du conservateur, il doit sans doute y avoir des moyens pour empêcher que ces effets de l'erreur ne se prolongent; mais que, sans recourir à l'autorité des tribunaux, lesquels ne pourraient autoriser à faire, sur des registres publics, des corrections qui le seraient des droits antérieurement acquis à des tiers, le conservateur n'a qu'une voie légitime d'opérer la rectification, en portant sur les registres, et seulement à la date courante, une nouvelle inscription, ou seconde transcription plus conforme aux bordereaux remis par les créanciers;

« Qu'en cet état néanmoins, et pour obvier à tout double emploi, la seconde transcription constituant la nouvelle inscription doit être accompagnée d'une note relatant la première inscription qu'elle a pour but de rectifier, et que le conservateur doit donner aux parties requérantes des extraits, tant de la première que de la deuxième inscription;

« Est d'avis qu'au moyen de cette explication, il n'y a pas lieu de recourir à une autorisation solennelle, ni de faire intervenir l'autorité judiciaire en chaque affaire où il écherra de rectifier une inscription fautive. »

163. Les raisons développées dans cet avis paraissent applicables à toutes les erreurs commises par les conservateurs sur leurs registres. Cette rectification peut avoir une très-grande importance, surtout pour les mentions de radiation, et pour les mentions placées en marge d'une transcription, lorsque l'acte transcrit a été annulé.

Une transcription a été faite d'une manière inexacte; une copie fidèle pourra être mise à sa date.

Une inscription qui ne devait être rayée qu'en partie, l'a été définitivement; il en sera pris une deuxième, en marge de laquelle la mention sera mise telle qu'elle aurait dû l'être.

Un contrat transcrit n'est annulé qu'en partie; la mention indique une nullité complète : une nouvelle transcription sera faite à sa date, et l'on fera en marge la mention telle qu'elle doit l'être.

Dans tous les cas, on ferait les annotations nécessaires pour que l'on ne délivre pas une formalité sans l'autre.

Les droits acquis sous la foi de la formalité erronée seraient respectés, et le conservateur devrait indemniser du préjudice causé par sa faute.

163 *bis*. La preuve que le préjudice allégué est la suite de la faute du conservateur doit être établie par des actes ; il faut en même temps établir que le traité a été fait par suite de la connaissance que l'on avait acquise légalement des faits qui ont été rectifiés.

Par obligeance, les conservateurs communiquent quelquefois leurs registres : on ne pourrait en exciper pour dire que c'est en connaissance de cause que l'on a agi. Il faudrait une preuve écrite, un état d'inscription, un certificat de radiation, et démontrer que la pièce a été demandée pour faire l'acte.

164. Dans le cas où, sur un état levé après la transcription, le conservateur aurait omis, soit une transcription, soit une mention, l'immeuble en serait-il affranchi dans les mains du nouveau possesseur, sauf la responsabilité du conservateur, conformément à l'art. 2198 du C. Nap.?

Cette disposition n'a pas été renouvelée dans la loi nouvelle, et l'on ne peut étendre une disposition d'un cas à un autre, pour éteindre un droit acquis par un tiers qui s'est conformé aux prescriptions de la loi.

Il est à remarquer que le droit du créancier omis n'est pas éteint ; il ne peut plus être opposé à l'acquéreur, il reste entier vis-à-vis des autres créanciers. Il peut se faire colloquer, suivant l'ordre qui lui appartient, tant que le prix n'a pas été payé par l'acquéreur, ou tant que l'ordre fait entre les créanciers n'a pas été clos définitivement.

Le Code Napoléon avait à choisir : ou d'ordonner que la procédure en purgement ne nuirait pas au créancier omis et non appelé, ou décider que l'omission profiterait à l'acquéreur, qui serait dispensé de remplir de nouvelles formalités : il s'est prononcé pour ce dernier parti.

L'avantage qu'il y a de dégager les propriétés des hypothèques qui les grèvent et à rendre, par conséquent, leur circulation plus facile, a fait décider que l'immeuble passerait entre les mains de l'acquéreur franc et quitte des charges omises dans le certificat.

Dans cette occurrence il s'agissait de savoir lequel devait être préféré, ou de la créance ou du droit de propriété transmis à l'acquéreur : le Code Napoléon s'est prononcé pour le droit de propriété.

A l'égard de la question qui nous occupe, l'induction tirée du Code Napoléon tendrait à donner la préférence au droit de propriété nouveau sur le droit de propriété ancien, ce qui est contraire à toutes les règles.

Dans le cas d'un créancier inscrit, il conserve ses droits sur le prix, et, s'il ne peut se faire payer sur le prix, il a son recours contre le conservateur ; il sauve sa créance d'une manière ou d'une autre, peu lui importe qui la lui fournit.

A l'égard d'un droit de propriété, l'immeuble lui appartenant serait perdu pour lui ; au lieu d'un immeuble il n'aurait qu'une somme d'argent, ce serait une expropriation indirecte qui n'existe que dans le cas d'utilité publique.

D'où nous concluons que l'omission ne peut donner ouverture qu'à une action en indemnité contre le conservateur.

165. L'état spécial que le conservateur est obligé de fournir lorsqu'il en est requis, n'est pas applicable à l'état sur transcription dont nous avons parlé sous le n° précédent. Cet état est d'un caractère différent des états demandés hors la transcription.

Celui-ci a pour effet de purger l'immeuble des charges omises et de les restreindre aux charges comprises dans l'état.

Il n'intéresse pas seulement l'acquéreur, mais les tiers qui ont besoin de connaître les inscriptions survenues à la transcription, et qui pourraient être mis en erreur par un état tronqué.

Le conservateur ne serait pas non plus à l'abri de tout reproche en ne révélant pas la vérité, en ne comprenant pas dans l'état tous les anciens propriétaires dont les noms lui sont indiqués par le contrat qu'il transcrit, puisqu'il livrerait une pièce qui pourrait devenir un élément de fraude.

Le créancier fondé en titre qui n'aurait pas été connu par suite de la restriction de l'état, serait à l'abri de tout reproche et pourrait faire valoir ses droits, mais il est certain que les notifications qui auraient été faites conformément à cet état seraient frustratoires.

La loi elle-même parle de l'état sur transcription, (C. Nap., art. 2098); elle suppose donc qu'il n'en sera délivré qu'un, et que cet état sera requis en faisant transcrire; il doit d'autant plus en être ainsi, que la transcription n'a été envisagée par le Code Napoléon que comme un premier acte pour arriver à la purge des hypothèques, et l'état devait être tel qu'il pût servir à faire les notifications aux créanciers inscrits grevant l'immeuble du chef du vendeur et des anciens propriétaires.

Un état incomplet ne pourrait remplir ce but.

D'une autre part, cet état levé postérieurement ne serait plus l'état dans le sens de la loi, il n'emporterait plus la purge des inscriptions omises, et cela parce que rien ne démontrerait qu'il a été levé afin de consolider la propriété, qu'il est lié avec la transcription, conditions qui sont de l'essence de l'état sur transcription.

ART. 6.

A partir de la transcription, les créanciers privilégiés ou ayant hypothèque aux termes des art. 2123, 2127 et 2128 du C. Nap., ne peuvent prendre utilement inscription sur le précédent propriétaire.

Néanmoins le vendeur ou le copartageant peuvent uti-

lement inscrire les priviléges à eux conférés par les art. 2108 et 2109 du C. Nap. dans les quarante-cinq jours de l'acte de vente ou de partage, nonobstant toute transcription d'actes faite dans ce délai.

Les art. 834 et 835 du C. de proc. civ. sont abrogés.

SOMMAIRE.

166. Les art. 834 et 835 du Code de procédure sont abrogés: on ne peut requérir aucune inscription après la transcription.
167. Le vendeur et le copartageant jouissent d'un délai de quarante-cinq jours nonobstant toute transcription.
168. Leur privilége peut être inscrit en vertu d'un acte sous seing privé.
169. Le délai court dans les actes sous-seings privés, non du moment où ils ont acquis date certaine, mais de la date de l'acte.
170. Dans la supputation du délai, le jour de l'acte ne compte pas.
171. Si le quarante-cinquième jour est férié, il compte.
172. Si un acte a plusieurs dates, le délai commence de la dernière.
173. Partages d'ascendants : de quel moment date le délai pour l'inscription des soultes.
174. Dans le partage d'ascendants, les enfants n'ont l'un contre l'autre que le privilége de copartageant.
175. Des partages provisoires et définitifs.
176. Chacun des priviléges de copartageant et de vendeur conserve sa nature telle qu'elle résulte du Code Napoléon.
177. Raisons qui ont fait accorder le délai de quarante-cinq jours.
178. Le privilége de vendeur peut être inscrit, tant que la revente faite par l'acquéreur n'a pas été transcrite.
179. Du renouvellement.
180. Du privilége délivré à une transcription; *quid* du renouvellement.
181. Le privilége du copartageant non inscrit dans les quarante-cinq jours, dégénère en hypothèque et ne prend plus rang que de la date de l'inscription.
182. Les règles sur les priviléges pour soulte, dans les partages de succession, sont applicables à tout autre partage.
183. Le privilége de vendeur existe au profit de l'échangiste pour la soulte.
184. L'acquéreur à *pacte de réméré* n'a pas de privilége s'il restitue l'immeuble.
185. A moins qu'en rendant l'immeuble il ne se soit réservé le privilége.
186. Des priviléges de constructeur.
187. Les priviléges énumérés art. 2101 ne sont pas assujettis à l'inscription.
188. Privilége de séparation de patrimoine.
189. Les hypothèques légales de la femme, du mineur et de l'interdit sont toujours dispensées de la formalité de l'inscription.

---

166. La loi nouvelle proclame en principe (art. 3) que les actes translatifs de propriété ne sont opposables aux tiers que du jour de la transcription ; restait à statuer sur les délais que les tiers auraient pour assurer leurs droits.

Le Code Napoléon décidait qu'aussitôt la revente de l'immeuble, ni privilége, ni hypothèque ne pouvaient plus être inscrits.

L'art. 834 du C. de proc. civ. accorde un délai de quinze jours, à compter du jour de la transcription.

La formalité de transcription, en opérant la translation de la propriété à l'égard des tiers, les rend indirectement partie, d'où la conséquence que le droit de requérir inscription doit cesser à l'instant de la transcription, puisque de ce moment l'immeuble cesse, par un acte qui leur est commun, d'être la propriété de leur débiteur ; il est aussi de règle générale que l'inscription ne peut être requise contre le débiteur, aussitôt que l'immeuble a cessé d'être sa propriété.

Aussi notre article abroge en termes exprès les art. 834 et 835 du C. de proc. civ., et dit qu'à partir de la transcription les créanciers privilégiés ou ayant hypothèque aux termes des art. 2123, 2127 et 2128 du C. Nap., ne peuvent prendre utilement inscription sur le précédent propriétaire.

167. Néanmoins, le vendeur ou le copartageant peuvent utilement inscrire les priviléges à eux conférés par les art. 2108 et 2109 du C. Nap. dans les quarante-cinq jours de l'acte de vente ou du partage, nonobstant toute transcription.

Ce droit, pour le vendeur, cessait à partir de la quinzaine de la transcription de la revente, quel que fut le terme écoulé depuis la vente ; le vendeur ne jouissait pas pour requérir son inscription d'un délai plus long qu'un créancier ordinaire ; sur ce point la loi actuelle donne plus de latitude au vendeur.

Le copartageant avait un délai de soixante jours maintenant réduit à quarante-cinq.

Cette disposition tranche la question de savoir si le délai de soixante jours existe, nonobstant la revente, et la quinzaine de la transcription.

M. Troplong est d'avis que le délai de soixante jours n'éprouve aucune diminution par la transcription. « Mais « l'inscription prise après la transcription ne conserve le « privilége qu'à l'égard des autres créanciers de ses co- « héritiers, le copartageant perd le droit de surenchère et « n'a qu'un privilége sur le prix fixé par le contrat. »

C'était une contradiction avec le droit hypothécaire, elle n'existe plus ; le créancier jouira de tous les avantages attachés à l'inscription, il pourra surenchérir.

Lorsque la vente précédente ou le partage sont de quelques jours antérieurs à la revente, l'acquéreur devra lever un état supplémentaire lorsque le délai de quarante-cinq jours sera expiré, autrement il n'aurait qu'un état d'inscription incomplet, avec lequel il ne pourrait remplir les formalités de purge, car ces formalités ne seraient opposables ni au vendeur ni au copartageant, dont les inscriptions ne seraient point comprises dans l'état, parce qu'elles auraient été prises depuis.

Il suffira de lever un état supplémentaire sur le vendeur, et cet état ne pourra comprendre que l'inscription conservatrice du privilége pour lequel le délai n'était pas expiré au temps de la transcription, sans qu'il puisse en comprendre d'autres qui auraient été prises depuis la transcription.

Dans l'énonciation des formalités hypothécaires que l'on met ordinairement dans la quittance, on dira : Il résulte de l'établissement de propriété contenu dans le contrat de vente que les vendeurs étaient propriétaires de l'immeuble qui en forme l'objet, en vertu d'actes dont la date remontait à plus de quarante-cinq jours dès le temps de la transcription, en sorte que l'état délivré par suite comprend toutes les inscriptions, sans qu'il puisse en survenir d'autres que celles légales qui exigent des formalités spéciales pour les purger dont on rendra compte ci-après.

Ou bien : Il résulte de l'établissement de propriété, que les vendeurs étaient propriétaires de l'immeuble dont s'agit, en vertu d'un contrat de vente qui remontait à moins de quarante-cinq jours lors de la transcription énoncée ci-dessus, et qu'ils devaient encore une partie de leur prix, pour laquelle il existait un privilége; il a été délivré par le conservateur le
après le délai expiré pour l'inscription de ce privilége, un état négatif en sorte que l'immeuble en est affranchi, ou bien : un état supplémentaire qui comprend une inscription du au profit de
pour sûreté de

168. L'inscription d'un privilége peut être requise au profit d'un vendeur ou d'un copartageant, en vertu d'un écrit sous seing privé, pourvu qu'il soit enregistré, car on verra ci-après que le contrat de vente sous seing privé peut être soumis à la formalité de la transcription, d'où la conséquence qu'il peut en découler le droit d'inscription au profit du vendeur, puisque la loi charge le conservateur de la requérir ; si le conservateur est obligé de la requérir, la logique veut que la partie puisse faire par elle-même ce qu'un autre est obligé de faire pour elle.

D'une autre part, l'art. 819 du C. Nap. autorise les héritiers majeurs à faire le partage dans la forme et par tel acte qu'ils jugent convenable, ce qui comprend aussi bien les actes authentiques que les actes sous seings privés, et par suite il valide dans de tels actes les stipulations qu'ils contiennent, notamment le droit de requérir des inscriptions pour assurer le paiement des soultes, l'un des points usuels dans les partages.

169. Le délai de quarante-cinq jours court dans les actes sous seings privés, non du jour où ils ont acquis date certaine par l'enregistrement ou autrement, mais du jour de l'acte, qui peut toujours être opposé aux parties ou à leurs ayants cause, puisqu'il a entre ceux qui l'ont souscrit et entre leurs héritiers et ayants cause, la même force que l'acte authentique La nécessité des formalités pour assurer la date du sous seing privé a été établie pour garantir les tiers contre les antidates ; mais un souscripteur ne peut mettre la date en doute, c'est lui qui l'a indiquée ou qui approuve l'indication ; elle est son œuvre.

170. Les inscriptions pour les priviléges dont nous venons de parler devant être formalisées dans les quarante-cinq jours de l'acte, il est important de ne pas faire erreur dans la supputation des jours.

D'abord, puisque c'est dans les quarante-cinq jours, il s'ensuit que le dernier jour doit être inclus dans le terme, *dies termini computatur in termino*.

Mais le jour où l'acte a été signé est-il compris dans le terme?

En pratique on ne le compte pas, notamment pour l'enregistrement des actes devant notaire ; lorsque dans le lieu de la résidence du notaire il y a un receveur, le délai n'est que de dix jours. Or, le délai pour un acte du 1er n'expire que le 11.

M. Troplong, dans son *Traité des Hypothèques*, n° 293 et suivants, examine longuement cette question, et se prononce dans le même sens que la pratique : « Les auteurs, dit-il, ont été longtemps partagés sur la question de savoir si le jour de la confection de l'acte (*a quo*) est compris dans le délai ; et quoiqu'il semble que les doutes dussent être levés, cette question est encore discutée. »

Les usages de la pratique et l'opinion de M. Troplong doivent être suivis ; car si le jour *a quo* devait compter, ce ne serait pas quarante-cinq jours de délai que l'on aurait, mais seulement quarante-quatre jours, puisque généralement la rédaction et la signature de l'acte emploient le premier jour.

Ainsi, nous supposons un acte fait le 10 avril ; le 10 avril ne compte pas, et le quarante-cinquième jour expirera le 25 mai. Une inscription pourrait encore être régulièrement prise le 25 mai, mais elle ne pourrait l'être le 26. V. *Dictionnaire du Notariat*, 4e édit., v° *Délai*, n° 18.

171. Lorsque le quarante-cinquième jour tombe un

jour férié légalement, jour où les bureaux d'hypothèque sont fermés aux termes des lois, par exemple, dans la computation que nous venons de faire, le 25 mai, l'inscription pourrait-elle être régulièrement prise le 26? Nous ne le pensons pas : ce délai est de rigueur et ne peut être augmenté; c'est au créancier à s'imputer d'avoir tardé jusqu'au dernier jour (1).

On ne peut établir aucune parité avec les règles de l'enregistrement, qui, dans ce cas, permettent de présenter l'acte à la formalité le lendemain, sans encourir aucune amende. La disposition est en faveur du contribuable et ne peut présenter de préjudice que vis-à-vis de l'État, qui, seul intéressé, peut interpréter le délai de la manière la plus large.

Tandis que le délai pour l'inscription des priviléges intéresse les tiers.

172. Si un acte a plusieurs dates, le délai ne part que de la dernière, qui seule a donné à l'acte son complément; jusque-là il n'était qu'imparfait : en vain dirait-on que cette signature n'était pas indispensable; du moment qu'une personne est partie dans un acte, il lui devient commun; et quoique son intérêt soit minime quelquefois, ou inappréciable, ou tel que l'on puisse penser que sa présence était inutile, il y concourt, il y parle, il lui est commun; sa signature est nécessaire pour le complément de l'acte.

Cette règle avait été admise par l'administration de l'enregistrement, elle reconnaissait que les délais pour la formalité ne commencent que du jour où la dernière signature a été donnée. Dans ce moment, elle la conteste dans certains cas en se fondant sur les lois fiscales, sans porter atteinte aux lois civiles. V. *Journal des Notaires*, art. 15453; *Dictionnaire du Notariat*, 4ᵉ édition, vᵒ *Délai*, nᵒ 38.

173. Le partage fait par les ascendants entre leurs

(1) Voir ci-après n° 327 ce que nous disons sur la possibilité d'obtenir une autorisation du président du tribunal civil, afin de pouvoir requérir une inscription un jour de fête légale.

enfants et descendants peut être fait par acte entre vifs ou testamentaire.

S'il est fait par acte entre vifs, avec le concours de toutes les parties, donateurs et donataires, le délai court du jour de l'acte ; — dans le cas où quelques-uns des donataires n'auraient accepté que postérieurement, le délai ne court que du jour où la dernière acceptation a été notifiée juridiquement, tant aux donateurs qu'aux autres donataires, ou du jour où cette acceptation a été tenue pour signifiée, dans un acte authentique, par les uns et par les autres.

C'est seulement de ce jour, car, dans ces partages anticipés par voie de donation entre vifs, il faut distinguer trois parties : les donateurs, les donataires vis-à-vis des donateurs, et les donataires entre eux.

Cet acte étant soumis aux formalités, conditions et règles prescrites pour les donations entre vifs, doit être accepté par les donataires en termes exprès. Cette acceptation doit avoir lieu du vivant des donateurs ; et lorsque l'acceptation est faite du vivant des donateurs, la donation ne produit d'effet que du jour de la signification de cette acceptation, pourvu qu'elle soit faite de leur vivant.

Ainsi des donateurs aux donataires. C'est du jour de la signification de l'acceptation que le lien existe ; jusque là la donation n'est qu'un acte imparfait regardé comme nul, si la notification n'en est pas faite du vivant du donateur.

Mais nous avons signalé une troisième partie, ce sont les donataires entre eux : si la signification de l'acceptation ne leur était pas faite, ils pourraient l'ignorer ; jusque là aussi ils n'avaient concouru qu'à un acte imparfait ; et de même que ni le donataire non acceptant, ni le donateur n'étaient obligés, ni entre eux, ni vis-à-vis des autres donataires, de même ceux-ci ne pouvaient pas l'être à son égard ; car, entre parties capables, nul ne peut réclamer l'exécution d'un engagement, lorsque l'acte n'est pas obligatoire à son égard ; c'est seulement du jour de la signification de l'acceptation qui leur est faite, que l'acte devient définitif pour eux ; c'est donc seulement de ce jour que commence le délai pour requérir inscription.

Dans une disposition testamentaire, il faut, de la part

des héritiers, une délivrance réciproque ou un jugement en tenant lieu ; c'est seulement du jour où cette délivrance a été faite, ou du jour où le jugement en tenant lieu a acquis force de chose jugée, que date le délai.

174. Les partages faits par les ascendants, même par acte entre vifs, ne sont des actes de libéralité que s'ils contiennent des dispositions en dehors, autrement ils n'ont que le caractère de partage ; les enfants doivent se garantir mutuellement leurs lots comme dans les partages ordinaires ; ce serait à tort que l'on croirait que les soultes jouissent des avantages accordés par la loi aux conditions contenues dans une donation ; elles n'ont que le privilége de copartageant.

Ces partages ont été placés au titre des donations, parce qu'ils doivent être faits suivant les formalités, conditions et règles prescrites pour les donations entre vifs ou testamentaires ; et que, dans le cas où ils sont faits par donation entre vifs, l'ascendant se dépouille irrévocablement de la propriété de ses biens pour la transférer à tous ses enfants ; il prévient la mort.

175. Il est important de faire attention à ne pas se tromper sur le véritable caractère de l'acte qui est la base du privilége, et de ne pas confondre, par exemple, un partage provisoire avec un partage définitif. Souvent l'erreur sur la nature plus ou moins provisionnelle de l'acte pourrait donner lieu à une déchéance, et faire déclarer tardive une inscription qui au fond prendrait son véritable appui ailleurs que dans l'acte provisoire d'où on voudrait faire sortir le privilége.

Un partage fait entre des majeurs et des mineurs, est définitif entre et contre les majeurs qui ne peuvent prétexter de l'incapacité des mineurs : il est seulement provisoire à l'égard des mineurs ; si donc la soulte est due de majeur à majeur, le délai court du partage ; si elle est due par le majeur au mineur ou par le mineur au majeur, c'est seulement à partir du jour de la ratification du mineur ou de l'exécution en tenant lieu.

Les tiers ne peuvent se plaindre de cette position qui leur est révélée en consultant le partage.

Un immeuble est vendu par licitation et le prix est stipulé payable conformément aux dispositions d'une liquidation à intervenir ; le délai part de la vente et non de la liquidation, parce que la licitation a transféré définitivement la propriété moyennant un prix qui a été fixé aussi définitivement ; le partage n'a d'autre but que d'indiquer dans quelle proportion il sera touché par les héritiers.

Lorsque les soultes sont contenues dans des actes sujets à l'homologation, comme ce n'est que l'homologation qui les rend définitifs, le délai ne part que du jour où l'homologation a acquis force de chose jugée : jusque là l'acte est provisoire.

176. L'art. 6, dont nous nous occupons, tout en comprenant dans une seule et même disposition le privilége de vendeur et le privilége de copartageant, n'a point entendu les rendre pareils et de même nature ; ils n'ont été mis ensemble que parce qu'ils ont le même délai pour être inscrits.

Chacun de ces priviléges conserve sa nature telle qu'elle résulte du Code Napoléon.

177. Le projet de loi (art. 8), en supprimant les art. 834 et 835 du C. de proc., enlevait même au vendeur, non payé, le délai de quinzaine accordé par ces articles pour la conservation de son privilége : il en serait résulté qu'il aurait été obligé de faire transcrire de suite son contrat, sous peine de perdre son privilége, dans le cas où une revente aurait eu lieu et aurait été transcrite avant la première vente ; cette disposition était d'autant plus grave que le même projet, dans l'article suivant (art. 9), faisait perdre l'action résolutoire en même temps que le privilége ; la commission avait demandé à la fin le maintien des art. 834 et 835 du C. de proc., et un délai de trois années à partir de la vente, pour l'exercice de l'action résolutoire. Le conseil d'État n'admit pas complétement ces amendements dans une première délibération ; il avait seulement accordé que le vendeur et le copartageant auraient un délai de quinzaine à partir de la vente ou du partage pour l'inscription de leur privilége; ce délai, après nouvel examen, parut insuffisant à la commission ; elle insista de nouveau auprès du conseil d'État qui se décida pour le délai d'un mois (Rapport de M. de Belleyme).

Le conseil d'Etat se résignait difficilement à accorder un délai, et surtout un long délai, pour inscrire le privilége et par suite l'action résolutoire, parce qu'il voyait bien que c'était conférer un droit rétroactif qui pouvait détruire d'autres droits survenus dans l'intervalle, et laissait pendant ce temps la propriété dans l'incertitude.

Cependant un membre du Corps législatif (M. Delapalme), insista pour que ce délai fut de soixante jours au lieu de trente, et, par suite d'un décret du 17 janvier 1855, on fixa à quarante-cinq jours le délai précédemment fixé à trente, afin de concilier toutes les opinions ; c'est ce délai de quarante-cinq jours qui fut définitivement adopté.

178. Le délai de quarante-cinq jours pour l'inscription du privilége du vendeur, n'est fatal que dans le cas d'une revente transcrite ; tant que l'immeuble est entre les mains de l'acquéreur, ou, ce qui vis-à-vis du vendeur primitif est la même chose, tant qu'une revente n'a pas été transcrite, le vendeur peut utilement inscrire son privilége à toute époque ; il prime alors tous les créanciers de l'acquéreur comme il les prime sous le Code Napoléon ; les règles qu'il trace sont restées intactes.

Le privilége est un droit que la qualité de la créance donne à un créancier d'être préféré à un autre, même hypothécaire ; il a son fondement et son existence dans la nature même de la convention. Mais son existence est condamnée à l'inertie tant que la publicité ne vient pas lui donner le mouvement et la faculté d'agir au dehors ; ce n'est donc que par l'inscription que le privilége peut se mettre en action.

Mais aussitôt qu'il est inscrit, il entre dans la plénitude de ses prérogatives, et l'on sait que l'une des plus importantes et des plus précieuses est de primer les hypothèques, d'où l'on est forcé de conclure que ce n'est pas par la date de l'inscription que se règle le rang de la créance privilégiée ; sans cela on la réduirait à la condition d'une simple hypothèque, et le législateur qui a prescrit l'inscription précisément pour consolider l'effet du privilége, aurait agi dans un sens contraire à sa propre intention, et lui aurait, par cela même, ôté tout son effet qui est de primer toutes les créances hypothécaires, quelle que soit l'époque de leur inscription.

179. D'après un avis du conseil d'Etat, du 22 janvier 1808, l'inscription d'office doit être renouvelée dans les dix ans ; faute d'opérer ce renouvellement, le vendeur se trouverait réduit à la condition de celui dont le titre n'aurait jamais été transcrit, ou dont le privilége ne se serait jamais produit par l'inscription; il ne pourrait s'inscrire à nouveau, après les dix ans expirés, que si l'immeuble était dans la même main, ou si, ayant été aliéné, la transcription n'avait pas eu lieu.

Dans l'un et l'autre cas, le privilége se trouverait intact au moyen de l'inscription. En effet, le vendeur serait de même condition que celui qui, ne s'étant jamais inscrit, conserve son privilége en s'inscrivant, pour la première fois, la veille de la transcription de la revente.

Si l'immeuble avait été aliéné et que le vendeur n'eût pas renouvelé son inscription avant la transcription, il perdrait son droit.

180. Si l'inscription, subsistant encore au moment de l'aliénation, ne tombait en péremption que quelque temps après, la perte du privilége serait-elle encourue ?

La péremption de l'inscription remet les choses au même point que si jamais il n'y avait eu d'inscription ; or notre article ne permet pas de prendre d'inscription postérieurement à une transcription : donc c'est comme si elle n'avait pas existé au moment de la transcription.

On dirait en vain que l'acquéreur avait reçu l'immeuble à la charge d'une inscription, et que le droit de suite se trouve ainsi conservé : car le droit de suite est subordonné à l'inscription ; c'est elle qui le conserve, et la transcription n'est pas suffisante pour dispenser du renouvellement.

181. Le privilége des soultes de partage, inscrit dans le délai de quarante-cinq jours qui lui a été départi, prime toute hypothèque qui aurait pu être inscrite sur l'immeuble.

Si l'inscription n'est pas requise dans le délai, la créance ne cesse pas moins d'être hypothécaire ; mais l'hypothèque ne date, à l'égard des tiers, que de l'époque des inscriptions qui sont faites.

182. Toutes les règles que nous venons d'indiquer, à l'égard des soultes en matière de partage, sont applicables aux soultes stipulées non seulement en matière de partage de succession, mais de tout partage fait entre des personnes qui se trouvent dans l'indivision.

Elles sont encore applicables aux ventes par licitation qui ont le caractère de partage, et dans lesquelles elles tiennent lieu de soulte.

183. Le privilége de vendeur est-il applicable au cas d'échange pour raison du retour qui a été convenu ? En faveur de la négative, on peut dire que la loi a énuméré les diverses créances ayant un droit de privilége ; que dans ces créances ne figure pas la soulte de l'échangiste, et que l'on ne peut créer des priviléges par extension, qu'ils doivent dériver de la loi.

La question, nous le reconnaissons, nous paraît grave ; elle a été jugée contre l'échangiste, en matière d'immeubles, par arrêt de la cour de Turin, du 10 juillet 1813.

Cependant nous pensons que tout ce que nous avons dit sur le privilége du vendeur est applicable au cas d'échange. Brodeau enseigne l'affirmative, et il se fonde sur un arrêt du parlement de Paris, du 8 mai 1606. M. Troplong ne croit pas que cette opinion puisse être suivie ; cependant il reconnaît le privilége en faveur de l'échangiste pour raison de la soulte (*des Priviléges*, nos 200 *bis* et 213).

Lorsqu'il y a soulte dans l'échange, il y a vente de l'excédant de valeur, et la raison se refuse à ne pas reconnaître que cette soulte doit être de même nature que le prix ; qu'elle doit jouir du privilége de vendeur : autrement l'échangiste n'aurait aucune garantie, il serait assimilé à un créancier ordinaire.

En vain dirait-on encore que la vente se trouverait mêlée à l'échange ; il ne semble pas qu'il y aurait grand inconvénient à cela, et que plus d'un contrat se trouve dans ce cas.

Ce double caractère était reconnu dans le droit ancien : lorsque le contrat d'échange est fait but à but et sans aucun retour en deniers ou en choses mobilières, il n'est sujet, par les coutumes, ni au profit de vente, ni au retrait ; s'il y a un retour, celui des copermutants qui a acquis moyennant le retour doit le profit de vente pour ce retour et jusqu'à concurrence de ce retour.

A l'égard du retrait, suivant le droit le plus commun, le retour en deniers ou autres choses mobilières n'y rend le contrat d'échange sujet, que lorsque le retour excède la moitié de la valeur de l'héritage pour lequel on a donné le retour (Pothier, *de la Vente*, n° 628).

Dans le droit fiscal actuel, on perçoit le droit de vente sur la soulte.

Telle est aussi l'opinion de Grenier, *Hyp.*, t. II, n° 387 ; Delvincourt, t. III, p. 280, note 5 ; Persil, art. 2003, § 1er, n° 11 ; Duranton, n° 155 ; Zachariæ, t. II, § 263, n° 1er, note 7.

184. Le privilége ne pourrait être étendu à l'acquéreur à pacte de réméré qui n'aurait pas été remboursé de tout ou partie du prix, ni en faveur du bailleur de fonds pour opérer le rachat.

Le réméré n'est pas une nouvelle vente, mais une simple résolution de la vente consommée.

L'acquéreur à pacte de réméré n'a que le droit de rétention que lui donne l'art. 1673 du C. Nap. S'il n'use pas de ce droit de rétention, et s'il remet la chose au vendeur, sans exiger le paiement des répétitions qui lui appartiennent, il doit s'imputer de s'être dépouillé des garanties que la loi lui assurait.

185. Toutefois l'acquéreur à pacte de réméré, qui n'a consenti à la revente des biens par son vendeur qu'à la condition qu'il serait payé sur le prix, a pour son remboursement un droit de préférence sur les créanciers hypothécaires du vendeur inscrits depuis la vente (Colmar, 12 juin 1816, affaire Clauss).

Cette décision nous paraît fondée, en raison de la condition apposée par l'acquéreur au consentement qu'il donnait à la vente, condition dont l'accomplissement pouvait seule faire réputer utilement exercée une faculté de rachat sans laquelle les hypothèques consenties depuis la vente n'avaient aucune force.

186. L'obligation d'inscrire les priviléges avant la transcription de la vente de l'immeuble sur lequel ils reposent, s'étend à tous les priviléges assujettis à cette formalité.

Examinons ce qui concerne le privilége des architectes, entrepreneurs, maçons et autres ouvriers employés pour édifier, reconstruire ou réparer des bâtiments, canaux ou autres ouvrages, et ceux qui ont, pour les payer et rembourser, prêté les deniers.

Ceux-ci doivent faire une double inscription : 1° du procès-verbal qui doit être dressé préalablement, à l'effet de constater l'état des lieux, relativement aux ouvrages que le propriétaire déclarera avoir dessein de faire ; 2° et du procès-verbal de réception des travaux.

En ce qui concerne le procès-verbal préalable, l'architecte ou l'ouvrier ne doivent pas commencer les travaux avant qu'il ait été dressé ; il doit être inscrit avant la transcription du contrat de vente, à peine de déchéance ; l'architecte le peut, il le doit.

Quant au procès-verbal de réception, différents cas se présentent.

1° Les travaux étaient achevés depuis plus de six mois, et il n'est justifié d'aucune démarche pour les faire recevoir : dans ce cas, l'inscription du procès-verbal de réception était possible, elle n'a pas eu lieu avant la transcription ; il n'a pas été satisfait au vœu de la loi, et le privilége ne peut sortir son effet.

La réception des travaux est une garantie que la loi stipule dans l'intérêt des tiers ; elle ne peut être ajournée indéfiniment : aussi l'art. 2103, 4°, fixe-t-il un délai de six mois pour cette réception ; le législateur a pensé qu'après un délai plus long, on ne pourrait reconnaître d'une manière certaine la valeur des travaux. Cette raison nous donne lieu d'ajouter que le délai est de rigueur, et que l'architecte qui ne justifie pas de diligences doit être privé de son privilége.

Si les diligences ont été infructueuses, il rentre dans les diverses catégories dont nous nous occuperons.

2° Les travaux étaient achevés, mais l'architecte se trouvait encore dans le délai de six mois.

3° Les travaux étaient en cours d'exécution.

Ces deux cas nous paraissent identiques, et nous pensons que l'inscription de l'état de lieux est suffisante.

Il est certain que l'architecte, l'entrepreneur, etc., ne sont pas en négligence ; en sorte que l'on ne peut pas leur imputer à faute la non inscription du procès-verbal de réception ; par suite on ne peut les priver d'un droit.

L'inscription de l'état de lieux a prévenu les tiers ; elle peut être assimilée à une inscription que l'on requiert en garantie d'une obligation indéterminée, mais qui, de sa nature, doit l'être.

La réception des travaux, qui doit avoir lieu dans les formes tracées par la loi, assure aux tiers que la créance sera fixée d'une manière légitime ; les créanciers postérieurs peuvent, s'ils le jugent convenable, se faire représenter les réceptions des travaux.

Des droits analogues existent en faveur de l'acquéreur.

Aussi la loi n'a-t-elle fixé de délai que pour faire recevoir les travaux ; mais elle n'en a pas fixé pour l'inscription du procès-verbal de réception, et ce, pour le motif déjà indiqué, que le procès-verbal de réception contient des garanties véritables pour les tiers, ce qui a motivé l'opinion que nous avons émise dans le cas de vente ; il suffit que l'état de lieux soit inscrit avant la transcription.

187. Les priviléges énumérés art. 2101 du C. Nap., et qui s'étendent sur les meubles et les immeubles, n'ont pas été assujettis à la formalité de l'inscription ; il leur suffit de produire à l'ordre pour être colloqués.

Ils n'y sont pas assujettis par la loi nouvelle, car notre article ne doit s'entendre que des priviléges sujets à la formalité. Il est, au surplus, constant que cette loi ne modifie le Code Napoléon que dans les dispositions qui sont indiquées explicitement ou qui ressortent formellement de son application.

Les priviléges de l'art. 2101 ne se trouvent dans aucun de ces cas ; conséquemment ils restent dispensés.

Au surplus, ces priviléges trouvent leur base dans la morale ; c'est à leur nature qu'ils doivent leur institution ; aucune loi ne peut dès lors les assujettir à l'accomplissement de formalités dans un temps donné, et les soumettre à la déchéance.

188. Nous nous occuperons, dans ce numéro, du privilége de la séparation de patrimoines.

Les créanciers et les légataires d'une succession ont le droit de demander, contre les créanciers particuliers de l'héritier, la séparation des biens de la succession d'avec ceux de l'héritier, pour être payés sur ceux de la succession préférablement aux créanciers de l'héritier : c'est ce qu'on appelle privilége de la séparation de patrimoine.

Ce droit très-ancien est fondé sur ce principe, pris dans la nature des choses, que des créanciers ne peuvent avoir plus de droits sur les biens de leur débiteur, que leur débiteur en a lui-même ; d'où il suit que l'héritier n'ayant les biens de la succession qu'à la charge d'en acquitter les dettes, les legs et autres charges, les créanciers de cet héritier, ne pouvant avoir plus de droits sur ces biens que l'héritier leur débiteur, doivent souffrir que les dettes, les legs et autres charges soient acquittés sur ces biens avant qu'ils puissent en profiter.

La conservation de ce privilége exige deux choses : une inscription faite sur chacun des biens de la succession dans les six mois à compter de l'ouverture, et une demande en séparation de patrimoine.

Pour la demande en séparation de patrimoine, on peut la former tant que les immeubles sont dans les mains de l'héritier.

Les tiers qui ont traité ou qui traitent avec l'héritier sentent eux-mêmes qu'ils ne sont pas dans une position analogue aux créanciers du défunt ; les biens étaient le gage de ceux-ci avant qu'ils fussent dans le patrimoine de l'héritier, l'inscription le leur rappelle ; la séparation du patrimoine n'est qu'une formalité complémentaire, elle n'est pour sa validité d'aucune influence, qu'elle soit formée dans un temps ou dans un autre.

Au surplus, cette séparation existe de droit lorsque la succession est acceptée sous bénéfice d'inventaire.

La nécessité de la publicité a donné lieu à l'inscription pour laquelle il a été accordé un délai de six mois.

Avant l'expiration de ce délai, aucune hypothèque ne peut être établie avec effet, au préjudice des créanciers ou légataires.

Notre article limite le délai à la transcription de la vente que l'héritier consentirait ; cette disposition est en rapport avec l'art. 880 du C. Nap. qui fait cesser l'action lorsque l'immeuble n'est plus dans la main de l'héritier. Si le créancier éprouve un préjudice, il doit s'imputer de ne pas avoir requis l'inscription.

La privation du droit n'existe que vis-à-vis de l'acquéreur ; son prix est définitivement fixé ; les paiements qu'il a effectués le sont valablement ; le droit reste sur le prix à l'égard des créanciers de l'héritier, car le prix représente l'immeuble, il existe encore dans la main de l'héritier.

Si donc le créancier fait inscrire le privilége dans les six mois de l'ouverture, il pourra se présenter à l'ordre; autrement le prix serait attribué aux créanciers de l'héritier comme nous le verrons.

Pendant le délai de six mois, des droits d'hypothèque peuvent être valablement acquis sur les immeubles du chef de l'héritier, mais ils sont primés par l'inscription des créanciers ou légataires du défunt.

Ce délai écoulé sans inscription, les créanciers de l'hérédité ont encore leur droit, mais ils ne viennent qu'à la date de leur inscription ; il fallait une limite, c'est le délai de six mois qui a été adopté.

Les droits sur les valeurs mobilières sont limités à trois années ; pour leur conservation, il est nécessaire de les dénoncer aux débiteurs qui, sans cette précaution, se libéreraient valablement entre les mains de l héritier, le transport qu'il en ferait devrait recevoir son exécution; il doit en être ainsi par assimilation des immeubles dont la vente est valablement consentie et le prix bien payé faute d'inscription.

189. Notre article indique avec précision les divers articles du Code Napoléon constitutifs des hypothèques dont l'inscription doit avoir lieu avant la transcription des ventes ; ce sont, en résumé, les hypothèques judiciaires ou conventionnelles. Les hypothèques légales sont dispensées de la formalité, tant qu'elles militent au profit des incapables ; lorsque l'incapacité cesse, elles doivent être inscrites dans le délai fixé par l'article 8.

La loi de brumaire, dont la loi nouvelle a pris diverses dispositions, obligeait à la formalité de l'inscription pour toutes créances, même pour les hypothèques appelées légales.

Le projet de loi discuté sous la Législative obligeait aussi à l'inscription des hypothèques légales.

Aucun doute ne peut rester sur l'esprit de la loi nouvelle; l'existence de l'hypothèque légale, indépendamment de toute inscription, a soulevé d'interminables débats, nous ne voulons pas même donner le plus léger prétexte de les renouveler; cette grande faveur sera maintenue, tant que sera maintenue sa raison d'être, tant que la femme est dans la dépendance du mari, tant que le mineur est sous l'autorité d'un tuteur (Exposé des motifs de la présentation du projet de loi par le conseil d'Etat).

ART. 7.

L'action résolutoire établie par l'art. 1654 du C. Nap. ne peut être exercée après l'extinction du privilége du vendeur, au préjudice des tiers qui ont acquis des droits sur l'immeuble du chef de l'acquéreur, et qui se sont conformés aux lois pour les conserver.

SOMMAIRE.

190. L'article s'applique même à l'action résolutoire stipulée.
191. Distinction du privilége et de l'action résolutoire.
192. Sous le code Napoléon, l'extinction du privilége n'emportait pas extinction de l'action résolutoire; inconvénients.
193. L'action résolutoire avait déjà été restreinte par la loi du 2 juin 1841.
194. L'action résolutoire est désormais liée au privilége: plus de privilége, plus d'action résolutoire.
195. Tant que l'acquéreur est propriétaire, on peut en tout temps exercer l'action résolutoire, à charge de requérir inscription avant d'intenter l'action.
196. Transition à l'extinction des priviléges.
197. Le privilége s'éteint lorsque la dette s'éteint.
198. Par la dation en paiement.
199. Si l'on fournit un équivalent, faire réserve du privilége.
200. De la renonciation; peut être tacite ou expresse.
201. La mainlevée d'une inscription de privilége emporte extinction.
202. Des mainlevées partielles, distinction s'il existe ou n'existe pas d'autres créanciers inscrits.
203. La novation opère extinction. Exemples.
204. La délégation n'emporte pas novation.
205. Les poursuites tendant à obtenir le recouvrement de la créance en ar-

gent, ou le concours du créancier à des actes de cette nature, emportent renonciation

206. Des poursuites de saisie immobilière.
207. La conversion de saisie faite avec le concours du créancier privilégié.
208. Le concours à une vente amiable.
209. Cette renonciation dans les ventes amiables est subordonnée à l'exécution de la vente.
210. Du créancier privilégié qui a consenti antériorité.
211. Du privilégié qui a fait une délégation partielle.
212. De la notification, elle emporte extinction; si l'acquéreur ne paie pas, le créancier peut exercer l'action résolutoire de son chef.
213. Suite.
214. Le privilége s'éteint par la prescription.
215. Du délai pour l'acquérir.
216. Pas de titre ou un titre non transcrit.
217. Juste titre transcrit, distinction du domicile du créancier.
218. Il faut la bonne foi.
219. *Quid* si l'inscription existait au temps de la vente.
220. Si l'acquéreur est chargé de souffrir l'inscription.
221. La délégation acceptée empêche de prescrire.
222. La prescription ne court pas contre l'incapable, mais il ne relève pas le majeur; l'inscription est divisible entre les créanciers.
223. L'action résolutoire est divisible entre les créanciers.
224. La notification faite par l'acquéreur n'empêche pas de prescrire.
225. La prescription court contre la créance conditionnelle, même la condition pendante.
226. Le renouvellement d'inscription n'arrête pas la prescription.
227. Le vendeur et toute personne intéressée peut invoquer la prescription acquise par l'acquéreur.
228. De l'action en interruption.
229. Ne peut être consentie par acte sous seing-privé.
230. La sommation de payer ou de délaisser est interruptive.
231. Des interruptions qui profitent à tous les créanciers.
232. L'art. 7 ne s'applique qu'à l'action résolutoire du vendeur, les autres causes d'extinction restent.
233. De la folle-enchère.
234. Suite.
235. A lieu si c'est un colicitant qui acquiert lorsqu'il y a clause de folle-enchère.
236. La folle enchère n'a pas lieu dans les ventes amiables, même lorsqu'elle est stipulée.
237. L'échangiste évincé a droit de reprendre sa chose.
238. Libre d'inscription.
239. De la prescription que le tiers détenteur peut invoquer contre l'échangiste évincé.
240. De la révocation des donations.

---

190. Cet article s'occupe de l'action résolutoire à laquelle le vendeur a droit faute de paiement du prix;

comme il ne mentionne que l'action résolutoire établie par l'art. 1654, les dispositions qu'il contient s'appliquent-elles à l'action résolutoire stipulée par les parties?

L'objection, la voici : il existe deux actions résolutoires faute de paiement du prix, l'une qui est légale, qui existe sans la convention, l'autre qui est le résultat de la convention.

La condition tacite est sous-entendue dans les contrats synallagmatiques ; elle n'existait pas en droit romain, elle nous est venue du droit coutumier.

La condition stipulée représente les anciens pactes commissoires qui étaient permis en droit romain ; le vendeur était censé ne s'être dépouillé de sa chose que sous cette condition, et jusque là, la vente n'était que suspendue.

L'art. 1654 vient au secours des parties qui n'ont pas stipulé la convention, il ne fait que renouveler les dispositions de l'art. 1184 qui la sous-entend dans les contrats synallagmatiques.

Et c'est dans l'art. 1656 que la condition résolutoire stipulée trouve sa sanction.

Si elle n'a pas été stipulée, le juge peut accorder un délai, et l'acquéreur peut empêcher la résolution par le paiement qu'il fera jusqu'au prononcé de l'arrêt.

Si elle a été stipulée, le débiteur ne peut plus empêcher la résolution après la mise en demeure ; le juge doit prononcer.

Ainsi, deux conditions distinctes prennent leur source dans deux articles séparés ; la nouvelle loi hypothécaire ne parle que d'un article, donc l'autre reste dans sa plénitude ; il doit d'autant plus en être ainsi que tous les orateurs professent un grand respect pour le Code Napoléon : « On l'aime d'autant plus qu'on le connaît davantage » (paroles de M. Rouher, commissaire du gouvernement).

Un orateur (M. Millet) a même été très explicite sur cette question. Il y a, dit-il, dans le Code Napoléon deux dispositions dont le but est de protéger le droit du propriétaire qui vend à crédit ; l'une est celle de l'art. 1654. Si l'art. 7 du projet de loi est voté, cette sauvegarde disparaîtra, puisque l'art. 7 en propose l'abrogation expresse, mais il y a une autre disposition du Code dont le projet ne dit rien, c'est celle de l'art. 1656 dont voici le texte : « S'il a été stipulé, lors de la vente d'immeubles, que, faute de paiement du prix dans le terme convenu, la vente serait résolue de plein droit, l'acquéreur peut néanmoins payer après l'expiration du délai, tant qu'il n'a pas été mis en demeure par une sommation, mais après cette sommation le juge ne peut plus lui accorder de délai. »

L'orateur pense que cette disposition, puisque l'abrogation n'en est pas proposée, suffira pour sauvegarder complétement les droits qu'il a défendus ; il dit, en terminant, qu'il votera contre l'art. 7 du projet.

Aucune réponse n'a été faite à cette critique, aucune modification n'a été apportée à l'article qui a été voté (*Moniteur* du 18 janvier 1855, séance du 16).

Nous répondons à cette critique :

Aucun des articles du Code Napoléon n'est abrogé, ils restent tels qu'ils ont été promulgués ; seulement on a voulu que ce droit fût rendu public.

C'est dans l'art. 1654 du C. Nap. que se trouve le principe de l'action résolutoire en matière de vente ; c'est dans son principe que la loi nouvelle a voulu et entendu l'atteindre ; les art. 1655 et 1656 recevront leur exécution comme par le passé, mais ces deux articles ne sont pas plus l'un que l'autre indépendants de l'art. 1654 dont ils ne sont que le développement ; l'art. 1655 est pour le cas de la condition tacite, et l'art. 1656 pour la condition expresse. Ce sont deux branches du grand arbre ; le principe étant affecté, tout ce qui s'y rattache doit l'être.

Si la condition résolutoire par la force de la stipulation échappait aux obligations imposées par la loi nouvelle, la clause deviendrait de style, et la loi serait en fait abrogée. Il est impossible d'admettre une telle imprévoyance de la part de ses auteurs, et cette raison seule suffit pour justifier notre opinion.

L'action résolutoire ne serait pas publique avec la simple stipulation, tandis que le rapporteur de la loi dit : « Qu'il a paru aux auteurs du projet de loi qu'il était *impossible de laisser plus longtemps subsister dans les conditions actuelles* l'exercice de l'action résolutoire. » *La commission*, s'associant pleinement à cette idée, *a été unanime pour reconnaître que l'exercice de l'action résolutoire devait être soumis à la publicité.*

Cette heureuse innovation n'a rencontré aucune contradiction parmi ceux qui se sont occupés des différentes réformes proposées (Exposé des motifs).

191. Suivant la législation du Code Napoléon, le vendeur a pour garantie du paiement du prix de son immeuble un double droit, le privilége et l'action résolutoire ; au moyen du privilége, le vendeur peut poursuivre la revente de l'immeuble dont il n'a pas reçu le prix, et sur le produit de la revente il touche ce qui lui est dû; au moyen de l'action résolutoire il fait annuler la vente et rentre dans sa propriété ; il peut donc, à son choix, se faire payer soit en argent soit en nature.

Le privilége est soumis à la publicité, il doit être inscrit ; tout le monde peut donc savoir si le privilége existe. L'action résolutoire, au contraire, reste secrète ; elle constitue un droit réel qui suit l'immeuble dans toutes les mains où il passe ; elle peut s'exercer tant que la créance existe, dix ans, trente ans, cinquante ans après la vente.

192. D'après les principes admis par le Code Napoléon et par le Code de procédure civile, l'extinction du privilége du vendeur n'entraîne pas celle de l'action en résolution du vendeur non payé.

A ce sujet, les membres du conseil d'Etat, dans l'exposé des motifs, ont cité les exemples suivants qui avaient été déjà cités devant l'Assemblée législative.

« Un individu vend un immeuble : le prix n'est pas

payé ou ne l'est qu'en partie : quelquefois même il ne doit pas l'être, parce qu'il consiste en une rente ; le vendeur laisse périmer l'inscription d'office prise au moment de la transcription ; l'acquéreur revend ; le sous-acquéreur fait transcrire son contrat ; quinze jours après cette transcription, l'immeuble est définitivement purgé du privilége du vendeur. Si donc l'immeuble est vendu une troisième fois, le vendeur originaire ne pourra être colloqué sur le prix. Les créanciers du premier et du second acquéreur auront droit à ce prix, à son exclusion ; et cependant il pourra intenter l'action résolutoire, déposséder, par l'effet de cette action, le troisième acquéreur, et faire tomber toutes les hypothèques consenties par les précédents, anéantir tous les droits réels (tels que servitude, usufruit) constitués par eux ; en un mot, il lui sera loisible de faire table rase et de remettre les choses dans l'état où elles se trouvaient au moment où il a vendu.

« Les tribunaux ont même souvent jugé que, lorsque le vendeur primitif qui avait perdu son privilége avait été appelé dans une procédure d'ordre, qu'il avait encouru la forclusion, faute d'avoir produit, ou que, ayant produit, il n'avait pas été colloqué, il n'en conservait pas moins le droit d'intenter l'action résolutoire et de rentrer dans l'immeuble, après que l'ordre était définitivement réglé et le prix payé aux créanciers colloqués.

« On a vu l'exemple de procès de la nature la plus grave résultant d'une action résolutoire intentée par le vendeur d'une parcelle de terrain que l'acquéreur avait réunie, pour construire, à une autre parcelle provenant d'une origine différente et non sujette à l'action résolutoire. »

193. La loi du 2 juillet 1841 avait déjà restreint dans certaines limites le droit de résolution en matière d'expropriation. La nouvelle rédaction de l'art. 717 C. de proc. porte, en effet, que l'adjudicataire ne pourra être troublé par aucune demande en résolution fondée sur le défaut de paiement du prix des anciennes aliénations, lorsque la demande n'aura pas été formée avant l'adjudication et notifiée au greffe du tribunal où se poursuit la vente. Si la demande a été formée en temps utile, il est sursis à l'adjudication, et le juge fixe le délai dans lequel il doit être mis fin à l'instance en résolution. Ce délai peut être prorogé ; mais si le demandeur le laisse expirer sans l'utiliser, l'adjudicataire demeure affranchi de toute action du chef des anciens vendeurs, quelque soit le résultat ultérieur de l'instance en résolution, sauf à faire valoir ses titres dans la procédure de distribution.

Cette disposition a été étendue aux adjudications par suite de surenchère sur aliénation volontaire, par l'art. 838 C. de proc. civ.

Mais elle n'est pas applicable aux ventes volontaires, et elle n'a point été reproduite en matière de vente de biens de mineurs, de licitation, de vente d'immeubles dépendant de successions bénéficiaires, de vente d'immeubles dotaux. Les art. 964, 972, 988, 997 C. de proc., ne renvoient ni à l'art. 717, ni à l'art. 838 C. de proc.

194. Telles sont les raisons développées à l'appui de notre art. 7. L'exercice de l'action résolutoire doit être soumis à la publicité ; il n'y aura lieu désormais à l'exercice de cette action, que s'il y a une inscription ; l'action résolutoire est désormais dépendante du privilége ; lorsque le privilége existe, l'action résolutoire existe ; lorsque le privilége est éteint, l'action résolutoire cesse. « Je viens, disait M. Rouher (séance du 14 décembre 1850), proposer de la rendre (l'action résolutoire) publique, ou plutôt de rattacher son existence et sa viabilité à la viabilité et à l'existence même du privilége du vendeur ; quand j'aurai aliéné ma propriété, si je néglige de conserver mon privilége, si j'en donne mainlevée, je perdrai, par voie de conséquence forcée, le bénéfice de mon action résolutoire ; quand je ne pourrai pas exercer mon privilége, je ne pourrai pas exercer mon action résolutoire : de telle sorte que la publicité du privilége lui-même constitue la publicité de l'action résolutoire. »

195. La nouvelle règle n'apporte aucune modification

à l'action résolutoire du vendeur contre son acquéreur, resté propriétaire de l'immeuble (Exposé des motifs), parce que, comme nous l'avons établi, n° 179, le privilége au profit du vendeur contre son acquéreur peut, dans cette hypothèse, être inscrit en tout temps; mais l'action ne pourrait pas être intentée par le vendeur, si l'inscription n'existait pas, parce que l'effet du privilége ne commence que du jour de l'inscription.

Aussitôt que l'immeuble a changé de mains, il naît un droit au profit de l'acquéreur; l'immeuble est désormais le gage des parties traitantes ou voulant traiter avec lui; le privilége doit être connu.

Ou le vendeur a conservé son privilége, et il n'a pas besoin d'action résolutoire, car il est certain d'être colloqué en premier ordre; ou il a laissé perdre son privilége, et dans ce cas la négligence n'est imputable qu'à lui seul, il est juste que les résultats retombent sur lui plutôt que sur un tiers vigilant et de bonne foi.

196. Nous avons fait connaître, en nous occupant de l'article précédent, tout ce qui concerne la conservation des priviléges.

Nous nous occuperons, sous cet article, de tout ce qui se rattache à son extinction.

197. *Premier cas.* — Ils s'éteignent par l'extinction de l'obligation principale.

Le privilége étant l'accessoire d'une obligation principale doit s'éteindre avec elle; l'accessoire suit toujours le sort du principal.

Il faut que l'obligation principale soit éteinte pour le total; car s'il en restait la plus petite partie, le privilége subsisterait, pour ce qui resterait dû, sur tous les biens.

Il n'importe de quelle manière la dette ait été éteinte, soit par le paiement réel, soit par la remise que le créancier en a faite à son débiteur, soit par la compensation, soit par la novation.

Si ces causes d'extinction étaient conditionnelles, le privilége deviendrait conditionnel.

198. La dation en paiement, qui a lieu lorsqu'à la place de ce qui lui est dû, le créancier consent à recevoir une chose mobilière ou immobilière, opère libération, puisqu'elle équivaut à un paiement, comme l'indique son nom ; elle engendre novation, elle éteint les priviléges et autres garanties attachées à l'ancienne créance.

Mais si le créancier vient à être évincé de la chose, on demande si le privilége de l'ancienne créance renaîtra.

M. Troplong examine cette question dans son *Traité des Hypothèques*, n°s 726 *bis*, 861 et suivants.

Pour la résoudre, il distingue d'abord si l'éviction a lieu pour une cause postérieure au contrat imputable au créancier, ou si cette éviction procède d'une cause antérieure au contrat.

Si la cause de l'éviction est postérieure au contrat et volontaire de la part du créancier, nul doute que, dans ce cas, les priviléges éteints ne revivent pas.

Mais si la cause est antérieure au contrat, et si c'est une cause nécessaire, l'éviction résolvant la dation en paiement, les choses sont remises au même état que si le contrat de dation en paiement n'eût jamais existé ; l'ancienne créance et le privilége revivent *contre le débiteur lui-même ;* ce dernier ne peut avoir aucun moyen de résister à cette prétention légitime.

A l'égard des tiers, l'extinction des garanties est la conséquence de l'acte de dation en paiement (C. de Nancy, 5 mars 1827 ; Toullier, t. VII, n° 307).

199. Dans tous les contrats qui opéreront l'extinction de la dette, par le fournissement d'un équivalent, le créancier devra faire la réserve la plus expresse de tous ses droits résultant de son ancienne créance, jusqu'à ce qu'il ait obtenu complète satisfaction sur l'objet remis en paiement ; par ce moyen il évitera toutes les difficultés que présente le changement de position que les tiers sont toujours disposés à interpréter en leur faveur, afin de faire perdre au créancier un rang pour lequel il ne recevrait pas d'équivalent.

200. *Deuxième cas.* — Renonciation du créancier.

La renonciation peut être expresse, peut être tacite.

La renonciation est expresse lorsqu'elle est exprimée formellement par le créancier.

La renonciation expresse est un acte unilatéral qui, une fois consentie, ne peut être rétractée, et dont les autres créanciers du débiteur auraient droit de s'emparer quand même le débiteur n'aurait pas accepté formellement cette renonciation.

201. Nous avons vu, dans la pratique, des créanciers consentir des mainlevées avec radiation, puis requérir une nouvelle inscription, fondant leur droit sur ce que l'acte ne contenait pas un désistement d'hypothèque ou de privilége.

C'est une prétention toute moderne, tout à fait inconnue il y a seulement trente ans ; à cette époque, il était de règle que la mainlevée de l'inscription emportait extinction du droit hypothécaire.

Voyons la nouvelle prétention.

Elle se présente comme un piége à la bonne foi, car il ne faut pas envisager les actions et les droits hypothécaires seulement entre les créanciers, mais il faut considérer ce qui est exact, ce qui est vrai : les tiers qui traitent journellement avec une personne, le font avec plus d'abandon si elle possède des immeubles libres d'hypothèque ou de privilége, que s'ils en sont grevés.

Il suffirait donc de cette cause pour déclarer cette manière de procéder contraire à la loi, par suite emporter l'extinction du droit lui-même.

On peut, dit-on, ne pas se prévaloir du rang que vous donne votre inscription, le droit de privilége n'en est pas moins intact ; c'est ce que nous examinerons.

Mais il ne s'agit pas de ne pas se prévaloir d'un droit, il s'agit d'un consentement à radiation qui a été donné ; or, que vous dit le Code Napoléon : que ce sont les inscriptions qui conservent l'hypothèque et le privilége (art. 2154); qu'elles sont la mise en action vis-à-vis des tiers, vis-à-vis des personnes intéressées à leur existence ; puisqu'il en est ainsi, le consentement à radiation est la renonciation à la partie active du privilége, à sa conservation ; le droit en lui-même n'est plus qu'une lettre morte, sans force contre les tiers qui ont eux-mêmes un droit.

Nous ferons remarquer (dit M. Troplong, *des Hyp.*, n° 728) que ce consentement n'est autre chose qu'une renonciation *extinctive* de l'inscription ; c'est une *répudiation* parfaite par la seule volonté du renonçant; par cela seul que le consentement est donné, le *créancier disparaît,* et il est censé *ne pas exister* comme ayant rang sur l'immeuble.

Si le droit de requérir inscription restait encore, la renonciation ne serait qu'un leurre, et le créancier aurait seulement été caché un instant, il ne disparaîtrait pas ; ce qui est contraire à ce que nous venons de dire.

On ne peut tirer aucune induction du droit que le créancier a toujours de requérir une nouvelle inscription quoiqu'il n'ait pas renouvelé la précédente en temps utile ; dans cette hypothèse il n'a signé aucune renonciation, il a laissé les droits intacts, il est assimilé au créancier qui n'en a pas requis.

La renonciation est un fait actif, tandis que le défaut de renouvellement est un acte passif; l'inscription première a été supprimée des registres; à défaut de renouvellement elle subsiste toujours ; les tiers, dans le premier cas, ont dû regarder le droit comme éteint ; dans le second, c'est le résultat d'une mesure d'ordre nécessitée par le besoin de régularité.

Examinons les conséquences d'une nouvelle inscription qui serait requise légalement, surtout s'il y avait des inscriptions pour hypothèque prises dans l'intervalle.

Elles auraient été prises sous la foi de la radiation et

en matière d'hypothèque, ce sont les registres du conservateur qui font titre ; le privilége était donc à leur égard éteint, l'inscription du privilége ne pourrait pas les primer, ou ce serait le renversement du droit des tiers, quoique le privilége de son essence doive primer les hypothèques.

Une antériorité sur un droit de privilége doit être consentie en termes exprès ; il n'y a dès lors aucune parité, aucun rapport avec la question qui nous occupe; lorsqu'il y a antériorité, la première inscription subsiste, les tiers sont prévenus.

La nouvelle loi nous offre un nouvel argument ; elle veut que l'action résolutoire ne puisse exister que si le privilége subsiste. Or, sa radiation du registre des hypothèques *est une répudiation* (M. Troplong, *opinion déjà citée*). Si j'en *donne mainlevée*, je perdrai par voie de conséquence forcée le bénéfice de mon action résolutoire (dit M. Rouher). La mainlevée et la radiation ont donc emporté extinction de l'action résolutoire ne serait-ce qu'un instant ; comme cette action est d'ordre public, elle ne peut exister par la seule volonté des parties, d'où la conséquence qu'une fois éteinte, elle ne peut plus revivre. C'est cependant ce que tendrait de réaliser une nouvelle inscription de privilége valablement requise.

202. Les mainlevées partielles de l'inscription conservatrice du privilége, privent du bénéfice de l'action résolutoire vis-à-vis des tiers qui ont des droits acquis au moment de la mainlevée.

Cette question devait être jugée dans un sens contraire sous le Code Napoléon, parce qu'alors le privilége n'était pas lié à l'action résolutoire. Mais comme sous la nouvelle loi l'extinction du privilége emporte extinction de l'action résolutoire, il faut que les choses restent entières.

Car l'action résolutoire ne s'attaque pas aux immeubles vendus, mais au contrat lui-même, et lorsqu'elle se produit, elle fait rentrer les choses dans le même état qu'au moment de la vente. Or, les mainlevées que le créancier a consenties s'opposent à l'exercice de cette action, puisqu'elles emportent renonciation à l'action résolutoire. Ainsi, le contrat ne peut être annulé en totalité, il ne pourrait l'être qu'en partie, ce qui est contraire à la règle.

Les acquéreurs et les créanciers qui avaient des droits acquis avant la mainlevée, sont les seuls qui puissent opposer cette fin de non recevoir; ils ont traité sous la foi du contrat et de toutes ses conséquences; en donnant cette mainlevée, le vendeur la dénature, et c'est de son plein gré qu'il l'a fait.

Les choses entières, un créancier, un acquéreur pourrait rembourser le vendeur, et à l'aide de sa subrogation (C. Nap., 1251, n° 1), faire valoir les droits attachés à sa créance sur tous les immeubles; par là sauvegarder ses droits, tandis qu'ils seront compromis s'il ne le peut que sur une partie.

Lorsqu'il n'y a pas de droits acquis, nul n'éprouve de dommage à la modification du contrat, le vendeur pourra donc exercer l'action résolutoire sur la partie encore grevée du privilége; les personnes qui auront traité depuis l'auront fait en connaissance de cause, ce qui les empêche de pouvoir se plaindre. — *V.* arrêt de la C. de cass. du 30 avril 1827.

203. La novation dans le gage opère l'extinction du privilége, de même que la novation opère l'extinction de la créance.

Elle ne se présume point, il faut que la volonté de l'opérer résulte clairement de l'acte (C. Nap., 1272); il faut que l'ancienne obligation soit éteinte, ce que l'on oublie trop souvent; par suite on prend pour une novation un acte qui ne fait qu'ajouter des sûretés ou qui ajoute un nouvel obligé.

Cette erreur provient de ce que, dans l'ancien droit français, il suffisait que, de quelque manière que ce fût, la volonté de faire novation parût évidente.

Le Code Napoléon s'est rapproché de la constitution de

Justinien qui exigeait que la volonté de faire novation fût expressément déclarée.

Suivant le Code Napoléon, si le créancier et le débiteur font entre eux quelques changements à une première obligation, soit en y ajoutant une hypothèque, une caution ou autre sûreté, ou en les ôtant, soit en augmentant ou diminuant la dette, ou en donnant un terme plus long ou plus court, ou en rendant l'obligation conditionnelle si elle était pure et simple, ou pure et simple si elle était conditionnelle ; tous ces changements ne font que déroger à l'ancienne obligation en ce qui est exprimé dans le dernier acte, sans faire une novation qui s'étende aux objets dont il ne fait pas mention ; car la volonté d'éteindre l'ancienne obligation et d'opérer la novation ne résulte point clairement de stipulations pareilles qui ne sont point incompatibles avec l'ancienne obligation. Toullier, t. VII, n° 277.

Mais si l'on substitue une nouvelle dette à l'ancienne, les priviléges et hypothèques de l'ancienne créance ne passent point à celle qui lui est substituée, à moins que le créancier ne les ait expressément réservés.

Pour empêcher une consignation, le créancier et des opposants consentent que les deniers restent en dépôt entre les mains de l'acquéreur, et sans intérêts (1) ; il n'est même pas nécessaire qu'il soit dit expressément que l'acquéreur est constitué dépositaire, il suffit que cela résulte des circonstances et des termes de la convention, et il y a novation par le changement de nature de la dette.

Il y a encore novation, lorsqu'une somme exigible, soit lors de l'acte, soit postérieurement, est convertie en une rente perpétuelle, parce que, dans ce cas, il y a aliénation du capital.

De même, lorsqu'une rente viagère est convertie en un capital, parce que la dette n'est pas de même nature, l'une devant s'éteindre à une époque donnée, tandis que l'autre ne s'éteindra que par le paiement.

(1) Dans ce cas il faut dire que le vendeur consent à ce que le prix cesse de produire des intérêts à partir du....

Mais il n'y a point novation, si, créancier pour raison de loyers, j'accorde au débiteur un terme, même en stipulant des intérêts, parce qu'il ne peut jamais y avoir novation dans une prorogation de délai, et parce que l'obligation de payer des intérêts, loin d'être incompatible avec l'obligation principale, peut subsister avec elle, l'une comme accessoire, l'autre comme principale.

Si, créancier d'une rente en nature, blé ou autre denrée, je fixe la somme à payer annuellement en argent, la dette était indéterminée, elle est maintenant déterminée; ce qui devait forcément arriver, ce qui a lieu dans un ordre. Pour cette raison, point de novation.

Si l'on convertit une rente perpétuelle en une somme exigible à terme, la loi elle-même indique différents cas où la dette devient exigible; la somme à payer n'en est ni plus ni moins forte; les autres créanciers ne peuvent se plaindre, ils n'éprouvent aucun préjudice.

204. Lorsque le débiteur charge une autre personne d'acquitter sa dette, cet acte est une délégation qui, pour être parfaite, exige le concours de trois personnes : 1° le déléguant, qui est le débiteur; 2° le créancier qui accepte la délégation; 3° le délégué, qui s'oblige d'acquitter la dette, et qui par là devient le débiteur personnel du créancier.

Néanmoins la délégation ainsi parfaite n'opère point de novation, si le créancier n'a expressément déclaré qu'il entend décharger son débiteur qui a fait la délégation (1275), ou si cette décharge ne résulte des termes de l'acte.

205. Quand le créancier fait des actes qui tendent à lui faire obtenir le recouvrement de sa créance en argent, ou s'il donne son concours à des actes de cette nature, il est censé avoir renoncé à l'action résolutoire; il a préféré obtenir le paiement en argent : telles sont les poursuites de saisie immobilière.

Si la saisie a été dénoncée au créancier privilégié pour prix de vente, il ne peut exercer l'action résolutoire, à moins qu'avant l'adjudication la demande n'ait été notifiée au greffe du tribunal où se poursuit la vente.

Il ne peut plus que faire valoir, s'il y a lieu, ses titres de créance dans l'ordre et la distribution du prix de l'adjudication.

Il resulte de la comparaison des art. 692 et 717 du C. de proc., que l'on doit établir une différence entre le vendeur du saisi, c'est-à-dire, la personne de laquelle il tient l'immeuble, et les anciens vendeurs. Pour le vendeur, il faut que la sommation qui lui est faite de prendre connaissance du cahier de charges, porte qu'à défaut de former sa demande en résolution, et de la notifier au greffe, il sera définitivement déchu, à l'égard de l'adjudicataire, du droit de la faire prononcer. Quant aux anciennes aliénations, il n'est pas nécessaire que la sommation contienne la déclaration, la procédure en tient lieu.

Sous la législation nouvelle, les dispositions concernant l'action résolutoire, qui se trouvent contenues dans les art. 692 et 717 du C. de proc., deviennent sans objet, puisque, par la vente sur saisie, l'immeuble est converti en argent; le vendeur peut se faire payer sur le prix, et nous verrons ci-après que les priviléges s'éteignent, de l'acquéreur au créancier, par l'accomplissement des formalités de purge.

206. Dans le cas où le vendeur privilégié aurait commencé une saisie, il ne pourra plus suivre l'action résolutoire qu'il n'ait complétement abandonné les poursuites, parce que les poursuites en saisie tendent à obtenir le paiement de la créance en argent, et les poursuites en résolution tendent à obtenir le paiement en nature, deux choses inconciliables.

Si la saisie a été transcrite, il devra la faire rayer, parce qu'elle est indicative, vis-à-vis des tiers, de son intention de poursuivre son paiement en argent, et parce qu'elle arrête l'effet d'une autre saisie.

Il lui faudra le consentement des autres créanciers, dans le cas où elle aurait été notifiée.

La marche que le créancier avait à suivre lui ayant paru préjudiciable, puisqu'il l'a abandonnée, il ne pourra jamais faire valoir les frais de procédure qu'il aura payés, comme accessoires de sa créance ; ils retomberont à sa charge.

207. La vente sur conversion ne purge ni privilége ni hypothèque ; mais si la conversion avait eu lieu avec le concours des créanciers privilégiés, ils ne pourraient plus exercer l'action résolutoire, puisqu'ils auraient été partie à la vente, et que ce serait de leur consentement que l'immeuble aurait été converti en argent.

208. Le concours du créancier à la vente amiable l'empêche d'exercer l'action résolutoire ; il s'est rendu le contrat commun, il ne peut donc le détruire par sa seule volonté.

Sa présence doit aussi le faire repousser, car elle indique que l'acte a été conclu sous ses auspices ; si donc elle ne doit produire aucun résultat, elle constitue un leurre, un dol.

Le notaire qui a reçu l'acte ne peut, par son fait, détruire un acte auquel il a donné la sanction de l'autorité.

Il en est de même des témoins dont le concours est nécessaire ; s'ils l'ont signé de confiance et sans en prendre connaissance, ils ont commis une faute lourde, dont l'acquéreur et les tiers ne peuvent être victimes ; leur recours doit s'adresser à qui il appartient ; sans que la validité de l'acte puisse être mise en doute.

209. Dans les renonciations tacites, par la présence du créancier au contrat, il ne faut pas voir une renonciation absolue à l'action résolutoire. Ce concours est donné en considération de la vente et pour la faciliter, pour assurer à l'acquéreur qu'il ne sera pas troublé de la part du créancier ; à moins d'une stipulation expresse, c'est sous la foi de l'entière exécution du contrat, surtout en ce qui concerne le paiement du prix : le créancier a bien voulu recevoir sa créance en argent ; si cette espérance est trompée, il rentre dans tous ses droits, dans son action résolutoire, conformément aux dispositions de l'art. 2186 du C. Nap., qui met comme condition de la purge des priviléges et hypothèques, le paiement du prix aux créanciers inscrits, ou sa consignation.

Dans les ventes par autorité de justice, si l'adjudicataire ne paie pas, il y a folle-enchère, et la procédure est censée se continuer; la renonciation tacite produit son effet jusqu'au paiement effectif.

Cette différence vient de ce que les ventes par autorité de justice doivent être suivies d'une exécution, force doit leur rester; tandis que les ventes à l'amiable reposent sur des conventions auxquelles le créancier a subordonné son concours; le respect qui leur est dû exige que la partie qui ne les exécute pas ne puisse en réclamer le bénéfice.

Dans les ventes judiciaires, le créancier qui ne formule pas sa demande dans les délais qui ont été fixés, est censé avoir accepté toutes les phases et toutes les conséquences de la vente par autorité de justice.

210. Lorsque le créancier privilégié a consenti une antériorité, le privilége n'est plus entier, et le créancier ne peut rien faire au préjudice des droits pour lesquels il a consenti une préférence.

Il ne peut donc poursuivre la résolution de la vente, puisque par l'effet de cette résolution, le gage hypothécaire échapperait à l'action du créancier ayant une hypothèque qui doit le primer.

Pour exercer l'action résolutoire il doit le désintéresser.

Le créancier hypothécaire au profit duquel l'antériorité est consentie, ne pourrait poursuivre que par la voie de la saisie immobilière, parce que l'antériorité ne lui donnerait qu'un droit de préférence sans le faire participer à la nature de la créance du vendeur, et c'est seulement à cause de la nature particulière de cette créance que le vendeur peut exercer l'action résolutoire.

Les poursuites en saisie immobilière dirigées par le créancier empêcheraient l'action résolutoire du vendeur, parce qu'il doit lui être préféré et qu'il ne peut en diriger d'autres.

211. Le créancier au profit duquel une délégation a été consentie a des droits préférables au déléguant, même lorsque celui-ci n'a pas délégué toute sa créance, en sorte que les raisons déduites au numéro précédent empêchent le déléguant de faire aucun acte qui lui soit préjudiciable.

D'une autre part, le déléguant est obligé de subir les conséquences des actes du délégataire, en raison des poursuites qu'il fait pour recouvrer sa créance; ainsi, les poursuites qu'il a dirigées pour saisir un immeuble empêchent le déléguant d'user du droit de résolution, attendu qu'en dirigeant les poursuites de saisie immobilière, le délégataire a opté pour le paiement en argent; la conséquence est la même s'il est intervenu dans le contrat de vente.

Le délégataire, par le droit de préférence qui lui appartient, est libre sur le choix des poursuites; il prend le mode qui lui semble préférable, sans que la personne qui a fait la délégation ait le droit de s'en plaindre, puisqu'il agit dans sa propre chose.

Le déléguant a suivi sa foi, et comme la délégation tendait à procurer un paiement en deniers, les poursuites tendant à cette fin sont dans l'ordre naturel, elles devaient être prévues par le déléguant.

Troisième cas. — Le privilége s'éteint par l'accomplissement des formalités et conditions prescrites aux tiers détenteurs pour purger les biens par eux acquis.

212. L'acquéreur fait transcrire son contrat.

Il notifie : 1° Un extrait de ce contrat;

2° Extrait de la transcription;

3° Un tableau des inscriptions délivrées à cette transcription (art. 2183 C. Nap.).

A défaut par les créanciers d'avoir requis la mise aux enchères dans le délai et les formes prescrits par l'art. 2185, la vente de l'immeuble demeure définitivement fixée au prix stipulé dans le contrat ou déclaré par le nouveau propriétaire; lequel est, en conséquence, libéré de tout privilége et hypothèque en payant ledit prix aux créanciers qui seront en ordre de recevoir, ou en les consignant (art. 2186).

Lors donc qu'un créancier privilégié recevra une notification, il devra examiner s'il doit surenchérir, ou s'il doit provoquer la résolution de la vente qu'il a consentie.

S'il opte pour la résolution, il doit le dénoncer à l'acquéreur dans le délai de quarante jours prescrit par l'art. 2183, faute de quoi son privilége sera éteint, et l'action résolutoire ne pourra plus être exercée.

Il sera éteint parce que l'acquéreur a rempli les formalités de purge qui éteignent le privilége, dit l'art. 2180, 3°.

Mais cette extinction est subordonnée à la condition du paiement du prix ; tant que ce paiement n'a pas lieu, les priviléges et hypothèques sommeillent en regard du droit de propriété ; l'immeuble n'est libéré que par la numération du prix.

La collocation sur le prix obtenue, le créancier privilégié rentre dans la plénitude de ses droits, et s'il n'est pas payé, attendu qu'il a conservé son privilége, il pourra, s'il le juge convenable, exercer l'action résolutoire.

213. En vain dirait-on qu'il a opté pour recevoir son prix en argent ; il a opté, mais par la faute de l'acquéreur il ne peut avoir ce qu'il a demandé, il peut exiger la chose qui reste (C. Nap., 1194).

C'est ce que font pressentir les conseillers d'Etat dans l'exposé des motifs lorsqu'ils disent : « Ou le vendeur a conservé son privilége, et il n'a pas besoin de l'action résolutoire, car il est certain d'être colloqué en premier ordre ; » si donc la collocation est stérile à défaut de paiement, l'action résolutoire est nécessaire ; il doit en être d'autant plus ainsi, qu'il a conservé ses droits avec vigilance, et que l'acquéreur n'a pas rempli ses engagements.

Les créanciers auxquels cette mesure serait désastreuse, ont accepté une position qui avait été révélée par l'inscription du privilége ; ils doivent en subir la conséquence ou rembourser la créance privilégiée.

Quatrième cas. — Par la prescription.

214. Pour la prescription, il faut établir une distinction entre le débiteur et le tiers détenteur possesseur d'un immeuble grevé d'une hypothèque ou d'un privilége.

En ce qui concerne le débiteur, la prescription est acquise quant aux biens qui sont dans sa main, par le temps fixé pour la prescription des actions qui donnent l'hypothèque ou le privilége ; ils ne sont, dans ce cas, qu'un accessoire de la créance ; ils doivent exister autant que la créance elle-même ; celle-ci ne se prescrit que par trente ans ; le privilége ne se prescrit donc, dans les mains du débiteur, que par trente ans.

215. Lorsque la prescription est opposée par un tiers détenteur de l'immeuble hypothéqué ou grevé du privilége, elle lui est acquise par le temps réglé pour la prescription de la propriété à son profit.

D'où il suit que c'est la règle tracée pour la prescription en faveur d'un tiers qu'il faut suivre ; cependant cela ne veut pas dire qu'il est nécessaire que le droit de propriété lui soit acquis ; il ne s'agit que du droit de privilége ou d'hypothèque ; c'est ce droit qui sera prescrit ; tout ce qui est relatif au droit de propriété reste intact ; le tiers détenteur peut avoir prescrit le droit de privilége et ne pas avoir prescrit le droit de propriété, *et vice versa*.

On a pris pour mesure de la prescription le temps fixé pour la prescription du droit de propriété, rien de plus.

Afin de savoir si le droit de privilége est prescrit, il faudra examiner si, s'agissant du droit de propriété, il y aurait le temps suffisant pour prescrire ; la réponse affirmative ou négative sera la réponse en ce qui concerne le droit de privilége.

216. Nous nous occuperons des cas les plus ordinaires et nous dirons : si le tiers détenteur n'a pas de titre, ce sera trente années.

Il en est de même des actes de quelque nature qu'ils

soient, sous seings privés enregistrés ou non enregistrés, et des actes authentiques non transcrits, attendu que l'art. 2180 du C. Nap. exige, dans le cas où la prescription suppose un titre, qu'elle ne commence à courir que du jour où il a été transcrit sur les registres du conservateur.

On a voulu par cette restriction mettre les créanciers à même d'être avertis des mutations, afin qu'ils puissent interrompre la prescription.

Lorsqu'un créancier renouvelle son inscription, il doit demander au conservateur un certificat de transcription ; puis, si cette formalité a été remplie, faire les actes nécessaires; car, ainsi que nous le verrons ci-après, les inscriptions n'interrompent pas le cours de la prescription.

217. Quand le tiers détenteur a juste titre transcrit, il prescrit par dix ans si le créancier habite dans le ressort de la Cour d'appel dans l'étendue de laquelle l'immeuble grevé est situé, et par vingt ans s'il est domicilié hors dudit ressort (art. 2265 C. Nap.).

Dans le cas où le créancier a eu son domicile en différents temps dans le ressort et hors du ressort, il faut, pour compléter la prescription, ajouter à ce qui manque aux dix ans de présence, un nombre d'années double de celui qui manque pour compléter les dix ans de présence (art. 2266).

Le délai pour prescrire court non du jour du contrat, mais seulement du jour de la transcription, conformément à l'art. 2180.

M. Troplong (*Traité de la prescription*, n° 873) nous apprend que les mots juste titre employés par l'art. 2265 se retrouvent dans les lois romaines et dans nos anciennes coutumes; quel en est (ajoute-t-il) le sens?

Le juste titre est celui qui, par sa nature, est translatif de propriété (1), soit qu'il soit gratuit ou onéreux. On l'appelle juste parce qu'il est l'expression d'un des modes

(1) Justum titulum accipimus eum ex quo, quid rem ex causa perpetua et ad transferendam dominiam idonea, tanquam suam possidet. Pothier, *Pand.*, t. 4, p. 137, n° 64.

reconnus par la loi de déplacer le domaine des choses.

M. Bigot de Préameneu avait aussi dit, dans l'exposé des motifs du titre de la prescription : un juste titre, c'est-à-dire un titre qui soit de sa nature translatif du droit de propriété, et qui soit d'ailleurs valable.

218. Un juste titre et un délai ne sont pas seuls suffisants pour prescrire, il faut la bonne foi ; sans elle la prescription de dix ou vingt ans ne peut être invoquée ; c'est elle qui fait de la prescription un moyen d'acquérir tout aussi légitime que les contrats et les titres successifs.

Sans elle on retient indûment le bien d'autrui, la prescription ne peut devenir un moyen légitime d'acquérir.

219. La bonne foi se présume tacitement, et c'est au créancier à prouver le contraire ; mais si, à l'époque de l'aliénation, l'hypothèque était légalement inscrite, présume-t-on que le tiers fût censé avoir la bonne foi exigée ? Il semblerait d'abord que non ; la publicité que l'inscription donne à l'hypothèque établit contre le tiers une présomption de mauvaise foi dont il peut difficilement se décharger, et dès lors on pourrait croire que ce serait à lui à détruire cette première impression et à prouver sa bonne foi ; néanmoins l'opinion contraire est plus certaine ; le tiers détenteur a pu croire que le débiteur s'était libéré, et que ce n'était que par erreur que l'inscription existait encore ; le silence que gardent ensuite les créanciers pendant dix ou vingt ans a dû le confirmer dans cette opinion, et par là maintenir sa bonne foi présumée.

Telle est l'opinion de Rousseau, Lacombe, Grenier, Delvincourt et Persil.

M. Troplong la combat dans son *Traité des Hypothèques*, n° 881.

Si, dit-il, l'acquéreur a pu croire que le débiteur principal paierait, il a dû croire aussi qu'il pourrait ne pas payer. Eh bien, cette crainte qu'il est impossible de nier, cette crainte qui se fonde sur la conscience du péril dont la chose est environnée, suffit pour exclure la bonne foi au moment de l'acquisition.

Peu importe le silence du créancier, c'est un fait de bonne foi postérieur à l'acquisition.

Il est peu probable qu'un individu se décide à acheter un bien, sans s'assurer préalablement des hypothèques qui le grèvent (*ibid.*, n° 880).

Ce dernier argument, qui paraît dominer l'examen que M. Troplong a fait de l'art. 2180, repose sur une erreur. Nous en appelons aux notaires : il est, au contraire, très exceptionnel de voir un amateur s'enquérir des inscriptions, et s'il le fait, on peut tenir pour certain qu'il y a dans sa conduite quelque chose hors des règles ordinaires, quelquefois même de la mauvaise foi. En effet, il connaîtra les charges par l'état qui lui sera remis au temps de la transcription, et celui qu'il aurait levé l'aurait été sans intérêt ; il peut aussi survenir des inscriptions depuis la levée de l'état jusqu'à la transcription.

Règle générale, l'acquéreur achète dans l'ignorance complète des charges ; quelquefois il sait vaguement qu'il y a des inscriptions, mais il n'a sur ce point aucune donnée certaine.

Les connaîtrait-il, la prescription n'en serait pas moins acquise ; car, dans l'art. 2180, on suppose que les inscriptions existaient au temps de la vente : en effet, si elles n'existaient pas, elles ne pouvaient pas être requises depuis (telle était la législation du Code Napoléon), et la prescription n'est pas nécessaire à leur égard.

220. Est-il chargé de souffrir l'existence d'une inscription ?

Ce point paraît plus délicat. M. Troplong, n° 379 *des Priviléges*, se prononce encore pour la négative, parce que la bonne foi nécessaire au tiers détenteur qui prescrit consiste *dans la croyance que le bien acquis est franc et libre d'hypothèque*. Or, cette croyance ne peut exister dans celui qui a été chargé de l'hypothèque lors de la vente.

Nous répondons à cet argument, en rappelant que l'acquéreur ignore les inscriptions existantes, et s'il se charge de souffrir l'existence de quelques-unes, c'est toujours parce qu'il doit conserver entre les mains une portion de son prix, et c'est toujours sous deux conditions : si elles viennent en rang utile ; si elles sont délivrées à la transcription ; de sorte que l'obligation de souffrir une inscription est conditionnelle par elle-même, et ne constitue contre l'acquéreur aucune connaissance préexistante au contrat.

Or, lorsque la bonne foi existe au moment du contrat, elle est suffisante pour prescrire, et les faits postérieurs ne peuvent être qu'interruptifs.

Si cet acquéreur est dix ans sans que le créancier se fasse connaître, il doit présumer que la créance n'existait pas, ou que la créance a été éteinte, ou que le créancier y a renoncé.

Les lois ne doivent pas abandonner les droits des créanciers ; mais lorsqu'elles prescrivent des mesures de vigilance et de précaution dont nous parlerons, il faut que le créancier s'y soumette ; la loi ne doit, ne peut pas veiller que pour lui, ni devenir plus créancière que lui ; à côté, il y a l'intérêt de l'acquéreur, la sécurité de la propriété, qui, eux aussi, demandent au moins autant de protection que le créancier ; et lorsque l'acquéreur a fait connaître son contrat par la transcription, il a satisfait au vœu de la loi.

En définitive, il demeure dans le même ressort de cour d'appel, et il ne s'est pas enquis de ce que devenait son gage, cela pendant dix années ; il s'est contenté de recevoir n'importe de quelle main ; il a fait renouveler l'inscription, et il n'a pas demandé s'il existait une transcription : c'est une négligence excessive, que l'on ne peut, que l'on ne doit pas protéger.

221. Dans le cas d'une délégation acceptée, nul doute, il y a contrat formé ; l'acquéreur devient le débiteur du délégataire.

Mais lorsque la délégation n'est pas acceptée, les choses restent entières entre le créancier et l'acquéreur ; il n'y a aucun lien ; le vendeur peut même révoquer cette indication, qui, dans ce cas, est regardée comme non avenue.

Nous dirons donc que nous rentrons dans le cas prévu par le numéro précédent ; nous ajouterons que la position de l'acquéreur est même préférable pour prescrire, puisque son vendeur lui fait défense de payer après l'en avoir chargé ; il doit penser qu'il a pris avec son créancier d'autres arrangements, ou qu'il l'a désintéressé d'une autre manière.

L'acquéreur ne voit dans l'indication qu'un mode de paiement qu'il subordonne à l'accomplissement des formalités hypothécaires ; il lui est indifférent de payer au vendeur ou à une tierce personne ; il ne s'enquiert pas du titre du créancier délégataire, s'il est hypothécaire ou s'il ne l'est pas : ce sera lorsqu'il paiera qu'il fera son examen ; s'il lui paraît qu'il le puisse valablement, il le fera ; s'il entrevoit quelque danger, il ne le fera pas. Telle est la règle générale de l'acquéreur guidé dans sa conduite par son intérêt, par sa volonté de rester en dehors de tout ce qui regarde son vendeur, et de n'accepter comme acquis que les faits dont la légalité lui sera démontrée.

222. La prescription ne court pas contre le créancier hypothécaire mineur ou interdit (art. 2252 du C. Nap.) ; mais que doit-on décider si le créancier originaire, venant à mourir, laisse deux héritiers qui succèdent à son hypothèque ou son privilége, l'un mineur, l'autre majeur ?

Pour soutenir que la prescription ne court pas contre le majeur, on peut dire que le mineur relève le majeur dans les choses indivisibles : *Majorem minor relevat in individuis*. C'est, en effet, ce qui a lieu pour les servitudes : si, parmi les copropriétaires de la servitude, il s'en trouve un contre lequel la prescription n'eût pas couru, comme un mineur, il conserve le droit des autres.

L'hypothèque n'est indivisible que sous deux rapports seulement : 1° en ce qu'elle affecte toutes les parties de l'immeuble hypothéqué ; 2° en ce qu'elle affecte tout l'immeuble au paiement de la moindre partie de la dette ; mais elle ne donne pas à la dette divisible le moindre caractère d'indivisibilité ; les créances se partagent de plein droit, après la mort du créancier, entre ses héritiers Il y a dès lors division d'intérêts entre l'un et l'autre : à la vérité, la dette de chacun est hypothéquée pour le total sur le fonds hypothéqué ; mais les titres de chacun des héritiers sont désormais distincts ; le créancier majeur est soumis à la prescription dès l'instant qu'il devient héritier, et rien n'empêche qu'on ne prescrive contre lui ; tandis que la prescription ne court pas contre son cohéritier mineur. Troplong, *des Hypothèques*, n° 884 ; Delvincourt, t. III, p. 387 ; Persil, sur l'art. 2180, n° 41 ; Dalloz, *Hyp.*, p. 425 ; arrêt de la cour de Bourges, du 3 février 1843.

223. Les explications que nous venons de fournir, sur la divisibilité de l'hypothèque, nous servent à décider qu'en ce qui regarde les priviléges, par suite l'action résolutoire, chacun des héritiers du créancier n'agit que pour ce qui le regarde, sans diminuer les droits des autres : l'un peut renoncer à son privilége, et l'autre exercer l'action résolutoire.

Le débiteur ne serait même pas admis à se plaindre de cette division, puisqu'elle lui serait plutôt avantageuse que nuisible ; car il pourrait repousser l'action résolutoire en payant une somme moindre que s'il payait le tout ; il n'est pas non plus obligé de se libérer par fraction ; il peut contraindre les héritiers à s'entendre pour recevoir la totalité de la dette. Que ne le fait-il, s'il voit un préjudice dans une libération partielle ?

Autrement, ce serait ébranler le droit hypothécaire, qui a pour avantage d'accorder au créancier un droit, pour chaque partie de sa créance, sur la totalité de l'immeuble. Ainsi, chaque part revenant à chaque héritier frappe sur la totalité de l'immeuble ; donc elle doit jouir des droits attachés à chaque partie de la créance.

224. La notification faite par le nouveau propriétaire, postérieurement à la transcription de son contrat, emporte-t-elle renonciation à la prescription ?

Les auteurs ont généralement résolu cette question dans

un sens affirmatif. *Voyez* Troplong, *Commentaire sur les hypothèques*, n° 883 *bis*. « On se demandait, dit-il, si le tiers détenteur, qui fait la notification prescrite par l'article 2183, interrompt la prescription qui courait à son profit. L'affirmative me paraît certaine. — Par cette notification, le tiers détenteur va au devant des hypothèques, *il les reconnaît comme subsistantes*, il contracte avec elles en s'obligeant à les payer ; il suit de là que la notification fait naître une nouvelle époque, elle proroge le droit des créanciers ; le tiers détenteur ne peut plus prescrire, à compter de cette notification, que par trente ans, attendu que la bonne foi cesse d'exister à son égard. — On se demande, dit plus loin le même auteur, n° 887, si le tiers détenteur renonce à la prescription de l'hypothèque, lorsqu'il fait les notifications prévues par l'art. 2183 du C. Nap. Il me paraît certain que l'accomplissement des formalités prescrites par cet article, impliquant une reconnaissance du droit des créanciers inscrits, et une provocation à surenchérir, renferme une renonciation nécessaire à leur opposer la prescription. Offrir aux créanciers le paiement de ce qui leur est dû hypothécairement, n'est-ce pas se fermer toute voie possible de prétendre ensuite que leurs droits hypothécaires sont prescrits ? Quand un tiers détenteur prend la résolution de purger, il contracte spontanément un engagement personnel contre lequel il ne serait pas recevable à proposer des exceptions ; il témoigne qu'il aime mieux faire profiter les créanciers du prix, que de leur enlever, par des moyens rigoureux, ce qui peut leur revenir. »

Persil, sur l'art. 2184, s'exprime dans le même sens : « Le tiers détenteur, dit-il, par les offres qu'il a faites de payer jusqu'à concurrence de son prix, s'est obligé personnellement ; et voilà pourquoi il ne pourra plus se libérer en délaissant l'immeuble : ce ne serait qu'autant qu'il surviendrait une surenchère, qu'il serait dégagé de son obligation ; sans cela, elle durerait trente ans. »

Enfin, voir également Grenier, t. II, n° 438 ; Duranton, t. XX, n° 821.

La jurisprudence, au contraire, s'est prononcée dans un sens négatif.

Il existe sur cette question un arrêt de la cour de cassation, chambre civile, du 6 mai 1840, rendu sur les conclusions conformes de M. Tarbé, avocat général, prononçant le rejet d'un arrêt de la cour de Dijon, du 29 novembre 1836, et un arrêt de la cour de Bourges, du 3 février 1843, confirmatif d'un jugement de première instance.

En vain, disent ces autorités, prétend-on que, par la notification de son contrat aux créanciers inscrits, avec offre de payer son prix, l'acquéreur a contracté un engagement qui le rend personnellement débiteur envers eux de ce prix, et que l'effet de cette obligation personnelle est d'étendre la prescription à trente ans ; qu'aucune disposition de la loi n'a donné à la notification, faite dans les termes de l'art. 2184 du C. Nap., l'effet d'empêcher la prescription créée en faveur du tiers détenteur, par l'art. 2180 du même Code ; que cette notification ne peut être considérée, soit comme une renonciation de la part du tiers détenteur à se prévaloir de la prescription qui avait commencé à courir à son profit, soit comme une reconnaissance de la dette hypothécaire, emportant renonciation tacite et substitution de l'action personnelle à l'action réelle ; — que la transcription et la notification n'ont, de la part du tiers détenteur, d'autre but que de parvenir à purger la propriété, par lui acquise, des hypothèques existant sur cette propriété ; qu'elles ne sont, relativement aux créanciers, qu'un avertissement que la propriété affectée à leur créance a changé de main, et qu'ils doivent prendre les précautions nécessaires pour assurer et conserver leurs droits sur l'immeuble dont la valeur demeure définitivement fixée au prix stipulé dans le contrat, à défaut de surenchère de leur part dans le délai et les formes prescrites ; qu'en faisant transcrire et notifiant son contrat, le tiers détenteur ne reconnaît ni la validité des créances, ni celle des inscriptions ; *qu'il ne contracte, à l'égard des créanciers, aucune obligation personnelle* dont ils puissent exciper pour exiger définitivement de lui le paiement de leurs créances, quels qu'en soient le montant, le mérite et la validité ; que dès lors il conserve toujours le droit de se prévaloir de tous les moyens militant en sa faveur pour repousser leurs prétentions, notamment de la prescription qui a commencé à courir du jour de la transcription.

La jurisprudence me paraît plus en rapport avec les besoins sociaux actuels que l'opinion des jurisconsultes ; l'arrêt de la cour de Dijon dit, dans ses considérants, que le but principal de l'art. 2180, relatif à la prescription de l'hypothèque, est de favoriser la propriété et de punir la négligence des créanciers ; et que ce serait éluder l'intention du législatenr, que d'admettre des interruptions ou prolongations de temps pour prescrire, que la loi n'a pas formellement indiquées.

Les auteurs, dans leurs écrits, suivent une ligne inflexible, tandis que les décisions des cours souveraines prouvent, malgré elles, le mouvement de l'opinion publique ; elles en sont même souvent le reflet, ce qui explique leurs variations.

Nous plaçant sur le terrain des faits et de la pratique, nous trouvons un acquéreur qui connaît rarement le vendeur, et n'a en vue que la valeur de l'immeuble et sa convenance personnelle ; il ne sait que rarement, à l'avance, s'il y a ou s'il n'y a pas d'inscription : c'est la transcription qui le lui révèlera. Il lui importe même peu s'il en existe ; son acquisition est à un prix tel qu'il ne craint pas la surenchère.

Les formalités hypothécaires lui révèlent l'existence d'inscriptions ; il notifie, afin que le prix soit définitivement fixé, et qu'il puisse disposer de la chose à son gré ; mais ce n'est pour lui qu'un complément de la transcription ; jamais il ne cherche même à savoir si les sommes portées dans l'état sont ou ne sont pas dues ; il ne fait que le répéter : rien de plus.

Le délai de surenchère expiré, il examine s'il attendra l'ordre, ou s'il déposera.

Il reste toujours étranger aux affaires de son vendeur, et en réalité il est ordinairement aussi peu fixé, après la notification, qu'il l'était avant la transcription ; rien n'a été changé pour lui.

Nous dirons donc que l'acquéreur est de bonne foi dans toutes les phases de ces formalités.

225. Suivant l'art. 2257, la prescription ne court pas à l'égard d'une créance qui dépend d'une condition ; elle ne commence que lorsque la condition arrive : on a demandé si ce principe est applicable au tiers détenteur, comme il est applicable au débiteur principal.

Cette question a été jugée négativement par arrêt du grand conseil, du 30 mars 1673. Il fut décidé que le tiers détenteur pouvait prescrire, *pendente conditione*, et cette opinion est celle de Loiseau et Lebrun.

Elle est adoptée, sous le Code Napoléon, par Troplong, *des Hypothèques*, n° 886, et par Persil, sur l'art. 2180, n° 36 : « Les motifs, dit M. Persil, qui existaient autrefois subsistent encore, et le tiers ne peut être assujetti, pour l'hypothèque, à des conditions qui n'existent pas pour la prescription de la propriété. Ainsi, quelque soit le caractère de la dette, conditionnelle ou à terme, la prescription commencera toujours à l'époque de la transcription, sauf la faculté, accordée au créancier, de l'interrompre par les voies légales. »

226. Le renouvellement des inscriptions n'interrompt pas le cours de la prescription établie par la loi ; l'art. 2180 en contient une disposition expresse.

Dans le cas où le vendeur débiteur principal servirait les intérêts d'un capital ou d'une rente, il y aurait de sa part, et en ce qui le concerne, interruption de la prescription ; mais, à l'égard du tiers détenteur, les choses restent entières, et le cours de la prescription n'éprouve aucune atteinte.

La position du tiers acquéreur est indépendante de celle du débiteur, et le fait de ce dernier ne peut lui nuire.

On objectera sans doute que le créancier n'aura, dans ce cas, aucun moyen d'empêcher la prescription, puisque la rente lui étant régulièrement servie, il ne lui sera pas permis de réclamer; on se trompe, le créancier pourra, dans tous les cas, interrompre la prescription et diriger contre l'acquéreur toute action en déclaration hypothécaire ou en inscription.

227. Il résulte de ce que nous venons de dire que le créancier doit suivre son gage, qu'il ne doit pas renouveler d'inscription sans être fixé sur ce point, puis faire le nécessaire afin d'interrompre la prescription, ce dont nous nous occuperons dans les nos suivants; il devra surtout se prémunir contre les ventes partielles. Les prêts se faisant ordinairement pour un délai moindre de dix années, temps nécessaire pour prescrire, il faut qu'à chaque échéance il sache des débiteurs si le gage est toujours dans le même état.

C'est surtout en ce qui regarde une rente perpétuelle, une rente viagère ou une somme pour laquelle l'usufruitier a donné une hypothèque au nu-propriétaire, qu'il est indispensable d'être fixé à chaque renouvellement.

Qu'on le sache bien, l'opinion publique se prononce contre la négligence; elle ne veut plus de cet état de quiétude dans laquelle se plaisent les personnes qui prêtent sur hypothèque; il faut qu'elles veillent sur leur gage si elles ne veulent le voir disparaître au profit d'autres personnes.

Les priviléges se prescrivent comme nous venons de le dire, et plus de privilége, plus d'action résolutoire.

Ce n'est pas seulement l'acquéreur qui peut invoquer la prescription, c'est le vendeur; ainsi qu'il a été jugé par un arrêt de la cour d'appel de Caen du 26 août 1825, ce sont les autres créanciers hypothécaires, c'est, en un mot, toute personne intéressée, car le privilége, l'hypothèque sont éteints, et le créancier est dans la même position que s'il ne lui en avait pas été accordé.

228. Afin d'interrompre la prescription, nous avons vu

employer un moyen qui nous vient de l'ancien droit : c'est l'action en interruption. Le créancier l'intente contre le possesseur de l'héritage, pour faire déclarer par jugement qu'il y est hypothéqué, ce qui interrompt la prescription (Loiseau, l. III, ch. 2, n° 11 et suiv.).

M. Troplong s'explique à ce sujet dans son *Traité des Hypothèques*, n° 780 : On ne doit pas, dit-il, douter que l'action d'interruption, en tant qu'elle a pour but d'empêcher la prescription au profit de tous détenteurs, ne soit encore conservée dans le nouveau système hypothécaire. Aujourd'hui, comme autrefois, il pourrait arriver, dans beaucoup de cas, que l'hypothèque se prescrivît durant la discussion préalable du débiteur ; la créance peut d'ailleurs être conditionnelle et inexigible ; pendant ce temps le créancier ne peut agir ni contre le débiteur par l'action personnelle, ni contre le tiers détenteur par la voie hypothécaire, et cependant le possesseur de bonne foi prescrit, sous la sauvegarde de son titre, par le laps de dix et vingt ans ; pendant que le créancier est ainsi enchaîné, l'action en interruption ou en déclaration est donc le seul remède qui reste à ce créancier pour sauver ses droits et empêcher la prescription de faire des progrès ; c'est ce qu'ont jugé la Cour de Colmar, par arrêt du 1er décembre 1810 ; la Cour de cassation, par arrêt du 27 avril 1812, et la Cour de Grenoble, par arrêt du 1er juin 1824.

Ces actes interruptifs sont faits devant notaire ; les rédacteurs de l'acte doivent avoir soin de conserver à l'acquéreur sa position de tiers détenteur, surtout ne pas lui faire contracter d'engagement personnel vis-à-vis des créanciers, et, afin d'éviter tout doute sur ce point, il est prudent d'en faire mention ; on ne doit avoir qu'un seul but, déclarer que l'acquéreur se tient l'inscription pour connue, et renonce à invoquer la prescription de dix et de vingt ans.

Les acquéreurs ne doivent signer ces actes que dans des cas tout à fait exceptionnels ; il est de beaucoup préférable pour eux de notifier leur contrat aux créanciers inscrits ; cette formalité remplie, ils n'ont plus d'autre engagement que de se libérer de leur prix ; les créanciers ne peuvent plus leur demander d'acte interruptif, il doivent suivre l'ordre.

229. La validité d'un tel acte fait sous signature privée paraît très douteuse ; car tous les actes qui constituent le régime hypothécaire doivent être faits par des notaires ou par des officiers ministériels ; aucuns ne sont sous seing privé, celui-ci ferait exception.

Cet acte, comme tous les autres actes du régime hypothécaire, est opposable aux tiers, et le tiers intéressé peut se contenter de dire qu'il ne connaît pas la signature ; il faudrait alors recourir à la procédure longue et difficile d'une reconnaissance d'écriture. C'est un inconvénient qui arrêterait la marche dans les procédures sur les hypothèques, qui doit être, au contraire, plus rapide que tout autre pour établir le crédit foncier.

230. La sommation faite au tiers détenteur de payer la dette exigible ou de délaisser est interruptive de la prescription ; ce n'est, il est vrai, ni une citation en justice, ni un commandement, ni une saisie, actes exigés par l'art. 2244 ; mais elle se lie avec le commandement fait au débiteur principal ; elle est le prélude de l'expropriation qui aura lieu si le tiers ne prend le parti de délaisser ou de purger. Elle a tout le caractère d'un acte coercitif ; il suffit d'ailleurs de lire l'art. 2183 pour se convaincre que, dans la pensée du législateur, la sommation de délaisser est le fondement de la poursuite hypothécaire, et que c'est elle qui fait courir les délais et sert de point de départ aux échéances.

Cette sommation de délaisser, envisagée comme moyen d'interruption, expire par le délai de trois années, aux termes de l'art. 2176 du C. Nap., ce qui a été décidé par un arrêt de la Cour de Toulouse, du 22 mars 1821. — *V.* Troplong, *de la Prescription*, n°s 579 et 580, et *des Hypothèques*, n° 883 *bis*.

231. Les interruptions de prescription occasionnées par une sommation de délaisser ou une déclaration d'hypothèque, sont des faits isolés entre les parties qui ont agi ; elles ne profitent donc qu'aux créanciers qui ont fait les diligences.

L'interruption qui profite à tous les créanciers est le résultat de l'ordre du prix de la vente; elle commence du jour où le poursuivant a sommé les créanciers et l'acquéreur de produire à l'ordre conformément aux dispositions des art. 753 et 777 du C. de proc.

De ce jour l'inscription des créanciers hypothécaires a produit son effet et n'a plus besoin d'être renouvelée, ainsi que l'a décidé un arrêt de la Cour de cassation du 30 novembre 1829, et tel est aussi l'avis de Bioche, n° 175.

Lorsque l'acquéreur a notifié son contrat, il a pris l'engagement de payer son prix aux créanciers inscrits conformément à l'ordre qui en aurait lieu : cette notification a été, de sa part, une mise en demeure à laquelle les créanciers répondent en remplissant les formalités prescrites par les lois pour arriver à l'ordre.

En qualité de créancier par préférence pour le coût de l'extrait des inscriptions et dénonciation aux créanciers inscrits, l'acquéreur a été sommé de produire à l'ordre comme les autres créanciers ; il est donc devenu partie dans la procédure ; il a été mis en demeure de connaître les véritables créanciers, de suivre la distribution du prix, et de faire valoir tous les moyens qui lui compéteraient pour sa décharge; il sait que c'est en conformité de cette procédure qu'il devra se libérer ; il ne peut plus, de ce jour, prétendre continuer de prescrire.

La sommation de produire est un des actes principaux du droit de suite, il est commun avec l'acquéreur ; ce dernier ne peut donc prétexter cause d'ignorance, et, de la part des créanciers, c'est satisfaire aux prescriptions de la loi, c'est faire connaître leur intention formelle de recevoir le prix par préférence à tous autres, ainsi que le juge l'ordonnera ; la prescription ne peut plus dès lors avoir cours contre eux.

233. Les dispositions de notre article ne s'appliquent qu'à l'action résolutoire au profit du vendeur, fondée sur l'art. 1654 du C. Nap. Cependant il existe d'autres droits qui emportent la résolution des contrats ; ces droits restent entiers et tels que les lois précédentes les régissent ; nous croyons utile d'en parler dans les nos suivants.

234. *Folle enchère.* — Faute par l'adjudicataire d'exécuter les clauses d'adjudication, le bien sera vendu à la folle enchère, porte l'art. 737 du C. de proc. civ.

L'effet de cette revente résout et anéantit le droit que le fol enchérisseur avait acquis sur l'immeuble qui lui avait été adjugé, à ce point qu'il n'est pas regardé comme ayant été propriétaire, et la transmission a lieu du vendeur au deuxième adjudicataire ; le fol enchérisseur est censé n'avoir jamais possédé, il n'est pas même dû de droit de mutation sur la deuxième vente, le droit perçu sur la première en tient lieu, d'où il suit que les droits réels et perpétuels qu'il avait pu conférer à un tiers sont frappés de la même résolution, d'après la règle *soluto jure dantis, solutum jus accipientis*.

Ce droit n'a pas besoin d'être inscrit, il suit l'immeuble dans quelque main qu'il passe, il est indépendant de tout privilége, de toute inscription.

235. La raison et le caractène de ce droit viennent de la vente à laquelle la justice a concouru ; que l'adjudication se fasse aux criées du tribunal civil ou qu'un notaire ait été délégué par justice pour recevoir les enchères, qu'il s'agisse d'une vente sur licitation, d'une vente de biens appartenant à des mineurs ou à une succession bénéficiaire, ou que l'adjudication intervienne à la suite d'une procédure d'expropriation, dans tous ces cas, l'acquéreur mis judiciairement en possession de l'immeuble, qui ne satisfait pas aux obligations qu'il a contractées en présence de la justice, est soumis à la poursuite de vente sur folle enchère et aux peines prononcées contre le fol enchérisseur.

Voici un exemple à notre connaissance, qui peut encore recevoir son application sous la loi nouvelle.

Vente d'immeubles sur licitation judiciaire : l'un des héritiers en acquiert la presque totalité, aucune inscription de privilége n'est requise contre lui ; sur la revente de ces immeubles, un ordre est ouvert; le cohéritier, créancier d'une partie du prix, produit, et sa production est admise par jugement du tribunal civil de Versailles en date du 10 mars 1854, ainsi conçu :

« Attendu que le jugement d'adjudication du 9 mars 1845, rendu à l'audience des criées du tribunal de première instance de Versailles, réserve au profit des cohéritiers le droit de folle enchère, en cas de non paiement du prix de l'adjudication;

« Que le droit de folle enchère du cohéritier contre son cohéritier ne peut plus être contesté en présence de la jurisprudence certaine qui le consacre;

« Que le sieur E... fils ne peut se soustraire *non plus que ses adjudicataires* à cette clause de son adjudication ;

« Que ce droit de folle enchère est indépendant de celui qu'a le colicitant de prendre inscription dans les soixante jours de la licitation pour assurer la conservation de son privilége;

« Qu'à la vérité, la dame P... ayant négligé de prendre cette inscription, n'a aucun privilége à exercer contre les créanciers hypothécaires de E... fils, mais il n'en résulte pas qu'elle soit déchue de son droit de folle enchère ;

« Qu'en effet, c'est à tort que l'on prétend que le prix de la folle enchère ne pourrait lui revenir au préjudice des créanciers du sieur E.. fils, puisque la vente sur folle enchère pourrait avoir pour résultat une augmentation de prix, de nature à désintéresser tout à la fois les créanciers du sieur E... fils et la dame P... elle-même;

« Attendu d'ailleurs que la folle enchère aurait pour effet

de déposséder E... fils, de remettre les choses dans leur premier état, et par conséquent de faire évanouir les hypothèques par lui consenties sur un immeuble dont il serait censé n'avoir jamais eu la propriété;

« Que, dans ces circonstances, il est de l'intérêt bien entendu des créanciers de désintéresser la dame P... et de consentir à ce qu'elle soit colloquée par privilége, pour le montant de ce qui lui reste dû sur les abandonnements qui lui ont été faits par l'acte de liquidation. »

Arrêt de la cour d'appel de Paris du 6 décembre 1854, qui rejette le pourvoi, et adopte les motifs des premiers juges.

Nous approuvons les raisons déduites dans le jugement du tribunal civil de Versailles et adoptées par l'arrêt de la cour d'appel.

Chaque fois qu'une transmission résultera d'une vente judiciaire, même sur licitation, on ne devra pas avoir égard au défaut d'inscription du privilége, pour en tirer la déduction qu'il n'y a plus de recours à craindre à défaut de paiement du prix; il sera nécessaire d'avoir la preuve qu'il a été payé intégralement; on serait sans cela exposé à la folle enchère. Dans l'exemple que nous venons citer, la vente des biens de E... fils avait eu lieu par expropriation forcée et cette circonstance n'a été d'aucune influence dans la cause.

Sous ce rapport la question devrait encore être jugée de même maintenant.

Peu importe que l'adjudicataire soit un des colicitants, il suffit qu'une vente soit ordonnée par justice, pour qu'elle ait le caractère de vente judiciaire, et que les art. 715 et 737 du Code de procédure soient applicables, lorsque surtout l'adjudicataire est soumis à la folle enchère par les clauses même de la vente.

La revente sur folle enchère ne s'applique qu'aux ventes qui sont faites aux enchères publiques et avec l'intervention de la justice, et non à celles convenues de gré à gré entre les parties, encore bien que les vendeurs nient appelé les acquéreurs à concourir entre eux par la voie des enchères. Ainsi, une vente faite à la chambre des notaires de Paris, en allumant des feux, et en dressant procès-verbal des enchères, ne serait toujours qu'une vente amiable, consentie par les vendeurs au plus offrant et dernier enchérisseur; et dans le cas où l'acquéreur ne satisferait pas aux conditions de la vente, ce ne serait que par voie d'exécution, ou par l'action résolutoire, qu'il pourrait y être contraint.

La convention introduite par les parties dans une pareille vente, pour assujettir l'acquéreur, en cas d'inexécution, aux frais de dépossession et aux peines de la folle-enchère, devrait encore être considérée comme non écrite; car elle entraînerait, de la part de l'acquéreur, une soumission à la contrainte par corps, hors des cas prévus par la loi (2063 C. Nap.), et un mode d'expropriation faussement appliqué à un cas auquel il n'appartient pas; elle constituerait une convention de la nature de celles que la loi du 2 juin 1841 (*le Code de procédure*) a proscrites dans son art. 742.

237. Dans le cas d'échange, le copermutant, qui est évincé de la chose qu'il a reçue en échange, a le choix de conclure à des dommages-intérêts ou de répéter sa chose, art. 1705 C. Nap.

Mais le copermutant qui opte pour la répétition de sa chose a-t-il une action contre les tiers à qui elle a été transmise par l'autre échangiste, avant la demande en résolution?

Une jurisprudence constante s'est prononcée pour l'affirmative; on peut citer un arrêt de la cour d'Aix, du 25 mai 1815; un arrêt de la cour de Rouen, du 18 juillet 1827, un arrêt de la cour de Grenoble, du 18 juillet 1834; de Lyon, 12 janvier 1839, confirmé par arrêt de la cour de cassation, du 18 nov. 1828 et un arrêt de la cour d'appel de Poitiers, du 30 juin 1847.

« Attendu, dit le jugement confirmé par cet arrêt, qu'aux termes de l'art. 1705 du C. civ., le copermutant évincé de la chose qu'il a reçue en échange, a le droit de répéter celle qu'il a donnée en contre-échange;

« Attendu que ce droit est absolu et s'applique aussi bien au cas où la chose échangée est encore en la possession de l'échangiste, qu'à celui où la chose est passée entre les mains d'un tiers;—qu'ainsi, aux termes de l'art. 1651, l'échangiste, comme le vendeur, a le droit de revendiquer son immeuble, en quelques mains qu'il se trouve, lorsqu'il n'est point payé de son prix, puisque, par l'éviction de la chose qu'il a reçue en échange, et qui forme le prix ou la compensation de celle qu'il a donnée en contre échange, le copermutant se trouve évidemment dans la même position que le vendeur qui n'a pas été payé de son prix. »

En droit romain, la propriété avait été transférée, à l'égard des tiers, d'une manière irrévocable, de sorte qu'ils étaient à l'abri de tout recours dans le cas qui nous occupe; il en était de même dans plusieurs des provinces françaises soumises au droit écrit.

En pays de droit coutumier, la condition résolutoire était sous-entendue dans les contrats synallagmatiques, pour le cas d'inexécution de quelques-uns des engagements de l'autre.

La résolution avait donc lieu dans les actes d'échange, si l'un des copermutants manquait à l'engagement principal, qu'il prenait, de faire avoir la chose cédée à l'autre échangiste.

Sous le Code Napoléon, Favard et Delvincourt pensent que, dans le silence de l'art. 1705, il faut se prononcer pour l'application de la loi 4 au C., *De rerum permutatione*, et ne pas étendre l'effet de la résolution au tiers.

Mais à cette opinion on peut opposer celle de Merlin, de M. Duranton, de M. Troplong et de M. Rolland de Villargues.

« Je ne conçois pas, je l'avoue, dit M. Troplong (*de l'Echange*, n° 25), qu'on hésite un instant à se ranger à ce parti; l'art. 1184 est là pour fermer la bouche à toutes les objections; dans tous les contrats synallagmatiques, la clause résolutoire est sous entendue ; la loi feint que les parties l'ont stipulée, et elle lui donne la même énergie que si le contrat était armé d'un pacte commissoire exprès. Comment donc peut-on être assez oublieux des vrais principes du droit français, pour aller chercher un argument dans la loi 4 au C., *De rerum permutatione?* Ne faut-il pas fermer les yeux aux différences profondes qui séparent la théorie française et la théorie romaine? D'ailleurs, l'art. 1707 compare l'échange à la vente ; or, l'art. 1654 autorise l'acheteur, à qui le prix n'est pas payé, à poursuivre la résolution de la vente, et l'on sait que cette action résolutoire milite contre les tiers. »

M. l'avocat général à la cour de Poitiers disait, dans les débats qui ont précédé l'arrêt de 1847 que nous avons cité plus haut :

« On a parlé d'une question controversée d'éviction en matière d'échange. Ce n'est pas sérieusement qu'on peut venir dire que cette question d'éviction est controversée, car toutes les citations d'auteurs en faveur de cette opinion se bornent à deux opinions isolées fort peu importantes, celles de MM. Delvincourt et Favard de Langlade. Ce qui prouve que c'était une mauvaise doctrine, c'est que M. Rolland de Villargues, dont le nom seul fait autorité, avait d'abord adopté l'opinion suivie par ces auteurs, mais il s'est empressé de l'abandonner dans la seconde édition de son ouvrage, pour revenir à l'opinion contraire, qui est la meilleure, la seule vraie, conforme aux principes que doit suivre tout esprit éclairé. A une époque éloignée, elle a bien pu faire controverse, mais ne doit plus en faire aujourd'hui. »

238. Non seulement le copermutant évincé a le droit de reprendre sa chose, mais il faut qu'il la ressaisisse franche et libre de toutes les hypothèques et de toutes les charges que l'autre copermutant avait imprimées sur elle, pendant la détention. Troplong, *de l'Echange*, n° 170.

239. Le tiers détenteur contre lequel on exerce l'action en répétition peut invoquer la prescription de dix et de vingt ans, autorisée par l'art. 2265, puisqu'il possède avec titre et bonne foi, et cet article ne contient aucune exception : néanmoins cette prescription ne court point jusqu'à ce que l'éviction ait lieu, attendu qu'il s'agit d'une éviction en garantie (art. 2257).

240. La donation entre vifs peut être révoquée pour cause d'inexécution des conditions, par exemple de servir une rente viagère, ou de payer une somme à un tiers.

Dans ce cas, les biens rentrent dans les mains du donateur, libres de toutes charges et hypothèques du chef du donataire (même celles qu'il aurait créées en faveur de son épouse) ; et le donateur a, contre les tiers détenteurs des immeubles donnés, tous les droits qu'il aurait contre le donataire lui-même (954). La prescription ne peut courir en leur faveur que du jour où l'action révocatoire est ouverte.

Ainsi, les choses sont rendues au même état que si la donation n'avait pas existé (1183).

ART. 8.

Si la veuve, le mineur devenu majeur, l'interdit relevé de l'interdiction, leurs héritiers ou ayants-cause, n'ont pas pris inscription dans l'année qui suit la dissolution du mariage ou la cessation de la tutelle, leur hypothèque ne date, à l'égard des tiers, que du jour des inscriptions prises ultérieurement.

SOMMAIRE.

---

242. L'hypothèque existe :

1° AU PROFIT DES MINEURS ET INTERDITS, *du jour de l'acceptation de la tutelle* pour raison de tout ce qui concerne la gestion, quelle que soit l'époque à laquelle les faits qui s'y rattachent ont eu lieu;

2° AU PROFIT DES FEMMES *du jour du contrat de mariage* pour les dots, ce qui comprend toutes les sommes appartenant à l'épouse au moment du contrat, quelle qu'en soit l'origine; qu'elles soient encaissées ou à encaisser, serait-ce même une rente perpétuelle, la condition usitée que le futur époux en sera chargé au fur et à mesure des recouvrements ne concerne que le compte de communauté, sans influence sur l'hypothèque.

Et pour les conventions matrimoniales.

C'est-à-dire toutes les stipulations qui sont faites à titre de convention de mariage, le préciput, l'augment, la stipulation d'une rente viagère garantie par le futur à la future, pour remplacer à l'égard de cette dernière l'ancien douaire.

Du jour de l'ouverture des successions, pour toutes les sommes mobilières qui sont échues à la future, quoiqu'elles n'aient été encaissées que plus tard.

A l'égard des immeubles, ils entrent dans la catégorie dont nous parlerons ci-après.

Du jour que les donations ont eu leur effet.

A savoir du jour de l'acceptation si la donation est pure et simple, et du jour de l'avènement, si elle avait été faite sous une condition suspensive.

Pour toutes les sommes mobilières qui en font l'objet, quoiqu'elles ne soient encaissées que postérieurement.

Du jour de la vente, quoique les prix ne soient touchés que postérieurement.

Pour le remploi de ses immeubles, n'importe quelle qu'en soit l'origine, qu'ils viennent de l'apport en mariage, de succession ou de donation.

Enfin du jour de l'obligation pour l'indemnité des dettes qu'elle a contractées avec son mari.

243. Sous le Code Napoléon, l'hypothèque légale des mineurs, interdits et femmes mariées, existe à l'égard des tiers indépendamment de toute inscription; cette faveur se continue tant que les créances subsistent, même après la dissolution du mariage et la cessation de la tutelle.

Il suit de là que le changement d'état de la femme ou du mineur n'apporte aucun changement aux prérogatives attachées à ses droits, et que ses héritiers peuvent exercer les actions résultant de son hypothèque légale, tels qu'ils les trouvent, c'est à-dire sans inscription; on a pensé qu'il eut été injuste que l'effet de l'hypothèque légale se fût évanoui à la dissolution du mariage ou à la cessation de la tutelle, c'est-à-dire à l'époque où le moment est venu d'en retirer les avantages.

244. C'est dans ces termes que les membres du conseil d'Etat s'expriment sur notre article en présentant le projet de loi, «l'existence de l'hypothèque légale a soulevé d'interminables débats, *nous ne voulons pas même donner les plus légers prétextes de les renouveler.*» Cette grande faveur sera maintenue tant que sera maintenue sa raison d'être; tant que la femme est dans la dépendance du mari, dont l'intérêt est contraire au sien ; tant que le mineur est sous l'autorité du tuteur disposé à le défendre contre toute inscription, si elle était nécessaire ; la loi supplée par une protection peut-être exhorbitante à la résistance du mari ou du tuteur. Mais quand la capacité d'action sera venue à l'un et à l'autre, le besoin de la publicité reprendra tous ses droits, et il ne peut plus être question que d'accorder un délai pour remplir la formalité prescrite par la loi commune.

245. La dispense de l'inscription existe pendant toute la durée du mariage, au profit de la femme, lors même qu'elle aurait obtenu la séparation de biens.

Cette faveur a été accordée à la femme à cause de son état de dépendance vis-à-vis de son mari.

Lorsque la communauté est dissoute par la séparation de biens, la femme peut administrer ses biens, même aliéner ses valeurs mobilières sans le concours de son mari, mais ce dernier conserve toute la puissance maritale à laquelle la séparation de biens n'apporte aucune atteinte.

La séparation de corps emporte séparation de biens, elle relâche les liens de mariage, mais ils subsistent toujours.

Soit sous le régime de la séparation de biens, soit sous le régime de la séparation de corps, la femme ne peut aliéner ses immeubles sans le consentement de son mari, ou sans être autorisée de justice à son refus.

Il est garant du défaut d'emploi ou de remploi; si la vente a été faite en sa présence et de son consentement, pour raison de cette garantie, ses biens sont soumis à l'hypothèque légale.

Le droit d'hypothèque au profit de la femme ne dérive pas de ses reprises et de ses créances; il est attaché au mariage, il a été créé pour conserver les biens des familles. Ainsi, tant que le mariage existe, l'hypothèque doit exister.

246. Le mineur devenu majeur doit requérir inscription dans l'année qui suit la cessation de la tutelle. — Cette disposition est simple, lorsque c'est par la majorité que la tutelle cesse ; mais lorsque la tutelle cesse par l'émancipation, de quelle époque doit dater l'année de grâce pour requérir l'inscription ; sera-ce du jour de la cessation de la tutelle, c'est-à-dire du jour où le mineur aura atteint sa vingt-et-unième année?

Nous pensons trouver un précédent pour décider cette question dans l'art. 465 du Code Napoléon; aux termes de cet article, toute action relative aux faits de tutelle se prescrit par dix ans à compter, non du jour de la cessation de la tutelle, mais du jour de la majorité.

Le Code a voulu ne pas prolonger la responsabilité du tuteur pendant le temps nécessaire pour prescrire, il prescrit la recherche tardive du majeur. Toullier, 22, n° 1275.

C'est que le mineur émancipé n'est pas dans la plénitude de ses droits, qu'il peut seulement faire des actes d'administration ; il ne serait donc pas rationnel de faire courir contre lui une prescription (1).

Les fonctions de curateur sont toutes d'assistance et de conseil; elles ne sont actives que dans le cas du remboursement d'un capital dont le curateur doit surveiller l'emploi; on ne peut en tirer aucune induction pour penser que le mineur était suffisamment représenté pour pouvoir lui opposer le défaut d'inscription.

(1) La prescription ne court pas contre le mineur (2252 C. Nap.).

Aussi l'art. 8 ne parle-t-il que du mineur devenu majeur, et l'on doit décider que l'année dans laquelle l'inscription doit être prise ne court que de la majorité.

247. Vis-à-vis de l'interdit relevé de l'interdiction, il n'existe aucune des causes qui militent en faveur du mineur émancipé ; le conseil de famille et le tribunal l'ont jugé capable de reprendre la direction de ses affaires ; il doit veiller lui-même à la conservation de ses intérêts, la protection de la loi ne le couvre plus.

248. La loi dit : la veuve, le mineur, l'interdit, leurs héritiers ou ayants cause ; d'où l'on pourrait encore se demander qu'elle est la position des héritiers et ayants cause de la femme.

Dans tout le cours de la discussion, on a fait ressortir l'intention de respecter le Code Napoléon ; en sorte que l'on soutiendrait, comme on l'a déjà fait, que les modifications apportées dans un cas ne peuvent l'être dans l'autre ; le Code Napoléon est le principe général, la loi hypothécaire n'est que modificative.

Nous reconnaissons que la loi n'est que modificative ; mais elle ôte la protection à ceux qui n'en ont plus besoin ; elle les charge de veiller à la conservation de leurs droits : si l'on admettait ce raisonnement, il faudrait en dire autant des héritiers du mineur décédé en état de minorité, puisque la loi ne parle que du mineur devenu majeur ; de l'interdit décédé en état d'interdiction, puisqu'elle ne s'occupe que de l'interdit relevé de l'interdiction. De là cette conséquence que le but de la loi serait manqué dans nombre de cas, et que les héritiers de la femme seraient protégés, tandis que ceux de la veuve ne le seraient pas, ce qui constituerait un contre-sens.

Il est plus sage de se pénétrer de l'esprit de la loi, de reconnaître qu'il n'existe pas plus de raison en faveur des uns que des autres, et de les obliger tous à l'inscription.

249. Lorsque les héritiers ou ayants cause de la personne décédée sont capables, c'est-à-dire majeurs et maîtres de leurs droits, ils doivent requérir inscription dans l'année ; nul doute sur ce point.

S'ils sont incapables, nous établissons une distinction; ils sont sous la puissance de celui qui est soumis à l'hypothèque, ou hors cette puissance ; la loi, il est vrai, n'en établit aucune ; mais il est certain que leur position n'est pas la même.

250. Dans le cas où l'héritier n'est pas sous la puissance de la personne soumise au droit d'hypothèque, ses intérêts sont défendus par une autre personne ; il y a vis-à-vis du débiteur *un capable*.

Il s'agit de faire prendre rang à un droit d'hypothèque, de le rendre public : sur ce point le Code Napoléon ne met aucune différence entre le mineur et le majeur.

Une inscription existant au profit d'un mineur n'est pas renouvelée dans les dix ans, son effet cesse ; il n'y a pas même d'exception pour l'hypothèque légale du mineur contre son tuteur, de la femme contre le mari.

Un droit d'hypothèque existe au profit du mineur ; il n'est pas requis inscription avec assez de vigilance ; l'inscription est primée par un autre créancier plus actif.

Ce sont des faits d'administration qui tombent sous la responsabilité du tuteur

En effet, le tuteur a capacité pour faire, dans l'intérêt et au nom du mineur, tous les actes conservatoires, tous les actes d'administration ; il est le représentant du mineur ; il y a donc parité avec un majeur.

D'où nous concluons que si parmi les héritiers il y a un incapable qui ne soit pas sous la puissance du débiteur, son tuteur est assujetti à l'obligation de requérir inscription dans l'année, comme l'est le majeur.

251. Il arrive souvent que parmi les héritiers il y a des incapables qui sont sous la puissance du débiteur ; dans ce cas l'obligation d'inscrire n'existe pas ; ne serait-ce pas un non sens que de charger le débiteur de veiller à la conservation de sa dette; c'est cependant ce qui aurait lieu, car si l'inscription est obligatoire, il a intérêt d'en dégrever ses immeubles et s'efforcera de rendre sa dette le moins onéreuse possible; à cet effet il ne requerra pas d'inscription afin d'avoir la libre disposition de ses biens et pouvoir contracter des emprunts.

Nous parcourerons quelques exemples qui seront une justification complète de ce que nous venons de dire.

La mère décède laissant des enfants mineurs dont le père est le tuteur légal, les enfants auront une hypothèque légale pour les faits de tutelle; mais elle ne datera que du décès de la mère, tandis qu'ils ont intérêt de conserver l'hypothèque légale de leur mère, qui remonte souvent au jour du contrat de mariage; c'est elle qui conserve l'avoir des enfants, qui ne consiste que dans les reprises de leur mère : si cette hypothèque n'existait pas, les inscriptions prises contre le père pendant le cours du mariage primeraient l'hypothèque légale, pour raison de la tutelle, et absorberaient trop souvent l'actif.

La mère de famille décède laissant un enfant; — deuxième mariage du mari, duquel il est issu des enfants; — décès de l'enfant du premier lit; ses héritiers sont : son père et ses frères consanguins, les enfants du deuxième lit. C'est une situation très commune; l'hypothèque légale qui existait au profit de l'enfant du premier lit sera-t-elle éteinte?

Lorsque cette question se présentait sous le Code Napoléon, la pratique répondait négativement; le père comme administrateur, n'est pas soumis à l'hypothèque légale; mais on applique cette règle aux actes d'administration qui se passent pendant le mariage, aux recettes qui sont faites pendant le même temps; on excepte tout ce qui se rattache aux créances non liquidées que l'enfant du premier lit avait à exercer contre son père; par exemple, les reprises de sa mère et tout ce qui a rapport à sa tutelle : à leur égard les choses sont entières; il ne s'est opéré aucune novation, aucune confusion; elles n'ont pas changé, elles restent avec leur droit d'hypothèque légale.

Notre loi n'apporte aucune modification quant à l'hypothèque; mais rend-elle l'inscription obligatoire? Nous ne pouvons l'admettre, parce que le père seul aurait à la requérir, et devrait la requérir contre lui-même, ce qui est un contre-sens et en opposition avec les motifs qui ont été développés par le conseil d'Etat en présentant le projet de loi. « *La grande force du Code Napoléon sera maintenue tant que le mineur est sous l'autorité d'un tuteur disposé à se défendre contre toute inscription.* »

252. Dans le cas de décès du tuteur, la tutelle cesse; il y a application de l'art. 8, car l'on a en vue, dans cet article, le temps où le mineur n'est plus sous l'autorité de son tuteur; ce qui a lieu aussi bien par la majorité du mineur que par le décès du tuteur.

Le mineur se trouve sans tuteur; mais il reste une année pour l'en pourvoir. Il y a un subrogé-tuteur auquel la loi a fait un devoir de requérir inscription durant la tutelle, pour lequel la nouvelle loi sera un avertissement itératif. Il n'y a même plus alors la crainte révérentielle qui existe du vivant du tuteur; on se trouve vis-à-vis d'une succession qui, si elle est bonne, sera d'une liquidation prompte et facile; l'inscription ne sera qu'une précaution d'une très courte durée et sans importance: si, au contraire, elle est mauvaise ou embarrassée, l'inscription est nécessaire, et ce serait une faute lourde que de ne pas la requérir.

253. La pratique se plaignait de l'extension presque illimitée donnée à l'hypothèque légale; elle demandait qu'il y fût mis un frein: c'est ce que fait la loi nouvelle. Cependant nous déclarons qu'il surgira de cette disposition des inconvénients moraux, qui auront souvent les plus tristes conséquences.

Au décès de la mère de famille, les enfants majeurs doivent requérir inscription dans l'année. Il arrive souvent que le règlement de succession n'est pas fait dans ce délai;

lorsqu'il y aura des mineurs dont la majorité sera prochaine, on attendra; les majeurs perdront leurs droits, puisque les mineurs ne conservent pas les droits des majeurs : nous l'avons démontré n° 222. S'ils tiennent à les conserver, ils requerront une inscription, qui sera d'autant plus mal envisagée par le père, qu'il sera plus intéressé à ce qu'elle ne soit pas prise, à cause de l'état embarrassé de ses affaires : de là, mésintelligence entre le père de famille et ses enfants.

Un mineur devenu majeur ne doit pas, les convenances le repousseraient, se présenter immédiatement chez son tuteur, pour lui demander son compte; il faut qu'il lui laisse le temps moral pour l'établir, et le temps fuit; le changement d'état est souvent si insensible, que ni le tuteur ni le mineur n'y attachent une grande importance : l'ancien mineur sera exposé à perdre son rang, à défaut d'inscription.

Quelquefois le mineur a besoin de protection et de direction pour ses affaires, au-delà de l'âge de majorité; les bons tuteurs le sentent, et ne se hâtent pas de faire cesser l'état de tutelle; ils la continuent de fait au-delà de la majorité : cette temporisation salutaire devra cesser.

La pratique pourra-t-elle être assez vigilante et assez soigneuse pour éviter les écueils que nous venons de signaler? Voici ce que nous livrons aux méditations des praticiens.

1° A la suite de la clause de renonciation, on pourrait dire : Le notaire a rappelé aux parties l'obligation d'inscrire l'hypothèque légale de la femme, au plus tard dans l'année de la dissolution du mariage;

Puis dans une clause générale : « Le bénéfice des stipulations contenues au présent est subordonné, vis-à-vis du futur époux, à la complète exécution de l'obligation que la loi lui impose, de requérir ou faire requérir, dans le délai d'une année fixé par la loi, l'inscription de l'hypothèque légale de sa femme. »

Cette inscription sera prise seulement au fur et à mesûre des majorités, si la future épouse ne laisse que des enfants mineurs.

Faute d'exécution de cette condition, le futur ne pourra réclamer aucun desdits avantages.

2° En ce qui concerne les mineurs, les conseils de famille devront rappeler au subrogé-tuteur les obligations que la loi lui impose, de rendre l'hypothèque publique.

Les héritiers sont généralement suffisamment représentés; s'il est fait un inventaire, il sera prudent de s'entendre sur ce point. — L'administrateur encourra une grande responsabilité, s'il ne requiert pas l'inscription; — les avoués devront s'en occuper aussitôt la demande en licitation formée.

254. Même après le délai fixé, l'hypothèque ne changera pas de nature vis-à-vis du débiteur; elle continuera de grever tous les biens présents et à venir, tous les biens que le tuteur ou le mari a possédés ou possédera, jusqu'à l'extinction de la dette.

Vis-à-vis des tiers, elle est soumise à la formalité de l'inscription. Les inscriptions antérieures en date la priment; s'il avait été vendu des immeubles par des contrats transcrits, même pendant la tutelle, ils en seraient affranchis : « Car, dit l'art. 8, si l'inscription n'est pas prise dans l'année, leur hypothèque ne date, à l'égard des tiers, que du jour des inscriptions prises ultérieurement. »

255. L'hypothèque légale étant encore dispensée de la formalité de l'inscription, tant que l'année n'est pas expirée depuis la dissolution du mariage ou la cessation de la tutelle, il est nécessaire de remplir les formalités prescrites par l'art. 2194 du C. Nap., pour la purge des hypothèques légales : cette année expirée, si les ayants droit à l'hypothèque légale ne sont pas des incapables restés sous la puissance du mari ou tuteur, il n'y a plus lieu de remplir les formalités, parce que le droit d'hypothèque doit être rendu public pour être opposé aux tiers, et les formalités prescrites parla loi sont, pour les hypothèques légales, dispensées de l'inscription, non pour celles qui doivent être inscrites.

Dans le cas où les ayants droit à l'hypothèque légale seraient incapables et sous la puissance du mari, comme ils ne seraient pas assujettis à l'inscription (V. n° 251), il y aurait encore nécessité de remplir les formalités de purge légale.

256. Convient-il d'établir une différence entre les biens acquis pendant l'existence du mariage ou de la tutelle, et ceux acquis depuis, lorsque l'inscription a été prise dans l'année?

Par exemple : 10 juin, cessation de la tutelle ; 15 août, acquisition d'une maison à Versailles ; 20 septembre, il est requis une inscription ayant pour cause un prêt ; le 1er octobre, l'ancien mineur requiert l'inscription de son hypothèque légale.

Dans leur traité de la nouvelle loi hypothécaire, MM. Rivière et François disent : « Nous ne pensons pas que l'hypothèque existe indépendamment de toute inscription ; car il n'y a plus, en ce moment, d'incapable à protéger. »

Nous dirons, au contraire, que l'hypothèque existe indépendamment de toute inscription, et que l'inscription de l'ancien mineur, ayant été requise dans le temps voulu, primera l'inscription conventionnelle et remontera au jour de l'ouverture de la tutelle. En effet, l'hypothèque légale existe en principe, telle qu'elle est formulée par le Code Napoléon ; il n'a été question, dans la loi nouvelle, que d'accorder un délai pour remplir les formalités prescrites par la loi commune.

Si donc nous étions sous l'empire du Code Napoléon, la question ne serait même pas soulevée ; l'inscription remonterait au jour de l'ouverture de la tutelle.

Il faut, comme conséquence, qu'il existe une disposition modificative pour qu'il en soit autrement : or, la loi n'a fait qu'une chose, elle a fixé une limite à l'hypothèque occulte, un délai à partir duquel elle doit paraître au grand jour : rien de plus. L'inscriptian a été requise dans le délai fixé, l'ancien mineur doit donc être dans la position qu'il aurait eue, si la loi n'avait pas été promulguée. C'est, au surplus, ce qui paraît résulter de la rédaction de l'art. 8, qui dit que les inscriptions ne datent que du jour où elles ont été prises, si elles ne sont pas prises dans l'année : donc, si elles sont prises dans l'année, elles datent du jour fixé par le Code Napoléon.

257. Sera-t-il nécessaire de remplir les formalités de purge légale aussi souvent que sous l'empire du Code Napoléon?

Il est certain que l'obligation d'inscrire l'hypothèque, dans les cas que nous avons indiqués, mettra en partie à l'abri de ces hypothèques contre lesquelles on ne savait comment se prémunir; mais cette obligation ne fera pas disparaître tout danger. D'abord, les déclarations sont-elles exactes? Nous l'admettons; mais les formalités de purge des hypothèques légales dûment déclarées ont-elles été régulièrement remplies? Combien faudra-t-il encore de temps pour être à l'abri d'une hypothèque occulte? On trouve une série de faits qui peuvent se présenter encore aujourd'hui, avec la nouvelle loi, et qui ont continué une hypothèque occulte pendant près d'un demi-siècle. — Le sieur L. s'était marié en premières noces; sa femme est décédée, laissant un enfant mineur qui, lui-même, est décédé, laissant pour héritiers deux frères consanguins (V. n° 251); l'un d'eux est lui-même mort, laissant sa mère héritière en partie; au décès de la deuxième femme, il y avait encore un enfant mineur. La première femme est morte en 1807, et l'affaire s'est terminée devant le tribunal de Versailles, en 1845. On ne peut donc agir par supputation de temps.

Beaucoup des dangers qui existaient sous le Code Napoléon subsistent encore, et rendent les formalités de purge légale nécessaires.

258. Lorsque la femme peut s'obliger solidairement, la garantie à laquelle elle se soumet paraît suffisante pour ne pas purger à son égard.

Par la garantie qu'elle contracte, elle ne peut inquiéter l'acquéreur ; elle doit même le mettre à l'abri de tout trouble ; ses héritiers et représentants à tous titres, ses ayants cause ne pouvant avoir plus de droits qu'elle, sont aussi repoussés par la garantie promise.

Les tiers vis-à-vis desquels elle s'est obligée, et qui se trouvent subrogés à ses droits, sont tenus de requérir inscription, ou de faire mentionner leur subrogation en marge des inscriptions préexistantes au profit de la femme. Il n'y a donc pas encore lieu de purger, à leur égard, car la purge n'est à faire que s'il n'existe pas d'inscription ; il en existe ; donc elle n'est pas nécessaire.

De ce que nous venons de dire, il résultera que, dans le cas par nous indiqué, il n'y a pas, dans la purge légale, de signification à faire à la femme, puisque la purge n'est nécessaire ni pour elle ni pour ses représentants, et que c'est seulement en raison de cette nécessité qu'elle avait lieu.

259. Nous pensons aussi ne pas nous écarter de l'examen auquel nous nous livrons, en disant qu'une jurisprudence, que l'on peut regarder comme certaine, pose en règle que l'hypothèque légale de la femme s'éteint lorsque le mari est usufruitier des biens dépendants de sa succession, avec dispense de caution.

Les héritiers ont le droit de réclamer du mari la restitution de la dot de la femme ; celui-ci a le droit de réclamer d'eux l'usufruit de ces mêmes biens. Du concours de ces deux actions, il résulte que le mari se trouve dans la même position que si, après avoir restitué les biens composant la dot de la femme, il recevait de ses héritiers l'usufruit de ces mêmes biens : ainsi, l'hypothèque légale prend fin par l'accomplissement de ces faits

Sous un autre rapport, la novation qui intervient dans la dette ne permet pas l'existence de cette hypothèque ; il ne reste plus que la dette de l'usufruit, pour laquelle la loi n'accorde aucune hypothèque aux héritiers et représentants de la femme.

Arrêts de la cour de Paris, du 15 janvier 1836 ; Cassation, 5 novembre 1837 ; Bordeaux, 5 mars 1842, Paris, 9 mars 1844 ; Douai, 21 août 1844.

260. Il n'est apporté aucun changement en ce qui concerne l'hypothèque légale de l'Etat.

Les créanciers qui avaient une hypothèque légale non dispensée d'inscription, c'est-à-dire l'Etat, les communes et les établissements publics devaient, sous le Code Napoléon, s'inscrire avant que l'immeuble eût été aliéné par le débiteur (2121, 2134 et 2135 combinés).

La doctrine et la jurisprudence tombèrent d'accord que la disposition de l'art. 834 du C. de proc. civ. était applicable à l'hypothèque légale de l'Etat, des communes et des établissements, qu'elles devaient être inscrites au plus tard dans la quinzaine de la transcription, sous peine de perdre le droit de suite.

En présence du silence de la loi nouvelle touchant les hypothèques légales dont nous venons de parler, nous croyons qu'elles devraient être inscrites avant la transcription de l'acte d'aliénation de l'immeuble. Telle nous paraît devoir être l'interprétation à donner aux art. 6 et 8. L'art. 8 exige que toute hypothèque légale soit inscrite, à moins qu'elle ne se trouve dans l'un des cas indiqués par nos explications sur cet article. La première partie de l'art. 6 est dans le même esprit que l'art. 834 du C. de proc. sur les hypothèques légales, et son silence avait été interprété par les auteurs et les tribunaux d'une manière analogue à celle que nous proposons.

ART. 9.

Dans le cas où les femmes peuvent céder leur hypothèque légale ou y renoncer, cette cession ou cette renonciation doit être faite par acte authentique, et les cession-

naires n'en sont saisis, à l'égard des tiers, que par l'inscription de cette hypothèque, prise à leur profit, ou par la mention de la subrogation en marge de l'inscription préexistante.

Les dates des inscriptions ou mentions déterminent l'ordre dans lequel ceux qui ont obtenu des cessions ou renonciations exercent les droits hypothécaires de la femme.

SOMMAIRE.

262. Transition. — Des obligations à remplir par les créanciers subrogés à l'hypothèque légale de la femme.
263. De l'hypothèque légale de la femme sous le droit ancien et intermédiaire, en ce qui regarde ses engagements solidaires.
264. Des diverses subrogations dans l'hypothèque légale.
265. Dangers résultant de la subrogation sous le code Napoléon.
266. La loi nouvelle ne modifie pas, elle oblige seulement de rendre publique la subrogation.
267. Pour que la femme mariée puisse subroger, il faut qu'elle ait capacité d'aliéner.
268. La subrogation doit être faite par acte authentique.
269. Il en est de même de la procuration pour la consentir.
270. L'obligation solidaire avec hypothèque emporte subrogation tacite.
271. La péremption de l'inscription fait perdre le bénéfice de la subrogation dans l'hypothèque légale à la date de la première inscription.
272. L'obligation cédulaire n'emporte pas subrogation tacite.
273. *Quid* si la femme s'obligeait sans rien promettre à l'égard d'une hypothèque précédemment consentie par son mari.
274. De la cession de reprises.
275. De la cession du droit d'hypothèque légale de la femme.
276. La subrogation peut-elle être consentie si la créance n'est que cédulaire? peut-elle produire son effet sur d'autres immeubles que ceux hypothéqués?
277. L'antériorité d'hypothèque consentie par la femme vaut subrogation.
278. De même la renonciation.
279. Les termes cession et renonciation ne sont pas sacramentels pour opérer la subrogation, tout autre peut être employé.
280. De la subrogation limitée à un immeuble et sans obligation personnelle de la femme.

---

262. Cet article fait connaître les obligations que doivent remplir les créanciers qui ont la femme pour obligée solidaire, lorsqu'ils veulent exercer ses droits et actions comme subrogés dans le bénéfice de son hypothèque légale.

Quelques observations préliminaires nous paraissent nécessaires.

263. Dans le droit ancien coutumier, la femme avait hypothèque du jour de son contrat de mariage pour l'indemnité qui lui était due à cause des obligations qu'elle avait contractées (1). « Il suit de là (Pothier, *de la Communauté*, n° 766) que lorsque les biens immeubles du mari sont discutés, les créanciers qui ont la femme pour obligée doivent, comme exerçant les droits de la femme, leur débitrice, qui a hypothèque du jour du contrat de mariage pour l'indemnité des obligations qu'elle a contractées envers eux, être colloqués en sous-ordre du jour du contrat de mariage, ou de la célébration s'il n'y a point

(1) Sous le Code Napoléon, cette hypothèque ne date que du jour de l'obligation. Art. 2135.

de contrat. Par ce moyen ces créanciers, quoique postérieurs, seront payés préférablement aux créanciers antérieurs du mari, envers lesquels le mari, depuis le mariage, s'est obligé seul ; jugeons par là de quelle importance il est, lorqu'on contracte avec un homme marié, de faire intervenir la femme pour qu'elle s'oblige avec lui. »

L'édit de 1771 n'a apporté aucun changement à cet état de choses.

La loi du 11 brumaire abroge les dispositions des lois anciennes ; elle n'accorde de rang hypothécaire aux femmes mariées, comme à tous les autres créanciers, qu'à compter de l'inscription.

264. Le Code Napoléon ayant dispensé l'hypothèque légale de la femme de la formalité de l'inscription, et n'ayant, contrairement à l'ancienne législation, donné hypothèque à la femme pour raison des indemnités auxquelles elle a droit à cause des obligations qu'elle contracte, que du jour de ces obligations, le prêteur a voulu la solidarité de la femme, afin d'avoir une action sur ses biens, et pour se mettre à l'abri contre son hypothèque légale ; la pratique a pensé de suite que l'hypothèque légale se neutralise par le fait de l'obligation solidaire ; ce que les formules des obligations souscrites peu de temps après la promulgation du Code Napoléon nous apprennent ; forts de cette conviction, les prêteurs ne s'occupent pas de l'hypothèque légale de la femme. « *Quant à l'hypothèque légale de la femme, elle se neutralise par l'effet de son obligation solidaire* » (formule usitée dans les obligations).

Par surcroît de précaution, certaines personnes firent mettre dans les obligations une subrogation spéciale et formelle ; puis s'éleva la prétention de donner la préférence aux subrogations expresses sur les créances n'ayant pas cette subrogation.

D'autres voulurent plus : un transport des droits, reprises et conventions matrimoniales avec toute antériorité et préférence à la femme ; par suite, une subrogation dans l'effet de son hypothèque légale.

Les créanciers ayant l'obligation solidaire soutenaient qu'ils étaient subrogés de plein droit dans l'hypothèque légale de la femme; qu'ils pouvaient exercer ses droits; qu'ils n'étaient pas plus qu'elle, obligés de requérir une inscription; enfin qu'ils avaient, du jour où l'obligation avait acquis date certaine, une hypothèque sur tous les biens présents et à venir.

A côté de ces subrogation expresse, subrogation tacite, transport de droits et créances, s'est élevée la modeste antériorité que la femme consent au profit du créancier, sans s'obliger.

La formule de subrogation expresse devient de style dans les obligations; dès 1819 elle s'augmente insensiblement du transport des reprises.

Dans une instruction générale de la régie, en date du 4 juin 1822, n° 1045, indicative des précautions à prendre dans la rédaction des actes des cautionnements en immeubles que les conservateurs des hypothèques doivent fournir, on trouve le passage suivant :

« *Hypothèque légale de la femme.* — Si celui qui cautionne déclare être marié, et non sous le régime dotal, sa femme cautionnera solidairement avec lui, sans division ni discussion, et, pour plus de sûreté, elle transportera avec toute garantie une somme égale au cautionnement, à prendre, par préférence à elle, dans les reprises et créances qu'elle a à exercer contre son mari; en conséquence elle subrogera, avec pareille garantie et préférence, les particuliers ayant droit dans l'effet de son hypothèque légale contre lui; si elle a pris inscription, on l'énoncera; elle déclarera si elle a déjà consenti subrogation en faveur d'autres. »

Cet ensemble de clauses ne se rattache à aucun des contrats définis par le Code; c'est, nous l'avons dit, un expédient imaginé par le praticien afin de mettre un créancier à l'abri du danger qu'il redoute pour le prêteur, d'être primé par l'hypothèque occulte que la loi donne à la femme du débiteur.

Depuis la circulaire de 1822, dont nous venons de parler. la clause de subrogation à l'hypothèque légale de la femme, tel est le nom en usage, est entrée de plus en plus dans les formules des actes de prêt ; elle est arrivée à ce point qu'elle en est maintenant partie intégrante ; elle s'est même glissée dans le langage de la loi : dans le décret du 28 février 1852, sur les sociétés de crédit foncier, art. 8, à l'occasion des formalités que doivent remplir ces sociétés pour purger les hypothèques légales, « sauf, y est-il dit, le cas de subrogation par la femme à cette hypothèque. »

265. Outre les difficultés que font naître des points aussi mal définis que ceux par nous indiqués, la subrogation à l'hypothèque légale présente des dangers sérieux.

La subrogation tacite à l'hypothèque légale est généralement admise au profit du créancier qui a la femme pour obligée solidaire ; on lui accorde même la faveur d'être dispensée de requérir inscription ; de sorte que le créancier qui a satisfait à toutes les obligations imposées par la loi, se trouve primé par un créancier inconnu et contre lequel il ne pouvait se prémunir ; il ne pouvait que faire déclarer par la femme si elle avait déjà consenti des subrogations (Circulaire de la régie citée au n° précédent).

C'est ce danger que la loi nouvelle a voulu prévenir ; toute cession, toute renonciation à l'hypothèque légale doit être rendue publique par l'inscription de cette hypothèque prise à leur profit, ou par la mention de la subrogation en marge de l'inscription préexistante. « Les dates des inscriptions ou mentions déterminent l'ordre dans lequel ceux qui ont obtenu des cessions ou renonciations exercent les droits hypothécaires de la femme. »

266. La disposition qui nous occupe n'a pas pour but de modifier, en quoi que ce soit, la législation relative aux droits de la femme mariée, en matière de cession ou de renonciation à une hypothèque légale, leur effet reste ce qu'il était ; la capacité de la femme, pour les consentir, n'est ni augmentée ni diminuée ; *elle oblige ceux qui* *en profitent à la rendre publique*, RIEN DE PLUS. La commission le déclare dans son rapport, et pour qu'aucun doute ne puisse exister sur ce point, elle change la rédaction du projet. Il y avait dans le projet : les femmes ne peuvent céder, etc., etc. Cette rédaction a été remplacée par ces mots : *dans le cas où les femmes peuvent céder*, etc. Elle a fait subir à l'art. 11 du projet (maintenant art. 9) « un changement de rédaction tendant à bien établir que la loi actuelle n'a pas pour but de modifier, en quoi que ce soit, la législation relative aux droits de la femme mariée en matière de cession ou de renonciation à une hypothèque » (Rapport de M. de Belleyme).

267. Pour consentir, soit une cession, soit une subrogation, il est indispensable que la femme ait capacité d'aliéner.

Il faut donc qu'elle soit majeure.

Sous le régime de la communauté et de la séparation de biens, la femme peut s'obliger et aliéner ses propres ; elle peut dès lors consentir une subrogation à son hypothèque légale.

Sous le régime dotal, cette subrogation est valable en principe ; mais elle ne peut nuire aux biens dotaux meubles ou immeubles, si donc tous les biens de la femme sont dotaux, la subrogation est illusoire, c'est seulement à l'encontre des biens paraphernaux qu'elle peut être exercée parce qu'elle en a la libre disposition.

La subrogation est une véritable aliénation, car la femme aliène son rang hypothécaire; elle consent qu'un créancier passe avant elle, la prime en rang d'hypothèque; aussi arrive-t-il souvent à la femme de ne plus avoir qu'une hypothèque stérile, tandis qu'elle aurait eu un rang hypothécaire qui lui aurait procuré le recouvrement de ses reprises.

Par suite, lorsque, sous le régime de la communauté, une certaine partie de l'apport de la femme ou de ce qui lui écherrait pendant le mariage a été stipulé inaliénable dans le contrat de mariage, cette stipulation étant valable, la subrogation ne peut s'étendre à ces biens, et n'a de valeur que sur les autres. C'est un point devenu de règle dans la pratique ; il est de style de mettre dans les actes : « Mariés sous le régime de la communauté, aux « termes de leur contrat de mariage, passé, etc., qui ne « contient aucune clause prohibitive à l'épouse de s'obli- « ger ou d'aliéner ses propres. »

268. La cession subrogative à l'hypothèque, de même que la renonciation, doit être faite par acte authentique ; disposition qui tranche la question de savoir si l'obligation sous seing privé, ayant acquis date certaine, emporte subrogation tacite au profit des créanciers, et qui empêche de faire des subrogations expresses par acte sous seing privé.

Disposition des plus sages, en ce qu'elle est en rapport avec toutes les autres dispositions du régime hypothécaire, qui exige des actes authentiques, et donne de plus grandes garanties sur les conventions arrêtées par les parties.

269. Comme conséquence de l'obligation de l'authenticité requise pour les actes dont nous venons de parler, découle la nécessité de l'authenticité des procurations, lorsque c'est un mandataire qui stipule

Cette conséquence n'est pas généralement admise ; elle est combattue par M. Troplong, *des Hypothèques*, n° 510 ; « Toutes les fois, dit cet auteur, que la loi a voulu déroger à la règle que la nomination d'un procureur peut se faire par acte privé, elle s'en est exprimée ; mais lorsqu'elle ne l'a pas fait, on reste dans le droit commun. C'est ainsi qu'il a été décidé, par arrêt de la cour de Toulouse, du 19 août 1824, que le donateur peut se faire représenter à la donation, par un mandataire muni d'une procuration sans authenticité, par la raison que la loi, qui exige un mandat authentique, de la part du donataire, pour l'acceptation de la donation par procureur, n'exige pas la même formalité pour assurer la légalité du concours du représentant du donateur. »

M. Troplong invoque un arrêt de la Cour de cassation, du 27 mai 1819, qui rejette un pourvoi contre un arrêt de la cour de Caen ; un autre arrêt de cette même cour, du 22 juin 1824 ; et un arrêt de la Cour de cassation, du 5 juillet 1827.

Cette opinion est partagée par MM. Persil, art. 2127, n° 6 ; Battur, *Hyp.*, t. I, n° 167 ; Delvincourt, t. III, p. 163, n° 6 ; Rolland de Villargues, *Hyp.*, p. 137.

Nonobstant le respect que nous devons aux autorités que nous venons de citer, nous pensons que la nécessité du mandat est la conséquence de l'obligation de l'authenticité pour les actes où elle est demandée.

Constatons d'abord que le législateur lui-même a relevé l'importance de la formalité dans les procurations ; il exige, par la loi du 21 juin 1843, la présence réelle des témoins pour les procurations à l'effet de passer des actes qui ont eux-mêmes besoin de cette présence, et dans le nombre figure spécialement la procuration pour consentir une donation.

C'est que le législateur a mis le doigt sur la faiblesse humaine ; il sent bien qu'il est plus facile d'enlever un consentement dans un tête-à-tête, de faire mettre un bon pour pouvoir, que de recourir au ministère d'un notaire.

La jurisprudence avait elle-même prévenu la législature : un jugement du tribunal de Charolles, du 26 avril 1839, confirmé par arrêt de la Cour de Dijon, du 15 juin 1840, avait annulé une donation faite en vertu d'un mandat sous signature privée.

La Cour de cassation a rejeté le pourvoi par arrêt du 19 avril 1843 :

« Attendu, dit cet arrêt, qu'un acte de donation fait devant notaire, en vertu d'un mandat sous seing privé du donateur, ne manifeste pas la volonté de celui-ci dans la forme authentique, parce que son consentement, qui est la condition la plus essentielle pour la validité de la donation, n'a point été reçu et constaté par un officier public ; qu'un pareil acte ne fait pas pleine foi de la donation, puisque le donateur ou ses héritiers peuvent méconnaître l'écriture et la signature du mandat, sans lequel la donation n'existe pas, et en exiger la vérification. »

Sur un mandat sous seing privé à l'effet de consentir hypothèque, même décision : arrêt de la Cour de Riom, du 31 juillet 1851 :

« Considérant que l'acte constitutif de l'hypothèque n'est pas seulement celui où le mandataire stipule, au nom du mandant, mais encore celui où le mandant dépose sa volonté, et que si l'authenticité ne couvrait pas également ces deux parties du même tout, le but de la loi serait évidemment manqué ;

« Que l'annexe de la procuration à l'acte obligatoire donne bien une date au mandat sous seing privé, mais ne lui communique pas l'authenticité, et que de la certitude de la date d'un semblable écrit, on ne saurait conclure qu'il fasse pleine foi de ce qu'il renferme ;

« Que si, d'après l'art. 1985 du Code Napoléon, le mandat peut être donné par acte sous seing privé ; cette faculté cesse dans les cas nombreux où la loi exige un pouvoir donné par acte public, et en général dans les contrats qui, comme la donation et comme les constitutions d'hypothèque, doivent être revêtus du caractère de l'authenticité ;

« Considérant qu'on oppose en outre les dispositions de l'art. 1988 du même Code qui, en exigeant que le mandat soit exprès à l'effet de consentir l'hypothèque, ne prescrit pas qu'il soit authentique ; quoique cet article ne s'occupe, dans ses deux paragraphes, que de l'étendue ou de la spécialité du mandat, et non de sa forme, et que c'est de l'art. 2127, édicté postérieurement, que se déduit la nécessité de la forme authentique pour le consentement du mandat en vertu duquel l'hypothèque est constituée. »

Sur le pourvoi en cassation est intervenu, le 7 février 1854, un arrêt de la chambre civile qui rejette le pourvoi :

« Attendu que l'hypothèque conventionnelle ne peut

être consentie que par acte passé en forme authentique;

« Qu'un contrat hypothécaire fait en vertu de la procuration sous seing privé du débiteur, ne constate pas en forme authentique le consentement de celui-ci à la création de l'hypothèque; que ce consentement résulte, en ce cas, du mandat sous seing-privé dont l'écriture et la signature pourraient être méconnus; que le consentement du débiteur étant le point essentiel de la convention hypothécaire; si le débiteur stipule par un mandataire, la procuration doit participer de l'authenticité du contrat même; que ces deux actes forment ensemble un tout indivisible, et sont soumis aux mêmes conditions; que les art. 1985 et 1988 du C. Nap. ne s'appliquent pas à ce cas exclusivement régi par l'art. 2127. »

Cette jurisprudence est d'accord avec l'opinion de Merlin (*Répert.*, t. XVI, *Hyp.*, p. 392, col. 1); cet auteur soutient avec force, contre un arrêt de la Cour de cassation du 27 mai 1819 (invoqué par M. Troplong), la nécessité que la procuration soit authentique. Voici comment il raisonne : Sans doute, l'acte authentique passé par le mandataire constitue hypothèque; mais il ne la constitue pas seul : il ne la constitue que par son identification avec le mandat; ce n'est que dans le mandat qu'est le consentement de qui il tire toute sa force; isolé du mandat il n'est rien; le consentement qu'il énonce manque de preuves; il n'y a plus de consentement donné à l'hypothèque.

M. Grenier partage cet avis, t. I, n° 68, p. 143.

270. L'obligation solidaire de la femme procure au créancier la subrogation dans le bénéfice de son hypothèque légale sur les biens immeubles hypothéqués conventionnellement à la créance

En effet, par son obligation solidaire, la femme a pris l'engagement de faire valoir, au profit du créancier, la sûreté qui lui est donnée; elle ne peut donc d'abord rien faire qui lui nuise; ce qui arriverait s'il lui était possible de faire valoir son hypothèque pour raison de ses autres reprises.

Elle ne peut plus à l'avenir faire aucun acte qui préjudicie aux droits du créancier; aussi elle ne peut plus consentir, au profit du créancier postérieur, aucune subrogation, parce qu'elle ne peut pas céder plus de droits qu'elle n'en a elle-même.

L'hypothèque consentie n'aurait pas non plus toute l'efficacité qu'elle devrait avoir, et que la femme obligée solidairement doit lui faire avoir, si celle-ci ne donnait pas au créancier tous les avantages qu'elle peut conférer; le principal est la subrogation dans son hypothèque légale; on doit, comme conséquence, admettre pour constant que le créancier qui a la femme pour obligée solidaire, est censé subrogé implicitement dans son hypothèque sur l'immeuble hypothéqué.

Si cette conclusion n'existait pas, la femme, à cause de son hypothèque légale, viendrait au premier rang, puis les créanciers personnels du mari, et en dernier rang le créancier vis-à-vis duquel la femme serait obligée solidaire, ce qui présenterait une grande anomalie, puisque le débiteur serait préféré au créancier, et serait contraire à tous les principes.

C'est ce que décide une jurisprudence générale et constante. Voir notamment : Lyon, 22 juillet 1819; Metz, 4 juin 1822; Paris, 29 août 1822; Amiens, 17 mai 1823; Angers, 19 juin 1823; Cassation, 15 juin 1825; Nancy, 22 mai 1826; Orléans, 26 juillet 1826; Cassation, 2 avril 1829; Bourges, 4 mars 1831; Cassation, 4 février 1839; Troplong, t. II, n° 603 et suiv., *des Hypothèques*.

271. Dans le cas où le créancier n'a pas renouvelé son inscription en temps utile, elle tombe en péremption, parce que l'inscription conservatrice de l'hypothèque légale doit être renouvelée comme les autres, puisqu'il n'a été fait aucune exception.

Cette péremption lui fait perdre le bénéfice de la subrogation dans l'hypothèque légale, à la date de la première inscription.

Ce qui a été jugé par un arrêt de la cour d'appel de Paris, du 24 août 1853 :

« Considérant que les avantages qui résulteraient des stipulations de l'obligation, n'étant que les accessoires et la conséquence de cette hypothèque, ont péri avec elle. »

Cet arrêt est confirmatif d'un jugement du tribunal civil de la Seine.

C'est à tort, disait-on, que l'on prétend que cette subrogation dérive de l'hypothèque conventionnelle, dont elle n'est que l'accessoire, et doit tomber avec elle. En effet, il n'est pas nécessaire que l'hypothèque consentie au profit du créancier soit conservée ; il suffit qu'elle ait existé en vertu de la stipulation du contrat ; car c'est le contrat qui donne naissance à la subrogation tacite au profit du créancier, en même temps qu'il donne à la femme droit à une indemnité garantie par une hypothèque légale. C'est l'effet de l'hypothèque légale dans cette partie du contrat, que le créancier subrogé vient réclamer à l'ordre, et non pas l'effet de l'hypothèque conventionnelle. Il n'y a donc pas à distinguer entre le cas où la femme renonce à son hypothèque légale en faveur du créancier, et celui où elle cède son hypothèque, puisque le créancier subrogé ne peut venir à la place de la femme et avant elle, que pour le montant des créances de celle-ci.

Mais on répond que l'obligation solidaire de la femme, accompagnée d'une affectation hypothécaire des biens soumis à l'hypothèque légale, ne constitue, de la part de la femme, qu'une renonciation à faire valoir son hypothèque légale, au préjudice de l'hypothèque conventionnelle par elle consentie, avec interdiction de céder à d'autres cette hypothèque légale, au préjudice du premier créancier ; mais cette renonciation et cette interdiction ne sont que les conséquences et l'accessoire de l'hypothèque conventionnelle ; le créancier ne peut s'en prévaloir, qu'autant que son hypothèque est conservée : s'il la laisse périmer, les créanciers postérieurs viendront avant lui, non en vertu des cessions consenties, mais en vertu de leur hypothèque conventionnelle conservée par l'inscription.

272. L'obligation *purement personnelle* (sans hypothèque) contractée par une femme solidairement avec son mari, même par acte authentique, n'emporte pas, en faveur du créancier, subrogation tacite dans l'hypothèque légale de la femme.

En traitant sans exiger une garantie hypothécaire, le créancier est censé avoir accepté la foi et n'avoir envisagé que la garantie des débiteurs, qui, eux-mêmes, tiennent à conserver la pleine disposition de leurs immeubles, pour les présenter comme libres, les vendre ou les hypothéquer à leur gré.

Ainsi, lorsque l'on examine l'obligation dans son origine, on trouve du prêteur à l'emprunteur l'anti-principe d'une hypothèque; elle ne peut donc pas produire de subrogation hypothécaire; car, par l'effet de cette subrogation, elle paralyserait l'effet d'un droit que les parties entendent réserver en tout.

Lorsqu'il s'agit de faire valoir les droits de la femme à l'encontre de son mari ou de ses représentants, le créancier qui exerce les droits de la femme, sa débitrice, se trouve subrogé à l'hypothèque légale, pour en faire valoir le bénéfice comme elle le pourrait elle-même; mais lorsque c'est à l'encontre de créanciers de la femme qui ont exigé une hypothèque, le créancier a contre lui un tiers qui a pris une place qu'il avait laissée libre; il ne peut se plaindre de la préférence; il y a plus, il devait la prévoir.

Il ne peut y avoir de différence entre une femme mariée qui s'oblige sans se soumettre à aucune affectation hypothécaire, et un autre individu quelconque. Supposez que Pierre, ayant une hypothèque sur l'immeuble B, contracte une dette purement personnelle envers Primus. Il est bien sûr que Primus ne peut prétendre en rien à l'hypothèque de son débiteur sur l'immeuble B; que ce dernier pourra en disposer comme bon lui semblera : seulement, si Pierre n'aliène pas ce droit d'hypothèque, Primus pourra venir en sous-ordre, pour prendre entre ses mains le prix provenant de la vente de l'objet vendu par expropriation (Grenier, t. I, p. 545, n° 254).

M. Troplong s'élève avec force contre un arrêt de la cour de Limoges, du 2 juin 1823, qui a décidé que cet engagement équipollait à une cession des droits hypothécaires de la femme contre son mari. « Il est clair (dit-il, « *des Hyp.*, n° 603) qu'une pareille interprétation n'est « qu'une torture donnée au sens des actes ; c'est deviner « et non juger ; et ce qu'il y a de plus fort, c'est que le « pourvoi contre cet arrêt fut rejeté par arrêt de la Cour de « cassation, du 17 avril 1827, avec approbation de la « solution donnée par la cour de Limoges. »

Cette opinion est partagée par Persil, *Régime hypothécaire*, n° 20 ; Rolland de Villargues, *Rép. du Not.*, v° *Hyp.*

On peut encore invoquer en sa faveur un arrêt de la cour de Paris, du 2 janvier 1836 ; Orléans, 24 mai 1848 ; Paris, 8 octobre 1851.

273. La décision serait-elle la même, si le mari s'étant obligé seul, par un premier acte portant hypothèque, au paiement d'une somme d'argent, la femme s'obligeait au paiement de cette somme, *sans rien promettre à l'égard de l'hypothèque.*

M. Troplong, *des Hyp.*, se prononce pour la négative. « Ici, dit-il, on ne pourrait argumenter de la présence de la femme, de son approbation tacite à l'hypothèque, donnée sous ses yeux, sur l'immeuble qui lui est déjà engagé, et au profit d'un individu dont elle se reconnaît débitrice, l'obligation de la femme devant être prise telle qu'elle se présente, comme simple obligation personnelle.

Ce point nous paraît tout d'interprétation : les notaires devront éviter le doute à ce sujet, et faire consentir, par la femme, une cession du bénéfice de son hypothèque légale ; car, comme obligée, il est de son intérêt que la dette, qu'elle est désormais tenue d'acquitter, affecte d'une manière plus certaine l'immeuble hypothéqué par son mari, pour rendre son obligation d'autant moins onéreuse; à cette fin, la subrogation est utile; elle donne au créancier rang du jour où la femme a un droit d'hypothèque légale pour raison de ses reprises; elle procure souvent la préférence sur les créanciers qui n'ont que le mari pour obligé.

274. Nous avons vu des obligations contenant, de la part de la femme, cession, à titre de garantie, de ses reprises et droits matrimoniaux au profit du créancier.

Comme cession de choses incorporelles, elle est soumise aux conditions qui sont de l'essence de la vente, c'est-à-dire qu'il faut, d'une part, qu'il y ait un prix convenu, et d'autre part, dessaisissement par le cédant de la propriété de la chose cédée; or, ici, la femme ne reçoit aucun prix de la cession par elle consentie; la somme fournie par le créancier est remise pour l'ordinaire au mari, mais non à la femme; et le mari la reçoit, non pas à titre de prix de la cession, mais seulement à titre de prêt; puis il est difficile de contester que la femme ne reste toujours créancière de son mari de la totalité de ces mêmes reprises, et ne conserve le droit de s'en faire payer le montant intégral sur tous les biens de celui-ci, pourvu que ce ne soit pas au préjudice du créancier qu'elle a subrogé; qu'enfin ses créances survivent, ainsi que son hypothèque elle-même, au paiement que le mari a fait à ce créancier.

Il n'y a donc, dans la cession, aucun des caractères constitutifs du contrat de vente; elle ne vaut pas comme vente.

L'indication que c'est à titre de garantie, les conditions qui se rapportent à la stipulation, lui donnent le caractère d'un nantissement.

Sous ce rapport, la clause n'est pas à l'abri d'un reproche sérieux. Elle ne satisfait pas non plus aux conditions essentielles de ce contrat.—Le gage ne peut ni être vendu aux enchères, ni demeurer en paiement jusqu'à due concurrence, d'après une estimation par experts (C. Nap., 2078). Le bénéfice qui en ressort est de procurer un rang;

c'est même la fin unique que les parties se sont proposée: il n'y a donc point nantissement.

Nous n'osons pas dire que ce sont ces motifs qui ont prévalu dans la rédaction de notre article : nous faisons cependant observer qu'il passe sous silence la cession des reprises matrimoniales fort connues des membres de la commission, et qu'il ne parle que de l'hypothèque légale, ce qui est la condamnation implicite de cette cession.

275. Des auteurs, notamment M. Valette (*Privil. et Hyp.*, t. I, p. 211), pensent qu'aucune loi ne prohibant la cession du droit d'hypothèque, ce droit, qui en somme est purement pécuniaire, ne saurait être mis hors du commerce, et serait négociable et transmissible.

M. Mourlon (*des Subrogations personnelles*, p. 592) combat cette opinion : « Quoi qu'il en soit, dit-il, cette théorie a aujourd'hui la force d'un fait accompli ; elle a été consacrée par de si nombreux arrêts, et soutenue par de si bons esprits, qu'il ne faut pas espérer que la jurisprudence se modifie jamais sur ce point. »

Suivant ce système, la femme peut céder son hypothèque légale, sans céder sa créance ; cette cession est valable, soit que le créancier cessionnaire ait pour obligé le mari ou la femme seulement, soit qu'il ait pour obligés les deux époux ; elle peut être faite, soit au moment du contrat qui donne naissance à l'obligation, soit postérieurement.

Sanctionnée par notre article, la cession du bénéfice de l'hypothèque est à l'abri de tout reproche, pourvu qu'elle soit faite dans les cas où la femme peut la faire, aux termes du Code Napoléon, comme nous l'avons dit ci-dessus, n° 267.

276. Vaut-elle lorsque la créance est cédulaire? Si la créance est hypothécaire, la cession peut-elle produire son effet sur d'autres immeubles que ceux hypothéqués?

L'hypothèque légale de la femme existe dans l'intérêt des familles et de l'État, qui seraient ébranlés si les dots des femmes et le patrimoine des mineurs n'étaient mis à l'abri des dissipations et des larcins (*Opinion* de Napoléon, premier consul, *dans la discussion du Code au conseil d'Etat*). En l'établissant, on a entendu préférer la sûreté de la femme et du mineur à celle de l'acquéreur et des prêteurs.

Aussi a-t-on, dans le commencement, contesté à la femme mariée sous le régime de la communauté, le droit de renoncer à son hypothèque légale ; il lui fallait, disait-on, le concours de ses quatre plus proches parents réunis en conseil de famille et l'homologation du tribunal (Code Nap., art. 2144 et 2145).

Mais les doutes ont été bien vite résolus, et l'on a admis en règle que, la femme s'étant obligée solidairement avec son mari, dans les termes de la loi, et tenue, comme tout autre, des obligations qu'elle a valablement contractées, par conséquent obligée de faire valoir les garanties qu'elle a promises, ne peut prendre en son nom des inscriptions qui tendraient à diminuer ces garanties (Circulaire du garde des sceaux, du 15 septembre 1806).

Cette règle reconnue, il en est découlé, comme conséquence logique, que, lorsque l'obligation solidaire de la femme et du mari a été accompagnée d'une affectation hypothécaire en faveur du créancier, la femme est censée avoir tacitement subrogé celui-ci dans l'effet de son hypothèque légale, ou plutôt avoir consenti une antériorité (C. de Paris, 24 mai 1848).

Mais lorsqu'il n'y a point d'affectation hypothécaire, il n'y a point de garantie à faire valoir, point d'hypothèque consentie à entraver ; les mêmes motifs n'existent plus, par suite la même conclusion n'est pas admissible, les droits de la femme doivent rester intacts.

En vain invoquerait-on la cession du bénéfice de l'hypothèque qui a été consentie, elle est sans force ; car si cette cession devait produire son effet, elle conférerait un droit d'hypothèque sur tous les biens présents et à venir du mari ; il suffirait du concours et du consentement de la femme pour annihiler la spécialité des hypothèques.

Le premier prêteur exigerait ce concours, et chacun sait qu'il l'obtiendrait ; puis les prêteurs secondaires seraient dans la nécessité de le faire, afin de ne pas être exposés aux dangers d'une hypothèque spéciale en concours avec une hypothèque générale ; en sorte qu'en fait, il n'y aurait que des hypothèques générales, la désignation des biens ne serait plus qu'un simple renseignement bon à faire connaître leur importance et leur situation.

Les hypothèques judiciaires elles mêmes peuvent être restreintes, limitées et spécialisées contre la volonté du créancier (C. Nap., 2161) ; elles ont cependant été instituées pour faire respecter les mandements de la justice, pour en assurer l'exécution.

Dans un seul cas le débiteur peut conventionnellement grever des biens à venir, si ses biens présents et libres ne sont pas suffisants (C. Nap., 2130), et la condition imposée dans cette exception démontre combien le législateur tient à la spécialité ; l'inscription requise par le créancier ne frappe pas à la date les biens à venir ; elle ne frappe que sur les biens présents qui doivent être désignés (C. Nap., 2148) ; il doit en être pris une au fur et à mesure des acquisitions, qui doit encore contenir la désignation de l'immeuble ; le débiteur peut en demander la réduction conformément à l'art. 2161.

L'hypothèque légale de la femme ne peut être restreinte *que de son consentement*, avec conseil de famille et homologation. La cession illimitée de l'hypothèque légale aurait des conséquences bien graves contre le débiteur.

Le créancier ne se prête pas à tous les arrangements que la communauté d'intérêts permet, à toutes les facilités que la femme donne à son mari dans l'espérance d'un meilleur avenir pour la famille ; il n'a jamais assez de garantie : comme son consentement est indispensable pour réduire l'hypothèque, il ne l'accordera pas ; un autre prêteur envisagera avec effroi la spécialisation de son hypothèque ; elle ne sera même sans danger que s'il est premier créancier inscrit ; s'il est seulement second, la sécurité exigera qu'il ne la consente pas ; le débiteur n'aura qu'une seule ressource... vendre.

Si la subrogation peut être illimitée, son inscription sera plus dangereuse pour la société que ne l'est la subrogation occulte.

La subrogation occulte gêne le crédit ; l'inscription illimitée ébranlera la propriété. Démontrons-le.

La dame A a des reprises importantes (on sait que l'hypothèque date du jour du contrat de mariage, non seulement pour l'apport, mais pour les *conventions*). Il appartient au mari, ou bien il dépend de la communauté, trois domaines valant chacun 100,000 fr., libres de toutes charges. Emprunt d'une somme de 60,000 fr.; la femme subroge sans limitation; le besoin d'un emprunt de 40,000 fr. survient, il faut consentir une hypothèque sur les trois domaines avec subrogation *illimitée*, parce que, s'il y avait spécialisation, le créancier précédent pourrait faire frapper l'effet de son hypothèque sur le bien donné en garantie, et le deuxième créancier ne serait pas couvert, à plus forte raison un troisième créancier.

L'inscription étant requise, le père de famille ne peut plus avoir rien de libre dans le présent et l'avenir, rien de disponible pour lui, rien, quelque minime qu'il soit, vendable à son profit, ni d'échangeable ; il ne suffit pas toujours du consentement des créanciers, du consentement de la femme, il faut le conseil de famille et l'homologation; car l'inscription requise par le créancier n'a pas pour fin unique la sécurité du prêteur, elle assure la garantie que la femme a promise ; tant que cette garantie reste, l'inscription doit rester.

Ce n'est plus cette anodine hypothèque légale que la femme ne fait presque jamais inscrire, que l'on purge à l'aide de formalités désagréables uniquement à cause de l'argent, et qui ne sont presque jamais suivies d'inscription.

Le père de famille n'a qu'une seule ressource... vendre. Le mal n'est pas grand, dira-t-on ; oui, si on n'envisage que le crédit ; mais non, si l'on s'occupe de la société, parce que le prêt sera le prélude de la vente, les ventes feront disparaître les biens de famille.

Si l'on pénètre dans la région des réalités, on est forcé de reconnaître que la spécialité de l'hypothèque favorise le crédit, qu'elle lui est même nécessaire.

Elle individualise l'hypothèque et permet d'apprécier facilement, et d'une manière certaine, la bonté du gage que l'on offre ; si l'hypothèque est générale, il faut se rendre compte de la valeur de chacun, et, sur ce point, il y a souvent de grandes différences dans les évaluations.

Avec la spécialité, l'emprunteur proportionne l'hypothèque à la somme dont il a besoin ; dans le système de l'hypothèque générale, il faut qu'il hypothèque tous ses biens.

L'hypothèque au premier rang assure au créancier qu'il recevra au moins jusqu'à concurrence de la valeur de l'immeuble, tandis que les créanciers dans les rangs subséquents ne reçoivent que si les créanciers antérieurs sont couverts ; c'est sur eux que tombent en fait les frais, la dépréciation et tous les retards dans le service des intérêts. Pour ce motif, les prêteurs demandent généralement d'être au premier rang, la loi l'exige dans différents cas ; quelques-uns moins difficiles consentent à prêter au deuxième rang, mais l'on peut regarder comme hérissé de difficultés le prêt au troisième rang ; très souvent le prêteur ne veut même pas connaître l'importance des sommes qui grèvent l immeuble, il se retire.

Une désignation exacte est utile pour le crédit, parce qu'elle permet de comparer les charges avec la valeur, et de connaître d'une manière certaine les biens qui sont grevés ; les désignations génériques indiquent ordinairement l'intention cachée de donner à l'hypothèque une plus grande extension qu'elle ne devrait en avoir, au moins d'empêcher le débiteur de disposer d'immeubles qui doivent être libres sans que le créancier le sache.

Voici, d'après M. Troplong (*des Hyp.*, n° 315), les motifs qui ont déterminé le législateur à prohiber l'hypothèque générale conventionnelle :

1° D'abord il n'a pas voulu que le débiteur pût facilement engager toute sa fortune, sachant bien que les emprunteurs passent facilement par toutes les conditions qu'on leur impose, pourvu qu'on leur prête de l'argent;

2° Ensuite, il a voulu empêcher l'accumulation de plusieurs hypothèques sur le même immeuble, car leur concours entraîne toujours des discussions dispendieuses;

3° Enfin (et ce motif est le plus décisif), il a voulu favoriser les effets de la publicité; car de la spécialité découle, dans l'esprit du Code, la publicité. Or, l'hypothèque générale étant celle qui comprend les biens présents et à venir du débiteur, comment pourrait-on indiquer dans l'obligation la nature et la situation des biens qui ne sont pas encore dans le domaine du débiteur?

277. L'antériorité d'hypothèque consentie par la femme procure au créancier l'avantage de la préférence dans les ordres : lorsqu'il n'existe aucun créancier entre l'hypothèque légale de la femme et l'hypothèque requise, la subrogation n'est pas nécessaire, puisque c'est un acte qui ne se passe qu'entre les deux parties, les autres créanciers restant étrangers. Mais lorsque l'antériorité a pour résultat de donner la préférence sur un créancier qui n'a que le mari pour obligé, dans ce cas l'antériorité consentie produit les effets de la subrogation, car ses effets sont utiles pour que la stipulation ne devienne pas lettre morte.

En effet, lorsqu'il existe un créancier intermédiaire, ce créancier ne peut souffrir un préjudice de conventions, de stipulations auxquelles il est resté étranger; ainsi, la femme ne peut dire : le dernier créancier me sera préféré, parce que j'ai consenti qu'il en fut ainsi, mais je conserve le rang attaché à mon hypothèque légale; le créancier intermédiaire en éprouverait un dommage par l'intervention d'un tiers qui lui serait préféré de par la volonté seule de la femme.

Par exemple, un immeuble est vendu 10,000 fr. : à l'ordre, les créanciers sont : premier rang, la femme pour ses reprises en vertu de son contrat de mariage, 5,000 fr.;

au deuxième rang, un créancier n'ayant que le mari pour obligé, 5,000 fr.; troisième rang, le créancier au profit duquel l'antériorité a été consentie, 5,000 fr.

Par l'effet de l'antériorité, le dernier créancier doit prendre la place de la femme, et recevoir les 5,000 fr. qui lui appartiendraient comme venant au premier rang à cause de ses reprises ; le deuxième créancier doit être préféré à la femme parce que le bénéfice de son hypothèque a été épuisé en faveur du dernier créancier. L'hypothèque légale de la femme pour raison de l'indemnité à laquelle elle a droit, ne prend rang que du jour de l'obligation : comme la date de cette obligation est postérieure à l'inscription du deuxième créancier, elle ne peut venir que la dernière.

278. La renonciation à son hypothèque, consentie par la femme en faveur d'un créancier, doit produire les mêmes effets que l'antériorité ou la cession, et ne peut en produire d'autres.

En effet, la femme ne veut pas renoncer à son hypothèque, elle veut seulement que son hypothèque ne préjudicie pas au créancier ; c'est la même pensée que dans l'antériorité ; s'il n'y a pas de créancier intermédiaire, la renonciation se présente avec le caractère de l'antériorité, parce que cela suffit ; s'il y a des créanciers intermédiaires, elle prend le caractère de la cession ; le créancier est à la place de la femme, autrement elle serait sans cause ou profiterait au créancier du mari, ce qui n'est pas admissible.

La renonciation de la femme en faveur d'un créancier a le même effet qu'une cession de droits (Troplong, *des Hyp.*, n° 603).

Puis cet auteur ajoute : « Cette renonciation peut se faire tacitement ou expressément ; elle a lieu tacitement, lorsque la femme consent à la vente de l'objet sur lequel pèse son hypothèque, ou bien lorsque la femme consent à une hypothèque sur le fonds qui lui a été hypothéqué. Dans ces deux cas, la femme qui parle au contrat renonce *in favorem*, et cette renonciation produit les mêmes effets que si elle subrogeait dans tous ses droits. »

279. L'art. 9, qui nous occupe, ne fait mention que de la cession du droit d'hypothèque par la femme, et de la renonciation qu'elle consentirait à ce droit. Il est muet sur l'antériorité dont nous avons parlé n° 277. Les notaires qui tiendront à ne se servir que des termes adoptés par le législateur devront donc employer l'une ou l'autre formule.

Nous ne les regardons pas comme restrictives, et toute autre formule, qui aurait pour fin de subroger le créancier dans l'hypothèque légale de la femme, nous paraît valable, pourvu toujours que cette formule soit rendue publique.

280. Quelquefois la femme consent à ce que le créancier profite de son droit hypothécaire, mais elle ne veut pas qu'il puisse exercer contre elle aucun recours, si l'immeuble donné en hypothèque ne suffit pas ; elle ne veut même souscrire aucune obligation personnelle.

Dans ce cas, la femme limite son concours, et c'est avec raison que l'on peut dire : qui peut plus peut moins. Dans cette proportion, elle prend implicitement l'engagement de ne pas nuire à l'hypothèque consentie par le mari, le vœu de la loi se trouve rempli : c'est en faveur d'un tiers qu'elle contracte.

Cette stipulation ne contient aucune mainlevée, aucune réduction du droit hypothécaire de la femme, puisque la condition n'a en vue que la créance. Si la créance est éteinte, la femme rentre dans tous ses droits ; si, au contraire, la subrogation devient utile et procure au créancier le remboursement de tout ou partie de sa créance, l'indemnité à laquelle la femme a droit lui est définitivement acquise ; il naît à son profit une nouvelle hypothèque, qui prend date du jour de l'obligation.

281. Nous résumons notre opinion sur la matière des subrogations, et nous disons :

Lorsque la femme subroge dans son droit d'hypothèque, elle ne le peut, si le créancier n'est que cédulaire; il faut que la créance repose, par hypothèque, sur un immeuble, et l'effet de la subrogation ne peut s'étendre au-delà des immeubles hypothéqués; parce que, n'importe quelle soit la forme que l'on emploie, on ne peut, par l'effet d'une simple convention, créer une dette qui soit assise sur tous les biens présents et à venir du débiteur; ce qui serait la conséquence d'une subrogation générale et sans restriction.

La renonciation et l'antériorité ne sont que des subrogations indirectes, dont l'étendue ne va pas au-delà des biens hypothéqués à la sûreté de la créance.

La subrogation est expresse ou tacite : elle est expresse, lorsqu'elle est consentie en termes formels; elle est tacite, lorsque l'acte est muet sur ce point, si la femme s'oblige solidairement.

Les subrogés ne sont saisis, vis-à-vis des tiers, du bénéfice de la subrogation, quel que soit le mode employé pour l'obtenir, que par l'inscription de l'hypothèque légale prise à leur profit, ou par la mention de la subrogation en marge de l'inscription préexistante.

La subrogation pourra se faire dans la forme ordinaire des subrogations, en fournissant un extrait de l'acte, qui restera déposé au bureau.

Comme l'hypothèque légale de la femme frappe sur tous les biens présents et à venir du mari, tandis que le créancier subrogé ne peut avoir qu'une hypothèque spéciale, il sera nécessaire de faire connaître sur quels immeubles la subrogation doit produire son effet.

La mention de la subrogation en marge de l'inscription préexistante ne me paraît pas restrictive de tout autre mode : le vœu de la loi, c'est la publicité; du moment donc que l'acte est devenu public, le vœu de la loi se trouve rempli, et les tiers ont été mis à même d'en acquérir la connaissance.

Le subrogé, au lieu de faire mentionner la subrogation,

pourra requérir une inscription, comme si l'hypothèque légale de la femme n'était pas inscrite.

Il sera même nécessaire d'employer cette formule, si l'inscription requise ne contient pas les renseignements exigés par la loi, que le procureur impérial et l'avoué ne peuvent fournir, et qui seront obligatoires vis-à-vis du créancier qui voudra en profiter.

282. S'il n'existe pas d'inscription de l'hypothèque légale, le créancier devra en requérir une, *à son profit*, pour tout ce qui regardera le créancier, à cause de sa créance personnelle; elle devra fournir les renseignements exigés par l'art. 2148, et pour tout ce qui concernera l'hypothèque légale de la femme, il suffira qu'elle satisfasse à l'art. 2153.

Pendant le mariage, l'exigibilité des reprises est subordonnée au temps où le mari devra les acquitter, qui ne peut être précisé; les causes sont très-souvent inconnues du requérant; le montant ne peut être déterminé, puisque les reprises forment un compte courant dont la balance s'établit au temps de leur exigibilité, qui est ordinairement la dissolution de la communauté (art. 1468 et suiv. du C. Nap.). La loi et la jurisprudence sont donc devenues très peu exigeantes sur les formalités : il ne s'agit, au surplus, que de prévenir les tiers (1).

Lorsque l'inscription ne concerne plus que la femme et doit profiter à un créancier, il faut qu'elle remplisse le double but de permettre aux personnes qui traiteront à l'avenir, d'apprécier la position existante; ce qui ne peut avoir lieu si, d'une part, l'hypothèque légale ne fait connaître la nature des droits à conserver, et le montant de leur valeur quant aux objets déterminés (C. Nap., art. 2153); et si, d'une autre part, le montant de la créance subrogée

(1) Les formalités prescrites par l'art. 2153 ne sont pas essentiellement requises pour l'hypothèque légale de la femme, puisqu'elle est indépendante de toute inscription; quant à l'hypothèque de l'état et des communes, il faut leur appliquer avec rigueur, puisqu'*elles dépendent de l'inscription et ne prennent de rang que par elle*. Persil, *des Hypoth.*, sur l'art. 2153.

et de ses accessoires, ainsi que leur exigibilité, ne sont pas précisés (C. Nap., 2148, 4°). Les tiers peuvent satisfaire à ces conditions, ils le doivent.

L'indication de l'espèce et de la situation des biens n'est pas nécessaire dans l'inscription des hypothèques légales, parce qu'elles grèvent, au profit de la femme, mineurs ou interdits (incapables), tous les biens présents et à venir du mari ou tuteur ; lorsque c'est le tiers subrogé qui la requiert pour son profit, elle ne peut comprendre des biens à venir, elle se spécialise (V. n° 276 ci-dessus). L'inscription doit donc faire connaître les biens que l'hypothèque grève et ne peut s'étendre au-delà.

283. L'acquéreur qui fait transcrire sans purger a-t-il besoin d'être subrogé dans l'hypothèque légale de la femme pour s'opposer à une subrogation ; la transcription seule ne lui suffit-elle pas pour empêcher toute inscription et toute mention nouvelle?

S'il fallait à chaque acquisition demander à la femme la subrogation dans son hypothèque, ou remplir les formalités de purge légale, la vente d'un immeuble peu important serait un sujet d'embarras lorsqu'une portion notable n'aurait pas été consommée en frais.

Les législateurs de 1855 n'ont pas commis cette faute; ils ont, au contraire, donné plus de sécurité à l'acquéreur que ne l'avait fait le Code Napoléon; la transcription seule lui suffit vis-à-vis de tout autre que la femme.

Vis-à-vis d'un acquéreur qui a fait transcrire, l'inscription ou la mention peut se présenter sous trois faces : elle a été rendue publique avant la transcription; elle a été rendue publique depuis; elle a été consentie depuis la transcription.

Première hypothèse. — Elle a été rendue publique avant la transcription.

La subrogation que l'acquéreur obtiendrait ne lui servirait à rien, puisqu'elle ne viendrait qu'au second rang; il connaît l'inscription formulée, c'est à lui de la purger conformément aux dispositions des art. 2183 et suiv. C. Nap.

Deuxième hypothèse. — La subrogation consentie avant la transcription a été formulée depuis.

Si c'était de créancier à créancier, la date des inscriptions fixerait le rang ; le premier inscrit pourrait absorber tout le prix de l'immeuble vendu au détriment de l'autre; c'est un acquéreur qui a fait transcrire, qui a rendu son titre opposable aux tiers, il doit être au moins sur un rang égal au premier créancier; la préférence doit exister au profit de son droit de propriété.

Mais on dit : l'obligation de rendre la subrogation publique n'est imposée que pour « déterminer l'ordre dans lequel ceux qui ont obtenu des cessions ou renonciations exercent les droits hypothécaires de la femme ; » ces droits existent tant que la femme peut les exercer elle-même : or, la femme peut les faire valoir vis-à-vis d'un acquéreur, non pas jusqu'à la transcription, mais jusqu'à l'accomplissement des formalités de purge légale. Ce qui démontre que l'art. 9 doit être ainsi entendu, c'est que l'art. 6 indique avec soin les articles du Code Napoléon constitutifs des priviléges et hypothèques dont l'inscription doit être requise avant la transcription, et ni dans cet article, ni dans aucun autre, il n'est fait allusion à l'art. 2135 aux termes duquel *l'hypothèque existe au profit de la femme indépendamment de toute inscription*; par suite, au profit de ceux qu'elle admet à ses droits : le préjudice que le subrogé éprouve en ne requérant pas immédiatement inscription, c'est d'être primé par une personne plus vigilante, mais le droit reste.

Nous répondons que la loi devait être muette sur l'art. 2135, parce qu'elle modifie les principes et l'économie du Code Napoléon en matière d'hypothèque légale; elle les établit sur de nouvelles bases.

L'existence de l'hypothèque légale, indépendamment de toute inscription, est maintenue tant que se trouve maintenue sa raison d'être, tant que la femme est dans la dépendance du mari (Exposé des motifs).

Aussitôt que la raison d'être n'existe plus, que l'ayant droit est devenu capable, un délai lui est fixé pour rendre l'hypothèque publique, et ce délai passé son hypothèque ne date, à l'égard des tiers, que du jour de l'inscription prise ultérieurement.

Le cessionnaire du droit de la femme n'est protégé, quant à lui, par aucune des considérations qui peuvent empêcher la femme de prendre inscription; il ne doit pas jouir de la même exception, et *l'intérêt des tiers se présente alors entier pour réclamer* UNE PUBLICITÉ D'HYPOTHÈQUE SI NÉCESSAIRE A LA SÉCURITÉ DES TRANSACTIONS (Exposé des motifs).

C'est, on le voit, tout un droit nouveau basé sur la publicité; la dispense d'inscription n'est plus la règle, elle n'existe plus qu'en faveur de l'incapable, de la femme mariée.

Le subrogé ne peut dès lors se dire le représentant de la femme; il ne peut opposer les droits qu'elle lui a transmis que sous la condition qui lui a été imposée de les rendre publics; ils sont, jusque-là, censés ne pas exister.

Les formalités de purge légale ne sont établies que s'il n'existe pas d'inscription au profit des personnes dispensées d'en requérir; c'est tellement de règle que l'inscription de toutes les hypothèques légales soumise à la formalité doit être requise avant la transcription; nous en avons un exemple bien caractéristique dans l'hypothèque légale de l'Etat sur les biens de ses comptables (V. n° 260).

Enfin, dans le cas particulier où la femme a stipulé au contrat, soit comme garantissant la vente, soit comme renonçant au bénéfice de son hypothèque en faveur de son acquéreur, elle ne peut plus faire valoir contre lui cette hypothèque, il pourrait même en demander la mainlevée; son cessionnaire ne peut avoir plus de droits qu'elle n'en a après la vente, car les subrogations ne sont opposables aux tiers que du jour de leur inscription; ici l'inscription est postérieure; elle est donc vis-à-vis de l'acquéreur comme si elle avait été consentie depuis la vente.

Troisième hypothèse. — La subrogation est consentie depuis la transcription.

Elle nous paraît nulle parce que la subrogation n'est que la conséquence et l'accessoire de l'hypothèque conventionnelle dont elle suit le sort (1). Nulle, puisque l'immeuble sur lequel on veut la faire frapper n'appartenait plus au débiteur en vertu d'un contrat transcrit.

Afin d'éviter que des créanciers, subrogés même depuis la vente, ne fassent inscrire l'hypothèque légale dans le but d'obtenir une subrogation en sous ordre, il sera prudent de demander le concours de la femme, ce qui arrêtera toute inscription de cette nature, parce que, comme nous l'avons dit, la femme ne peut plus faire valoir son hypothèque lorsqu'elle y a renoncé ou s'est obligée solidairement à la garantie.

284. L'inscription de cette hypothèque sera requise au profit du créancier ; elle devra essentiellement faire connaître que c'est l'inscription d'une hypothèque légale, et que le requérant profite de cette hypothèque comme subrogé : il ne suffira donc pas de fournir tous les renseignements exigés pour l'inscription d'une hypothèque conventionnelle, mais l'inscription devra encore contenir tous les renseignements qui se rattachent à l'hypothèque légale, de même que si l'on n'inscrivait qu'elle.

285. Cette inscription peut être requise en même temps que l'inscription conventionnelle, par un seul et même bordereau ; car s'il fait connaître en même temps tous les faits qui intéressent les tiers, la publicité est complète, et c'est ce que veut la loi.

Déjà, sous le Code Napoléon, la jurisprudence et les cours se sont prononcées en ce sens ; elles y trouvent une

(1) Arrêt de la Cour d'appel de Paris, du 26 août 1853, confirmatif d'un jugement du tribunal civil de la Seine.

garantie suffisante de publicité ; la loi nouvelle ne peut être plus exigeante (Cass., 13 nov. 1854).

Dans son rapport, M. le conseiller Hardouin disait :

« Quel est le but que s'est proposé la loi, en prescrivant les publications dont parle l'art. 2194 du Code? C'est d'offrir à l'acquéreur d'un immeuble le moyen de libérer ce bien de toutes les charges réelles qui peuvent le grever, notamment des hypothèques légales qui, étant dispensées de l'inscription, peuvent affecter l'immeuble sans que l'acquéreur le sache.... Il est évident que la marche tracée par les art. 2193 et 2194 n'a plus de but si, par la publicité donnée aux droits du mineur ou de la femme mariée, par une inscription déjà faite, l'acquéreur peut connaître les hypothèques qui affectent son acquisition. — C'est précisément ce qui existait dans l'espèce (1). La Cour n'a point oublié qu'après la subrogation consentie à M. Labrousse par Mme Laforest à son hypothèque légale, M. Labrousse a pris inscription sur le domaine dont le prix est à distribuer, et qu'il a eu soin de faire mentionner, sur les registres du conservateur, la cession d'hypothèque légale qui lui avait été consentie. MM. Coste et Grandpré avaient pris la même précaution et s'étaient fait également inscrire pour leur créance postérieure à celle de M. Labrousse.

« Que résulte-t-il de là ? C'est que, relativement à cette portion des droits hypothécaires de Mme Laforest, quant aux deux sommes de 13,000 fr. et de 41,000 fr., il y avait inscriptions prises, et l'acquéreur était instruit de l'existence de ses droits ; qu'*il était donc* SUPERFLU de prendre une nouvelle inscription dans le délai de deux mois depuis

(1) Le 8 octobre 1845, les époux Perrault-Laforest avaient souscrit solidairement au profit de Labrousse de Veyrazet une obligation hypothécaire avec subrogation par la dame Perrault dans son hypothèque légale ; le 30 du même mois, Labrousse a pris inscription pour sûreté de sa créance sur les biens de Perrault, et a fait mentionner la subrogation consentie à son profit; 4 août 1847, ouverture d'un crédit par Coste et Grandpré avec pareille subrogation dans l'hypothèque de la femme, ils requièrent leur inscription avec mention de subrogation. — Vente des immeubles ; dans le cours de l'accomplissement des formalités de purge, ces créanciers ont fait inscrire en temps utile l'hypothèque légale de la dame Perrault pour sureté du crédit.

le dépôt du contrat, et que celle requise par les demandeurs (Coste et Grandpré), en 1849, NE LEUR SERT A RIEN. »

Ce mode de procéder n'a pas que l'avantage de simplifier ; il diminue les frais de notifications qui sont en rapport avec le nombre d'inscriptions, qui seront donc doubles si, pouvant ne requérir qu'une inscription, on prend deux.

Je dis plus, il sera dangereux de faire autrement, parce que la nullité de l'inscription conventionnelle emportera la nullité de l'inscription d'hypothèque légale, et la nullité de l'inscription d'hypothèque légale privera du bénéfice de la subrogation dans cette hypothèque (V. n° 289).

286. Voici comment nous proposons, en général, de rédiger les bordereaux (*Voir les modèles dans l'Appendice*):

M (nom, prénoms et domicile), qui élit domicile à

Requiert à son profit :

Premièrement, contre M
l'inscription de l'hypothèque légale de Mme
épouse de mon dit S^{r} , dans laquelle le réquérant a été subrogé (soit tacitement, à cause de l'obligation solidaire de ladite dame, soit expressément) par l'acte du ci-après énoncé.

Ou l'inscription de l'hypothèque légale de Mme
épouse de mon dit S^{r} , qui, par l'acte du
ci-après énoncé, a consenti toute antériorité en faveur de l'hypothèque conventionnelle qui sera requise par le présent bordereau au profit de M.

Dans le cas de renonciation :

L'hypothèque légale de Mme qui, par l'acte du ci-après énoncé, a renoncé au bénéfice de son hypothèque légale, en faveur de
à cause de l'hypothèque conventionnelle qu'il requerra par le présent bordereau.

Pour sûreté (nous renvoyons au numéro suivant pour les explications sur ce point).

Deuxièmement, l'inscription de l'hypothèque conventionnelle à laquelle le requérant a droit contre M. et Mme son épouse, solidaires.

Cette hypothèque résulte, etc. (la formule en usage).

L'une et l'autre inscription est requise au profit de

Pour sûreté (la somme, l'exigibilité, comme d'usage).

Sur (désignation des biens immeubles hypothéqués).

287. Le bordereau de l'inscription des droits d'hypothèque purement légaux, contiendra (art. 2153) :

Troisièmement, la nature des droits à conserver et le montant de leur valeur quant aux objets déterminés, sans être tenu de le fixer quant à ceux qui sont conditionnels, éventuels ou indéterminés.

Nous avons dit qu'il sera de rigueur d'indiquer dans la subrogation le montant de la créance conditionnelle et son exigibilité ; nous envisagions la créance en elle-même, les tiers doivent la connaître.

Il est aussi de l'intérêt des tiers de connaître le montant de l'hypothèque légale, afin d'apprécier les charges qui frappent sur le mari et qui priment ses créanciers personnels ; de là, nécessité d'indiquer la nature des droits à conserver et le montant de leur valeur.

Alors qu'il ne s'agissait que de la femme et de son intérêt personnel, les formalités devaient être simplifiées, au point d'en permettre l'inscription à un ami.

Mais c'est une personne capable d'agir, qui doit même s'être renseignée sur le montant des droits et reprises de la femme qui a pris en considération leur importance dans le prêt qu'elle a fait ; elle ne doit donc pas se plaindre qu'à son égard on exige avec rigueur l'application de l'art. 2153.

Il sera donc nécessaire de faire savoir dans le bordereau que l'inscription de l'hypothèque légale est requise.

Pour sûreté :

1° De la somme de montant de son apport en mariage réservé propre, aux termes de son contrat de mariage, passé, etc.

2° De la somme de mise en communauté, et que la femme ou ses héritiers ont le droit de reprendre en renonçant à la communauté.

3° De la somme de montant du préciput stipulé par le contrat de mariage en faveur du survivant, et que la femme a encore le droit de reprendre, même en renonçant à la communauté.

4° De la somme de prix de la vente de tel immeuble propre, dont l'aliénation a été faite suivant contrat du

5° De la somme de recueillie dans la succession de liquidée par acte du

6° De ce que ladite dame a recueilli dans la succession de après la mort duquel il n'a été fait ni inventaire ni liquidation.

7° De la somme de provenue de telle donation.

8° Enfin, de la somme de pour frais de mise à exécution et autres (1).

(1) Modèles de bordereaux de l'inscription *que le mari doit requérir*; art. 2136 du Code Napoléon. Persil, du *Régime hypothécaire*.

1° Principal de la dot apportée par ladite dame (mettre la somme en toutes lettres).

2° Préciput ou tout autre avantage qu'il faudra désigner (mettre la somme en toutes lettres).

Total des créances déterminées.

3° Action en remploi des biens personnels qui *pourront* être aliénés.

4° Indemnité que ladite dame *pourra* avoir à exercer. Indéterminée.

Pigeau sur Crivelli : 1° De la somme de 20,000 fr. par elle apportée en dot, suivant ledit contrat.

2° Des sommes auxquelles monteront ses répétitions contre son mari, pour raison de celles qu'il a touchées pour elle et provenant des successions des sieur et dame B., père et mère de ladite dame A., lesquelles sont indéterminées.

3° De la somme de 15,000 fr., montant du prix d'une maison sise à....., échue à ladite dame A. desdites successions, et vendue par elle conjointement avec son mari, à...., le...., par contrat passé devant....

4° Enfin de la somme de 9,000 fr. montant d'une obligation par elle souscrite solidairement avec son mari, au profit de...., par acte reçu le...., par.....

Il n'est pas nécessaire de faire d'évaluation quant aux objets qui sont conditionnels, éventuels ou indéterminés, il suffit d'en indiquer la nature ; mais la dispense ne va pas au delà ; lorsqu'un objet est fixé et déterminé, il y a nécessité de faire connaître le montant de la reprise.

Je ne pense pas que l'obligation d'une évaluation imposée par l'art. 2148 soit applicable au créancier qui requiert une inscription comme subrogé, parce que, dans beaucoup de cas, l'évaluation approximative serait souvent impossible et même dangereuse.

Nonobstant la facilité de la jurisprudence pour valider les inscriptions d'hypothèque légale, la Cour de Bourges, par arrêt du 30 avril 1853, décide que : *la mention faite dans une inscription conventionnelle de l'antériorité consentie, au profit du créancier, par la femme du débiteur dans l'effet de son hypothèque légale sur les biens de son mari,* NE PEUT ÉQUIVALOIR à l'inscription de cette hypothèque légale sur les biens de son mari, *si elle ne contient pas les énonciations prescrites par l'art.* 2153 *C. Nap.*, notamment l'indication des droits à conserver.

Cet arrêt ajoute : « La mention de subrogation n'a d'autre objet que de manifester la volonté de l'inscrivant, de réclamer le bénéfice de l'hypothèque dans laquelle il est subrogé ; mais *il faut pour que la subrogation dans une hypothèque légale soit profitable et utile, que l'hypothèque légale elle-même soit duement conservée, de telle sorte que la partie au profit de laquelle la loi l'a établie en puisse réclamer l'effet.* »

288. Si, dans un bordereau d'inscription, la nature d'une reprise n'était pas énoncée, ou si même elle ne faisait pas partie des causes pour lesquelles l'inscription est requise, le créancier subrogé ne pourrait pas réclamer le bénéfice de cette reprise, puisque le défaut de cet énoncé démontre que la reprise n'est pas entrée en considération dans le placement ; c'est, à l'égard de ce créancier, comme s'il n'en avait pas requis ; les tiers doivent penser qu'il n'y a pas d'autres reprises que celles portées au bordereau, et la publicité serait une déception si l'inscription d'hypothèque légale pouvait conserver d'autres sommes que celles indiquées.

289. Pour que le créancier puisse profiter du bénéfice de l'hypothèque légale, il faut d'abord que son inscription soit régulière, parce que le créancier ne peut réclamer le bénéfice de l'hypothèque légale qu'au moyen de la subrogation, et le subrogé ne peut être colloqué qu'au lieu et place de celui qui, à défaut de subrogation, aurait lui-même eu ce droit ; si donc l'inscription est nulle, la femme elle-même ne pourrait se faire colloquer ; donc le subrogé ne le pourra pas.

Il ne suffirait pas non plus que l'inscription de l'hypothèque légale fût valable; il faudrait encore que l'inscription de l'hypothèque conventionnelle le fût, parce que les avantages des stipulations de l'obligation ne sont que les accessoires et la conséquence de l'hypothèque conventionnelle ; ils périssent donc avec elle ; par suite, le créancier ne peut s'en prévaloir ni contre la femme ni contre un autre cessionnaire. Arrêt de la Cour de Paris, du 24 août 1853.

290. La radiation des inscriptions et des mentions de subrogation devra être opérée sur le simple consentement du créancier, sans qu'il soit besoin du concours de la femme ou de ses représentants, parce que l'inscription et la mention de subrogation ne militent qu'au profit du créancier, à cause de sa créance ; elles sont sa propriété, il peut donc les abandonner ou y renoncer, comme bon lui semble, pour ne plus avoir que l'action personnelle.

La femme elle-même n'éprouvera aucun préjudice, puisque à l'instant même où la femme contracte l'obligation, il naît à son profit une hypothèque légale pour sûreté de cet engagement ; donc si le créancier renonce à l'effet de la subrogation, la femme n'en est pas moins obligée au paiement, mais elle reprend le rang qui appartient à ses reprises qu'elle avait cédé ; elle conserve en même temps l'hypothèque légale qui est née à son profit lorsqu'elle a signé l'obligation, et qui existe tant que la femme est obligée.

291. Lorsque le créancier a requis l'inscription de l'hypothèque conventionnelle et l'inscription de l'hypothèque légale à son profit, ou fait mentionner la subrogation en marge de l'inscription d'hypothèque légale préexistante, il a satisfait à la nouvelle loi ; il rentre sous l'empire du Code Napoléon pour les cessions, les transports et les subrogations qu'il lui plaît de consentir ; il suffit à son cessionnaire, pour être saisi, de satisfaire aux obligations prescrites pour le transport des créances et autres droits incorporels.

ART. 10.

La présente loi est exécutoire à partir du 1er janvier 1856.

SOMMAIRE.

---

292. Les lois sont exécutoires dans un délai qui commence du jour de leur promulgation et qui est en rapport avec les distances ; mais il eût été dangereux qu'il en fût ainsi pour la nouvelle loi hypothécaire ; il fallait préparer à la transition ; le délai du 1er janvier 1856 a été fixé dans ce but.

ART. 11.

Les art. 1, 2, 3, 4 et 9 ci-dessus, ne sont pas applicables aux actes ayant acquis date certaine, et aux jugements rendus avant le 1er janvier 1856.

Leur effet est réglé par la législation sous l'empire de laquelle ils sont intervenus.

Les jugements prononçant la résolution, nullité ou rescision d'un acte non transcrit, mais ayant date certaine avant la même époque, doivent être transcrits conformément à l'art. 4 de la présente loi.

Le vendeur dont le privilége serait éteint au moment où la présente loi deviendra exécutoire, pourra conserver vis-à-vis des tiers l'action résolutoire qui lui appartient, aux termes de l'art. 1654 du C. Nap., en faisant inscrire son action au bureau des hypothèques dans le délai de six mois à partir de la même époque.

L'inscription exigée par l'art. 8 doit être prise dans l'année, à compter du jour où la loi est exécutoire ; à défaut d'inscription dans ce délai, l'hypothèque légale ne prend rang que du jour où elle est ultérieurement inscrite.

Il n'est point dérogé aux dispositions du Code Napoléon relatives à la transcription des actes portant donations ou contenant des dispositions à charge de rendre ; elles continueront à recevoir leur exécution.

SOMMAIRE.

---

293. Cet article règle tout ce qui est relatif à la transition des actes passés sous le Code Napoléon.

Dans les transitions on distingue deux choses : ce qui regarde les droits en eux-mêmes, et ce qui regarde la conservation de ces mêmes droits.

Les droits ayant été acquis sous l'empire de la loi antienne, la loi nouvelle ne peut les modifier à peine de rétroactivité, ce qui est prohibé par tous les principes législatifs, et par l'art. 3 du C. Nap. « La loi ne dispose que pour l'avenir, elle n'a pas d'effet rétroactif, » nous enseigne cet article.

A l'égard des moyens pour les conserver, ils sont dans les dépendances de la procédure, la loi nouvelle les régit (1).

Nos lois anciennes accordaient une hypothèque générale qui prenait rang du jour de sa création ; lorsque le principe de la publicité fut admis, le droit en lui-même ne fut pas mis en question, les créances anciennes emportent toujours hypothèque sur tous les biens que les débiteurs possédaient lorsqu'ils ont contracté avant le principe de la publicité, et sur tous les biens qu'ils ont depuis possédés.

Mais nul ne mit en doute qu'ils étaient obligés de le rendre public, qu'ils devaient requérir des inscriptions ; aussi leur accorda-t-on un délai pour les requérir (loi du 11 brumaire, art. 37 et 39).

Telles sont encore les règles qui ont été appliquées dans les dispositions transitoires que renferme la nouvelle loi hypothécaire.

294. Le droit de propriété est soumis à une condition; cette condition ne peut affecter les actes antérieurs au jour où elle est exécutoire, elle affecterait des droits acquis.

Tous les actes énumérés sous les art. 1 et 2 doivent à l'avenir être transcrits pour être opposables aux tiers ;

(1) Des arrérages échus depuis le Code Napoléon sont assujettis à la prescription de cinq ans, bien que la rente ait été constituée sous une législation différente (Bruxelles, 26 mai 1813).

On ne peut regarder comme un droit acquis une règle dépendant de la loi existante et susceptible de changer avec elle.

La prescription établie par l'article 189 du Code de commerce est applicable aux billets échus antérieurement (C. Paris, 2 mai 1816).

L'usufruit ouvert depuis le Code Napoléon et créé antérieurement est soumis aux règles du Code Napoléon (Cass., 4 mai 1825).

Il appartient à la loi de régir les faits qui se passent sous son empire. (Cass., 7 nov. 1825).

cette formalité n'est pas obligatoire pour les actes passés antérieurement au 1er janvier 1856.

Tels sont : tout acte entre vifs translatif de propriété ou de droits réels susceptibles d'hypothèque, par exemple, les ventes et les échanges ;

Tout acte portant renonciation à ces mêmes droits ;

Tout jugement qui déclare l'existence d'une convention verbale, de la nature qui vient d'être indiquée ;

Tout jugement d'adjudication susceptible de transcription.

Les actes qui viennent d'être énumérés concernent le droit de propriété : si une loi postérieure pouvait les affecter, le droit de propriété, qui est si sacré, ne jouirait pas de la sécurité dont il a tant besoin.

D'autres actes se rattachent à des démembrements de la propriété, et forment, dans la main de celui qui les possède, un droit de propriété, auquel est applicable tout ce que nous venons de dire sur le droit de propriété lui-même.

Tels sont : tout acte constitutif d'antichrèse, de servitude, d'usage et d'habitation ;

La renonciation à ces mêmes droits ;

Le jugement qui en déclare l'existence ;

Les baux, les quittances et transports de loyers.

Ces actes se rattachent encore à la propriété immobilière.

A côté de la propriété immobilière, il en est une autre non moins sacrée, non moins respectable : c'est la propriété mobilière.

Celle-ci pourrait éprouver une modification à ses droits par les conditions qui sont imposées, dans l'art. 9, à la subrogation dans l'hypothèque légale de la femme ; peut-être n'existeraient-ils pas, si on leur appliquait les règles nouvelles : ils sont acquis, la loi veut qu'ils soient respectés.

C'est ainsi que les art. 1 et 2, qui imposent des conditions à la transmission du droit de propriété, ne sont pas applicables aux actes antérieurs et aux jugements rendus avant le 1er janvier 1856.

Il en est de même des art. 3 et 4, qui posent les conditions nouvelles de la transmission.

Enfin, il en est de même de l'art. 9, relatif à la subrogation dans l'hypothèque légale de la femme.

Leur effet est réglé par la législation sous l'empire de laquelle les actes sont intervenus.

295. Les art. 5, 6, 7 et 8 déterminent tout ce qui est relatif à la *conservation* des droits acquis et à acquérir; ils reçoivent leur pleine exécution du 1er janvier 1856.

Ces articles ne sont en réalité que règlementaires, et se rattachent à la manière de procéder; il est donc, non pas dans les droits du législateur, mais dans ses devoirs, de les modifier, de les changer, suivant les besoins sociaux. Nous avons cité l'obligation de rendre publiques les anciennes hypothèques qui étaient dispensées de cette obligation : il nous serait possible de citer nombre d'autres exemples.

Pour ce motif, l'article transitoire qui nous occupe fixe comment il sera satisfait à la loi nouvelle, pour les actes antérieurs.

296. Il ne suffit pas que les droits soient acquis avant le 1er janvier 1856; il faut que les actes établissant ces droits aient une date certaine avant cette époque, idée qui se trouve développée dans l'art. 1328, qui nous apprend ce qui constitue la date certaine : c'est l'enregistrement du sous seing privé; la mort de celui ou de l'un de ceux qui les ont souscrits; enfin la constatation de leur substance dans des actes dressés par les officiers publics, tels que procès-verbaux de scellés ou d'inventaire.

C'est qu'il s'agit, en effet, de la dispense de certaines obligations en opposition aux droits de tous; il faut donc qu'ils puissent être opposables à des tiers; ils doivent alors avoir date certaine, et notre article l'exige.

29 . Les divers cas énumérés dans l'art. 1328 du C. Nap. ne paraissent pas les seuls dans lesquels on puisse satisfaire au vœu de la loi et faire valoir l'acte comme ayant date certaine ; ils ne sont que démonstratifs : telle est aussi l'opinion de M. Toullier, t. VIII, n° 243.

La raison et l'ancienne doctrine, que les rédacteurs du Code Napoléon ont voulu conserver, ne permettent pas de limiter la disposition à ce seul cas (dit cet auteur). Le véritable sens de l'article est que les actes sous seing privé n'ont de date contre les tiers que du jour où cette date est assurée, par exemple, par le décès de l'un des signataires, par l'enregistrement, etc. C'est ainsi que Pothier l'entendait, et c'est la doctrine qu'ont voulu confirmer les rédacteurs du Code ; c'est ainsi que la raison veut qu'on l'entende : il n'est pas raisonnable de dire que la date n'est pas assurée, lorsque l'un des signataires, au lieu d'être mort, est réduit néanmoins à l'impossibilité de signer et d'antidater.

298. Dans le cas de résolution, nullité ou rescision d'un acte ayant date certaine antérieurement au 1er janvier 1856, il faut distinguer entre deux cas : ou l'acte avait été transcrit, ou il n'avait pas été transcrit.

S'il avait été transcrit, il y a lieu d'appliquer l'art. 4, et de faire seulement une mention en marge de la transcription.

S'il n'avait pas été transcrit, ce n'est plus une mention du jugement qui suffit, c'est le jugement qui doit l'être. Cette disposition démontre que l'intention du législateur est que la transmission des biens entre vifs soit établie par la transcription.

Comme cet article se réfère à l'art. 4, il en ressort que la transcription doit être faite à la diligence de l'avoué qui a obtenu le jugement ; qu'elle doit avoir lieu dans le mois où ce jugement a acquis l'autorité de la chose jugée, et qu'il y aura lieu de condamner à l'amende de 100 fr. l'avoué qui ne satisferait pas à cette obligation.

A notre avis, ce n'est pas étendre une peine d'un cas à un autre. Notre article dit que c'est conformément à l'article 4, que la transcription doit avoir lieu : or, si c'est conformément à l'art. 4, cette disposition ne peut s'appliquer à la mention, puisque c'est une transcription complète qui doit être faite; elle ne peut être entendue que de la deuxième partie : c'est à savoir qui fera la transcription. De là découle l'application de l'amende, la responsabilité que l'avoué peut encourir; s'il n'en est pas ainsi, la disposition de l'art. 11, qui se réfère à l'art. 4, devient une lettre morte.

Autrement, la transcription serait laissée au libre arbitre des parties, et ce serait une lacune contraire à l'esprit et à l'intention du législateur. On ne peut admettre que cette lacune existe : c'est cependant ce qui aurait lieu, si notre interprétation n'était pas exacte.

Nous référons encore aux explications que nous avons fournies sur l'art. 4, elles nous paraissent applicables à cette disposition de l'art. 11.

299. Jusqu'au 1er janvier 1856, les inscriptions et les priviléges pourront être inscrits dans la quinzaine de la transcription : on reste sous l'empire de l'art. 834 du C. de procédure.

Qu'une transcription ait lieu dans les derniers jours du mois de décembre, de sorte que le délai de quinzaine ne soit pas complet au 1er janvier 1856 ; par exemple, une transcription opérée le 24 décembre : on n'en devra pas moins attendre le délai de quinzaine, et les créanciers pourront valablement requérir inscription au-delà du 1er janvier, parce qu'il s'agit d'une formalité commencée sous l'empire d'une ancienne loi qui n'arrêtait pas l'inscription des hypothèques, qui servait seulement de base à un délai; en sorte que les créanciers avaient un droit commencé sous son cours : la loi ne pourrait, sans rétroactivité, en priver ces créanciers.

Par suite, tout ce qui concerne l'effet des transcriptions est régi par les anciens principes : le vendeur précédent ne jouit pas du délai de quarante-cinq jours, qui lui est accordé par l'art. 6, et que refusent le Code Napoléon et le Code de procédure. Le délai de soixante jours, qui appartenait au copartageant pour l'inscription du privilége conservateur de sa soulte, reste tel qu'il était sous le Code Napoléon.

300. A l'égard des transcriptions opérées depuis le 1er janvier 1856, d'actes antérieurs à cette date, les créanciers ayant un privilége ou une hypothèque créée avant cette époque, ne pourront prétendre au délai de quinzaine; la transcription sera le dernier délai.

Le premier alinéa de l'art. 11 ne mentionne pas l'art. 6, parce qu'il s'agit dans cet article du mode de conservation des droits de privilége et d'hypothèque, et que pour tout ce qui a rapport à leur conservation, ils sont régis, non par la loi existante au temps où ils ont pris naissance, mais par la loi en vigueur au temps où l'on remplit les formalités nécessaires.

301. Ainsi, le copartageant ne jouira plus du délai de soixante jours accordé par le Code Napoléon; quoique le partage et même le contrat de vente aient été passés sous l'empire de ce Code, il n'aura plus que quarante-cinq jours; mais ce délai lui profitera nonobstant toute transcription.

Exemple : 20 décembre, partage; 28 décembre, vente; 4 janvier, transcription; le copartageant pourra faire inscrire son privilége jusques et compris le 3 février.

Il faut en dire autant du vendeur.

302. La loi accorde au vendeur, dans le cas où, à la date du 1er janvier 1856, son privilége serait éteint, le droit de conserver vis-à-vis des tiers l'action résolutoire, en le faisant inscrire dans le délai de six mois, à partir de la même époque; c'était une nécessité, afin que la loi pût porter immédiatement ses fruits et que l'on ne restât pas pendant trente ans, à partir du jour où elle serait exécutoire, exposé aux actions résolutoires qui auraient pris naissance avant.

303. Ce délai ne s'applique qu'aux priviléges éteints

avant le 1er janvier 1856 (1). A l'égard des priviléges éteints postérieurement, leur extinction emportera extinction de l'action résolutoire, quoique leur contrat soit passé avant l'empire de notre loi, et cela parce que c'est la loi nouvelle qui les régit; elle a solidarisé la conservation du privilége avec l'action résolutoire (2).

Si la loi accorde un délai pour les actions résolutoires lorsque le privilége est éteint avant le 1er janvier 1856, c'est parce que ce droit existait sous le Code Napoléon, indépendamment du privilége; la loi nouvelle ayant voulu que l'action résolutoire ne pût exister sans le privilége, il fallait que son sort fût fixé; en conséquence du principe d'une plus grande publicité qu'elle demande, elle a fixé un délai pour rendre publique l'action résolutoire.

304. Même lorsque l'action résolutoire aurait été stipulée dans le contrat de vente, il y aura nécessité de la faire inscrire dans le délai de six mois, à partir du 1er janvier 1856, parce que cette clause ne constitue pas un droit acquis, elle n'est qu'un moyen imaginé pour obtenir le paiement, un mode d'exécution; elle tombe alors sous l'empire de la loi du moment, c'est-à-dire de la loi nouvelle.

305. Si l'instance en résolution était commencée avant le 1er janvier 1856, il n'y aurait pas nécessité de recourir à l'inscription, parce qu'il y aurait instance commencée sous l'empire du Code Napoléon, et les droits seraient régis par cette loi; par suite, comme ils étaient dispensés de l'inscription ils devraient encore l'être, c'est là ce qui constitue le droit acquis en matière de procédure et d'exécution.

(1) Exemple: 1er janvier 1854, vente, pas de transcription, pas d'inscription d'office; le 12 juillet 1855, revente; l'acquéreur fait transcrire, le 4 août 1855; le privilége du premier vendeur est éteint, il ne lui reste plus que l'action résolutoire, qu'il pourra faire inscrire dans le délai de six mois du 1er janvier 1856.

(2) Exemple: 1er janvier 1854, vente, pas de transcription, pas d'inscription d'office; 12 juillet 1855, revente; 2 janvier 1856, transcription.

306. *Inscription des hypothèques légales*. — La loi nouvelle exige que l'hypothèque légale de la femme, du mineur et de l'interdit soit inscrite dans l'année qui suit la dissolution du mariage ou la cessation de la tutelle (art. 8). Comme conséquence, la loi devait établir une obligation semblable pour les positions pareilles qui existeraient au 1er janvier 1856 ; aussi l'art. 11 de la loi nouvelle contient-il cette disposition : « L'inscription exigée par l'art. 8 doit être prise dans l'année, à compter du jour où la loi est exécutoire ; à défaut d'inscription dans ce délai, l'hypothèque légale ne prend rang que du jour où elle est ultérieurement inscrite. »

Il n'y a point rétroactivité dans cette disposition ; la loi du moment règle tout ce qui se rattache aux garanties et à l'exécution des actes et des droits acquis.

S'il en était autrement, les bénéfices de la publicité, qui sont de l'essence de la loi, ne se feraient sentir que dans un délai très éloigné, et ce serait une inconséquence grave avec l'obligation imposée au vendeur de faire inscrire son action résolutoire, garantie que le Code Napoléon lui avait assurée pour le recouvrement de son prix.

307. Il y a lieu, dans ce cas, d'appliquer tout ce que nous avons dit sous le n° 251, pour l'hypothèse où les héritiers et représentants de la femme, du mineur et de l'interdit, seraient eux-mêmes sous la puissance du mari ou de l'ancien tuteur. Nous avons dit que l'hypothèque était encore dispensée de l'inscription ; les mêmes raisons existent, les mêmes conséquences doivent en découler.

308. Les créanciers subrogés à l'hypothèque légale de la femme sont-ils soumis à l'application de l'art. 8 ? Doivent-ils faire inscrire leur subrogation dans l'année, à compter du 1er janvier 1856, comme l'obligation en est imposée à la veuve, au mineur devenu majeur, à l'interdit relevé de l'interdiction, et à leurs héritiers et ayants cause ?

MM. Rivière et François, n° 144 de leur *Traité sur la*

nouvelle loi hypothécaire, s'expriment à ce sujet de la manière suivante :

« On ne pouvait pas non plus, sans rétroactivité, imposer à ceux qui, avant le 1er janvier 1856, ont obtenu par des actes, ayant date certaine, des subrogations ou des renonciations à l'hypothèque légale de la femme, l'obligation de faire constater ces subrogations ou renonciations par un acte authentique, ni les assujettir à la formalité de l'inscription ou de la mention de subrogation en marge de l'inscription préexistante ; ces personnes subrogées sous l'empire du Code Napoléon ont évidemment des droits acquis vis-à-vis des tiers ; droits dont elles pourront se prévaloir lorsque les subrogations auront une date certaine, antérieure au 1er janvier 1856. »

Ces auteurs font une confusion entre les droits acquis et le mode de les conserver.

Nous partageons leur avis sur les droits acquis; la loi nouvelle ne pouvait imposer des conditions à des droits qui se sont établis sous le Code Napoléon, et qui ont été rédigés dans la forme alors autorisée ; aussi l'art. 11 dit : Que l'art. 9 qui impose de nouvelles conditions, de nouvelles formes, n'est pas applicable aux actes ayant acquis date certaine avant le 1er janvier 1856. Ainsi, la subrogation expresse qui pouvait être consentie par un acte sous seing privé, sera valable quoique la loi nouvelle exige un acte authentique. Le rang des subrogations est fixé par les dates des actes ; voilà ce que signifient le premier et le second alinéa de l'art. 11 combinés avec l'art. 9.

Mais nous pensons que ces jurisconsultes sont dans l'erreur lorsqu'ils disent que les créanciers ne sont pas assujettis à la formalité de l'inscription.

L'art. 8 oblige les ayants cause à la remplir, non seulement ceux de la veuve, mais de la femme, comme nous l'avons démontré (*V.* n° 248). Or, les créanciers subrogés sont les ayants cause de la femme : notre loi supplée tant que la femme est dans la dépendance du mari, tant que le mineur est sous l'autorité d'un tuteur ; elle protége leurs intérêts par l'hypothèque légale; mais, disent les membres du conseil d'Etat, quand la capacité est venue, le besoin de publicité reprend ses droits.

C'est, disent-ils, le même raisonnement qui a dicté l'art. 11 du projet (maintenant l'art. 9). Le cessionnaire des droits de la femme n'est protégé, quant à lui, par aucune des considérations qui peuvent empêcher la femme de prendre inscription contre son mari ; il ne *doit pas jouir de la même exception, et l'intérêt des tiers se présente alors entier pour réclamer une publicité d'hypothèque,* SI NÉCESSAIRE A LA SÉCURITÉ DES TRANSACTIONS (Exposé des motifs).

Nous concluons donc de cette déclaration formelle des conseillers d'Etat que les créanciers subrogés par la femme, ne doivent jouir d'aucune exception, qu'ils ne peuvent être traités plus favorablement que la veuve ou le mineur devenu majeur. C'est cependant la conclusion que nous présente l'opinion de MM. Rivière et François, puisque la femme devenue veuve avant le 1er janvier 1856, devra requérir l'inscription de son hypothèque légale.

Si cette veuve n'a pas requis inscription dans l'année son hypothèque ne prendra plus rang que du jour de l'inscription ; les droits du subrogé étant au contraire réglés par le Code Napoléon, ne souffriront rien de ce retard. La veuve pourra ne plus avoir de droit d'hypothèque, tandis que son subrogé qui n'a pas fait plus qu'elle de diligence les conservera.

Si les héritiers n'ont pas requis inscription dans l'année et que l'acquéreur ait fait transcrire, leur hypothèque sera éteinte, tandis qu'elle ne sera purgée vis-à-vis des créanciers que par les formalités de purge, telles qu'elles sont dictées dans l'art. 2194.

Telle est la conséquence logique du raisonnement.

Dira-t-on que si le mariage est dissout, le subrogé sera tenu de faire inscrire l'hypothèque légale?

Ce raisonnement serait admissible en principe sous la nouvelle loi, parce que le subrogé étant l'ayant cause ne pourrait avoir plus de droits que celui qui l'a subrogé ; il serait ainsi assujetti à l'inscription lorsque le subrogeant y serait soumis.

Mais il n'est pas possible, si l'on admet que l'effet de la subrogation soit réglé par le Code Napoléon, à peine de rétroactivité ; car le cessionnaire n'est pas obligé par cette loi de requérir inscription, et c'est seulement par la purge des hypothèques légales que ses droits s'éteignent ; il est l'un des inconnus pour lesquels l'insertion au journal est requise.

C'est donc avec raison que nous avons fait les déductions ci-dessus.

La loi nouvelle n'a pas voulu que le cessionnaire fût seulement dans la position d'un ayant cause, qu'il fût seulement assujetti à suivre le sort de celui qu'il représente ; elle a voulu plus, elle a voulu qu'il fût soumis à des obligations spéciales qui sont consignées dans l'art. 11. C'est ce que nous apprend encore l'exposé des motifs.

« On sent (y est-il dit) à quelles contestations a donné lieu L'EXERCICE des droits hypothécaires de la femme par les créanciers subrogés, et quelles difficultés il a soulevées. Il y est mis fin en donnant à la date des inscriptions ou mentions l'effet de régler l'ordre dans lequel seront admis les concessionnaires. »

Nous devons dès lors voir dans l'art. 8 la règle générale pour les ayants cause, et dans l'art. 9 les règles spéciales concernant l'exercice des droits des créanciers subrogés.

Par suite, le créancier subrogé est soumis à la formalité de l'inscription d'hypothèque légale qui doit être prise dans l'année à compter du 1er janvier 1856.

Le rang de ces inscriptions sera réglé, non suivant l'art. 9 qui est pour les faits postérieurs au 1er janvier 1856, mais suivant le rang qu'elles auraient eu, sous le Code Napoléon, d'après la date des actes subrogatifs que l'inscription fera connaître, sans avoir égard aux dates des inscriptions qui seront requises ; c'est une conséquence de la non rétroactivité.

La loi offrirait une contradiction flagrante et serait empreinte de retroactivité si les obligations imposées par l'article transitoire ne régissaient pas que l'exercice, mais attaquaient l'action, ce qui n'a pas lieu.

Le Code Napoléon avait garanti à la veuve et à ses héritiers une hypothèque légale dispensée de l'inscription, tant que la créance subsisterait. L'article transitoire les oblige à l'inscription, quoique leurs droits soient ouverts même avant sa promulgation. L'on ne peut contester que le cessionnaire des droits de la veuve ou des héritiers de la femme, en vertu d'un transport régulier et authentique fait avant la loi, n'ait des droits acquis, que le cessionnaire n'ait compté sur la faveur de la dispense de l'inscription lorsqu'il a traité ; cependant il faudra qu'il requière inscription. Sa position est au moins aussi favorable que la position du créancier cessionnaire.

Suivant nos lois anciennes et suivant le Code Napoléon, le vendeur avait une action résolutoire indépendante du privilége et dispensée de toute publicité, elle était de l'essence du contrat. Souvent le vendeur avait subordonné son consentement à la garantie, elle constituait un droit acquis, au moins aussi formel, aussi saint que le droit du créancier pour argent prêté. — Cependant la loi l'oblige à faire inscrire l'action pour qu'il puisse la conserver.

C'est qu'il est un vieil adage en droit : qui veut la fin veut les moyens ; on veut de la publicité, il la faut complète. C'est ce sentiment qui a dirigé la commission de l'assemblée législative. C'est elle qui a demandé que l'on fasse entrer dans la loi la disposition qui oblige le vendeur, dont le privilége serait éteint au moment où la loi deviendrait exécutoire, à le faire inscrire dans le délai de six mois ; cette disposition n'existait pas dans le projet présenté par le conseil d'État.

C'était une nécessité afin que la loi pût porter immédiatement ses fruits et que l'on ne restât pas pendant trente ans, à partir de sa publication, sous le coup d'actes résolutoires ayant pris naissance avant cette époque (rapport de M. Debelleyme).

Si le subrogé dans le bénéfice de l'hypothèque légale de la femme antérieurement à la loi, n'était pas obligé de rendre publique sa subrogation, on serait pendant au moins trente ans, sous le coup d'hypothèques occultes pour des dettes qui (suivant certains auteurs) pourraient résulter d'actes sous seing privé ; ce serait plus dangereux que l'action résolutoire qui peut être connue en compulsant les titres de propriété, tandis que, sans la publicité, il est impossible de savoir si la femme d'un débiteur a subrogé le créancier dans le bénéfice de son hypothèque légale.

Le subrogé serait traité plus favorablement même que le vendeur, ce qui n'est pas possible, parce que le vendeur mérite plus de considération que le prêteur.

Parce que c'est à cause des inconvénients de cette subrogation occulte que l'art. 9 a été décrété.

Parce qu'enfin la loi nouvelle est faite en vue d'une plus grande publicité.

Nous ajouterons ce dernier argument : l'article transitoire porte que L'EFFET de plusieurs articles, notamment de l'art. 9, EST RÉGLÉ par la législation sous l'empire de laquelle les actes sont intervenus.

Cette disposition consacre une règle de jurisprudence que l'effet des actes doit être réglé par la législation sous laquelle ils ont eu lieu. « Les effets des contrats ou les « droits qui en résultent, qu'ils soient actuellement ou« verts ou simplement éventuels et expectatifs, sont hors « de l'atteinte des lois postérieures. »

Autres sont les suites des contrats, qui, à la différence de leurs effets, sont toujours régies par la loi nouvelle ; les suites sont des conséquences accidentelles et éloignées qui ont lieu à l'occasion de l'exécution, mais qui ne sont pas des conséquences immédiates et nécessaires de l'obligation ; ces suites n'ont pas, comme les effets, une cause inhérente au contrat, elles ne se sont pas offertes à la pensée des parties, lorsqu'elles ont réglé leurs droits ; la loi nouvelle en les régissant ne rétroagit pas. Merlin, *Répertoire*, v° *Effet rétr.*, sect. 2 et 3, art. 4.

Autre est encore le mode d'exécution par lequel il faut suivre la loi actuelle. Merlin, *Répertoire*, v° *Effet rétr.* 8, 10.

Tout ce qui concerne les formalités à remplir pour la conservation de l'effet et du rang que les hypothèques doivent avoir entre elles est régi par les lois du moment ; ces lois sont obligatoires à l'égard des hypothèques créées antérieurement (Cass., 5 février 1828).

Ainsi notre opinion, loin de tendre à un effet rétroactif, est en rapport avec les précédents sur le régime hypothécaire, et avec la jurisprudence.

308 *bis*. Lorsque dans un acte antérieur au 1er janvier 1856, susceptible d'être transcrit, on a stipulé comme se portant fort du propriétaire, généralement d'un mineur, il y a nécessité de faire transcrire la ratification consentie depuis le 1er janvier 1856, parce que l'effet de cette ratification remonte entre les parties au jour de la vente, sans préjudice du droit des tiers, de sorte que s'il avait été pris des inscriptions contre le mineur avant cette ratification, elles le seraient valablement; pour les tiers, elle tombe sous l'application de la loi nouvelle comme faite sous son empire ; elle ne leur est opposable que du jour de la transcription.

309. La loi du 23 mars ne s'est pas occupée de la transcription relative aux actes portant donation ou contenant des dispositions à charge de rendre : elles restent telles qu'elles ont été édictées par le Code Napoléon. Nous les indiquerons dans l'*Appendice*, afin de compléter ce qui est relatif aux transcriptions.

ART. 12.

Jusqu'à ce qu'une loi spéciale détermine les droits à percevoir, la transcription des actes ou jugements qui n'étaient pas soumis à cette formalité, avant la présente loi, est faite moyennant le droit fixe de 1 franc.

—

SOMMAIRE.

—

310. On continuera à percevoir les mêmes droits que par le passé pour les actes qui étaient auparavant soumis à la formalité de la transcription ; quant aux actes ou jugements qui n'y étaient pas soumis, ils ne seront passibles que d'un droit de 1 franc.

Ainsi, par exemple, les actes constitutifs d'antichrèse, les baux emphytéotiques temporaires, les baux de plus de dix-huit ans, les quittances ou jugements constatant quittance ou cession d'une somme équivalente à plus de trois années de loyers ou fermages non échus, n'étaient pas, avant la loi nouvelle, soumis à la formalité, et ne paieront par conséquent que le droit fixe précité, outre le salaire du conservateur.

Ce droit fixe de 1 franc est déjà perçu, comme droit de transcription, dans les contrats translatifs de propriété, lorsque le droit proportionnel a été reçu par le receveur de l'enregistrement ; il se confondra avec lui et ne pourra pas être perçu en outre.

311. Les ventes, les échanges, les donations entre vifs et tous autres actes emportant mutation de propriété immobilière, lorsqu'ils sont susceptibles d'être transcrits, sont passibles de 1 et 1/2 pour 100 du prix intégral des dites mutations.

Le droit de transcription n'était perçu qu'au moment

de la formalité ; mais, aux termes de l'art. 54 de la loi du 18 avril 1816, il est perçu par le receveur en même temps que le droit de mutation ; de sorte que la transcription n'est plus, depuis cette époque, passible que du droit fixe de 1 franc, dont nous avons fait mention au numéro précédent.

312. Il n'existe d'exception à cette règle que pour les partages anticipés faits, dans la forme de donations entre vifs, par les père, mère et autres ascendants. Quant à ces actes, le droit de 1 fr. 50 c. pour 100 n'est perçu que lorsque la transcription est requise au bureau des hypothèques (art. 3 de la loi du 16 juin 1834).

313. Le droit de transcription n'est pas restituable, même si la formalité était inutile (Cass., 28 juillet 1827).

314. Lorsque le même acte donne lieu à transcription dans plusieurs bureaux, le droit sera acquitté en totalité dans le premier bureau. Il ne sera payé, pour chacune des autres transcriptions, que le simple salaire du préposé, sur la représentation de la quittance constatant le paiement entier du droit, lors de la première transcription.—En conséquence, le préposé dans le premier bureau sera tenu de délivrer à celui qui paiera le droit, indépendamment de la quittance sur la transcription, autant de duplicata de ladite quittance qu'il lui en sera demandé.

Il sera payé au préposé 20 c. pour chaque duplicata, outre le papier timbré.

315. Le coût de la formalité de transcription est composé des éléments ci-après :

Certificat constatant le dépôt de la pièce à transcrire.

Timbre.	0 fr. 35 c.	0 fr. 60 c.
Salaire du conservateur.	0 25	

La remise effective de ce certificat n'est pas exigée par

les officiers ministériels, en raison de la confiance que les conservateurs méritent ; mais la pièce n'en existe pas moins à leur disposition ; la remise en est faite à toute autre personne.

Il serait à désirer que cette pièce fût facultative, et que les conservateurs fussent crus sur parole, de la remise : ce serait une économie notable pour les petites ventes.

Transcription sur le registre : . . . . . .

Les registres sont faits sur timbre à 2 fr. ; chaque page doit contenir trente-cinq lignes, et chaque ligne dix-huit syllabes. Le salaire du conservateur (1) est de 0 fr. 70 c. par chaque rôle ou deux pages ; ce qui fait pour chaque ligne 0 fr. 01 c. ; et c'est sur cette base que ce fonctionnaire établit son salaire pour le rôle entamé.

(1) Décret du 24 novembre 1855, relatif aux salaires alloués aux conservateurs des hypothèques pour la transcription des actes de mutation.

Sur le rapport de notre ministre secrétaire d'Etat au département des finances.

Vu le décret du 21 septembre 1810, portant fixation des salaires attribués aux conservateurs des hypothèques.

Vu l'ordonnance du 1er mai 1816, concernant les salaires pour la transcription des actes de mutation.

Vu l'art. 10 de la loi sur la transcription hypothécaire, du 23 mars 1855, portant que cette loi ne sera exécutoire qu'à partir du 1er janvier 1856.

Avons décrété et décrétons ce qui suit :

Art. 1er. A partir du 1er janvier 1856, le salaire alloué au conservateur des hypothèques par le n° 7 du tableau annexé au décret du 21 septembre 1810, pour la transcription des actes de mutation, est réduit à 0 fr. 50 c. par rôle de 25 lignes à la page et de 18 syllabes à la ligne.

Art. 2. A compter de la même époque, l'art 1er (unique) de l'ordonnance du 1er mai 1816 cessera de recevoir son exécution.

Observation résultant de ce décret. D'après l'ordonnance du 1er mai 1816, les conservateurs des hypothèques portaient en recette, pour le compte du trésor, la moitié du salaire d'un franc par rôle de 25 lignes à la page et de 18 syllabes à la ligne, alloué par le décret du 21 septembre 1810, pour la transcription des actes de mutation. C'est cette moitié de salaire, attribuée au trésor, qui est supprimée par le décret du 24 novembre 1855, à partir du 1er janvier 1856 ; l'autre moitié, qui était restée la rémunération personnelle du conservateur n'éprouve aucune réduction.

On sait, au surplus, que les registres des conservateurs des hypothèques pour la transcription de actes de mutation, étant établis en grand papier de 35 lignes par page, il était perçu par rôle, 1 fr. 40 c., dont moitié était portée en recette pour le compte du trésor. A partir du 1er janvier 1856, ils ne percevront plus que 70 c. par rôle de 35 lignes à la page et de 18 syllabes à la ligne, ce qui revient au même que 50 c. par rôle de 25 lignes à la page, salair fixé par le décret du 24 novembre 1855.

La transcription coûte par chaque ligne du registre :

Timbre.	0 fr. 01 c. 43	0 fr. 02 c. 43
Salaire.	0 01 »	

Chaque rôle de notaire étant de vingt-cinq lignes par page et de quinze syllabes à la ligne, représente sur le registre du conservateur quarante-deux lignes et coûte :

Timbre.	0 fr. 60 c.	1 fr. 02 c.
Salaire.	0 42	

Inscription d'office.

Timbre du registre. .	0 fr. 35 c.	1 fr. 35 c.
Salaire.	1 »	

Certificat sur transcription et certificats en général. Le salaire du conservateur est de 1 fr. par chaque personne à laquelle le certificat s'applique.

S'il n'existe qu'une inscription sur l'une des personnes dénommées au certificat, il doit la comprendre, sans augmentation de salaire ; dans le cas où il y en aurait plus d'une, le salaire est augmenté de 1 fr. par chaque inscription.

De la formalité de transcription.

SOMMAIRE.

316. L'acte doit être trancrit au bureau dans l'arrondissement duquel l'immeuble est situé.
317. Double but de la formalité : mettre le contrat à la connaissance des tiers, conserver le privilége du vendeur.
318. L'inscription d'office est prise pour ce qui reste dû sur le prix, suivant les actes transcrits.
319. Le conservateur ne peut être dispensé de cette formalité, si ce n'est lorsque le créancier renonce à son privilége.
320. Si le contrat doit être transcrit en entier.
321. Dans quels cas on peut faire transcrire un extrait.
322. Si l'acte est indivisible, on ne peut faire transcrire un extrait.
323. On peut faire transcrire un écrit sous seing privé.
324. Si la libération résulte d'un écrit sous seing privé, le conservateur doit

---

316. La transcription de l'acte soumis à la formalité doit être faite au bureau dans l'arrondissement duquel l'immeuble est situé.

S'il se trouve des immeubles dans plusieurs arrondissements, on doit opérer la formalité dans chacun d'eux, attendu que les droits de privilége et d'hypothèque sont des droits réels qui affectent l'immeuble; et en matière de droit réel, c'est de l'immeuble que l'on part, et non du propriétaire.

Par suite, comme la transcription est opérée en vue des charges hypothécaires, il faut remplir la formalité dans chaque bureau, puisque chaque bureau n'est que pour chaque immeuble de son ressort et ne peut s'étendre sur d'autres.

317. La formalité a un double but : la connaissance portée aux tiers, de la mutation, et la conservation du privilége du vendeur pour ce qui lui est dû.

Afin de conserver le privilége du vendeur, le conservateur est tenu de faire sur ses registres l'inscription des créances résultant de l'acte translatif de propriété, tant en faveur du vendeur qu'en faveur du prêteur (art. 2108 C. Nap.).

Cette disposition n'est pas réitérée dans la loi nouvelle, mais comme son caractère est plutôt complémentaire que modificatif, les dispositions du Code Napoléon subsistent en règle générale et les modifications sont restreintes aux cas spécialement indiqués

Or, l'obligation par le conservateur de requérir inscription est plutôt en harmonie avec la nouvelle loi hypothécaire, que contraire; elle existait dans la loi de brumaire.

Dans le cas où le conservateur n'aurait pas requis cette inscription, la transcription du contrat en tiendra lieu.

318. Cette inscription est prise, soit pour la totalité, soit pour la partie du prix encore due, et au profit du vendeur ou des personnes subrogées à ses droits, le tout suivant qu'il résulte des pièces transcrites, lors même que la libération ou la subrogation résulterait d'un acte postérieur à la vente, pourvu que la transcription de l'un et de l'autre soit requise en même temps (1).

Lorsque l'acte dérogatoire à l'acte de vente est transcrit en même temps, il forme comme un appendice à l'acte de vente, et la publicité qui lui est donnée par annexité avec le contrat fait connaître aux tiers la véritable position des parties, de manière qu'ils ne peuvent se plaindre. Cassation, 4 décembre 1823.

319. Le conservateur ne peut être dispensé par le vendeur de requérir l'inscription d'office.

Cette inscription n'est pas indispensable puisque la transcription vaut inscription au profit du vendeur. C'est une mesure d'ordre qui a été prescrite dans l'intérêt des tiers par l'art. 2108 sur la proposition de M. Jolivet, afin que le registre des inscriptions fut complet. On a voulu par là que le privilége du vendeur fût rendu public, afin que la situation hypothécaire ne restât pas cachée et ne mît personne dans l'erreur; le conservateur ne peut donc se rendre complice de cette fraude faite à la sécurité publique.

Si le vendeur avait déclaré dans le contrat qu'il se con-

(1) A rapprocher de ce que nous dirons sur les sous seings privés, n° 324.

tente de l'action personnelle et renonce à son privilége, le conservateur ne devrait pas prendre d'inscription; dans ce cas l'immeuble ayant été dégrevé d'une manière complète et définitive, c'est, vis-à-vis des tiers, comme si le prix était payé.—A l'égard des créanciers du vendeur, leur inscription garantit leurs droits sans qu'ils aient besoin de l'inscription d'office. La renonciation que le vendeur a faite à son privilége n'est pour eux d'aucune influence.

320. Pour la connaissance des tiers, *le contrat sera transcrit* EN ENTIER (art. 2181 C. Nap.) et cette transcription se fera sur un registre à ce destiné.

La loi qui nous occupe n'a point conservé dans son texte l'expression EN ENTIER ; elle dit seulement *seront transcrits*. De là naissent diverses questions.

321. Lorsqu'un acte contient plusieurs chefs distincts, doit-on nécessairement transcrire la totalité de l'acte, ou seulement la partie sujette à la formalité ?

Un procès-verbal contient des adjudications à divers ; l'un des adjudicataires veut remplir la formalité.

Une vente contient en même temps un bail.

La raison de douter vient de ce que le Code Napoléon exige que l'acte soit transcrit en entier, et l'on peut dire que la disposition, quant à la forme, n'a pas été modifiée ; que si la loi ne parle que de transcription, elle se réfère pour la forme au Code Napoléon.

Cette opinion reçoit une grande force des faits qui se sont passés à ce sujet, dans le cours des examens préparatoires de la loi.

Le conseil d'État avait proposé un nouveau mode de publicité qui devait remplacer la transcription et offrait (dit le rapporteur de la commission) des inconvénients et des dangers; la majorité de la commission a pensé que le mode de transcription suivi jusqu'à ce jour était préférable ; elle a donc proposé le rejet de l'art. 3.... ce rejet a été accepté par le conseil d'État.

Nous ne contestons pas la force de cet argument; nous pensons cependant que la loi nouvelle, en rendant la transcription obligatoire, a, par son esprit, voulu rendre cette charge le moins pesante possible; il ne sert de savoir que l'acquéreur a reloué au vendeur. Parce qu'un procès-verbal contient des ventes à plusieurs, pourquoi obliger l'un des adjudicataires à transcrire pour tous. La transcription du titre entier conduit à cette conséquence que chacun ne peut transcrire pour soi, qu'il doit transcrire pour tous, et qu'il faut surcharger les registres de dispositions qui n'intéressent pas la vente en elle-même.

Ce qu'il faut, c'est que les tiers connaissent tout ce qui se rattache à la vente, tout ce qui en est partie intégrante.

Cette disposition, dit M. Troplong, doit être entendue dans un sens raisonnable; plusieurs actes différents peuvent être contenus dans un même contexte et n'en être pas moins indépendants les uns des autres. Lorsque le Code Napoléon a employé les expressions en entier, il a voulu parler du cas où un acte ne contient qu'une seule et même convention. Mais lorsqu'il n'en est pas ainsi, il deviendrait frustatoire de transcrire en totalité un acte qui, bien qu'unique quant à la forme, est complexe quant aux dispositions qu'il contient.

L'administration de l'enregistrement et les conservateurs rejettent tout extrait analytique, et n'admettent l'extrait littéral que si le contrat contient plusieurs dispositions indépendantes; mais la disposition doit être entière et ne peut être par extrait. Le conservateur obligé de requérir une inscription d'office, ne le peut faire d'une manière utile et complète que s'il connaît le contrat entier. Les tiers doivent trouver sur le registre le contrat tel qu'il est; tandis qu'avec un extrait ils n'ont que les dispositions que l'on a jugé utile de leur faire connaître; ils n'ont qu'une demi-connaissance.

Un procès-verbal contient des adjudications à divers; chacun peut ne faire transcrire que l'adjudication qui le concerne; mais on ne peut retrancher une ou plusieurs clauses du cahier des charges, il faut les mettre toutes.

322. Par suite encore, si l'acte est indivisible, ou si toutes les clauses dépendent les unes des autres, la transcription doit reproduire l'acte dans son entier.

Ainsi, Pierre cède, à titre d'échange, à Paul le fonds A, et Paul lui abandonne, au même titre, le fond B. Il y a bien là aliénation de deux immeubles; mais l'aliénation de l'un est la condition de l'aliénation de l'autre; pour que l'opération intervenue entre les parties soit exposée dans tout son jour et telle qu'elle est, il est indispensable que la transcription reproduise fidèlement la totalité de l'acte d'échange; on ne pourrait le scinder sans autoriser les créanciers à s'en plaindre (Troplong, *des Hyp.*, n° 911).

Il faut ajouter, à cette bonne raison, que les tiers ont besoin d'être informés de tout ce qui se rattache à la transmission, afin d'apprécier s'il existe quelque sujet de crainte, si l'un des immeubles est sous le coup d'une éviction qui donnerait ouverture à l'action en revendication, et l'on ne peut savoir tout cela que si l'on connaît tout ce qui a rapport à l'un et à l'autre immeuble.

Un partage anticipé est encore un acte indivisible, à cause de l'égalité qui doit y présider, et l'on ne peut apprécier si cette égalité a été observée, qu'en ayant connaissance de tout l'acte.

323. Les actes sous seings privés peuvent être soumis à la formalité de la transcription : ce point avait fait doute: une lettre du ministre de la justice, du 25 nivôse an VIII, avait décidé qu'on ne pouvait faire transcrire, à l'effet de purger, que les contrats d'aliénation passés en forme authentique, ou du moins formellement reconnus; mais il en a été autrement décidé par arrêt du conseil d'Etat, du 3 floréal an XIII, approuvé le 12 du même mois.

Il est devenu de jurisprudence constante, sous le Code Napoléon, que les actes sous seings privés peuvent être soumis à la formalité de la transcription comme les actes authentiques.

En présence de la discussion qui s'est établie à ce sujet dans le cours de l'examen auquel la loi nouvelle a donné lieu, ce point ne peut plus être l'objet d'un simple doute : on peut faire transcrire les actes sous seings privés comme les actes authentiques.

324. Il ne faut pas donner à cette transcription une plus grande valeur qu'elle n'en doit avoir; elle n'a pas d'autre effet que de rendre l'écrit public ; elle ne lui confère aucune partie de l'authenticité, elle ne couvre aucune des irrégularités.

Lorsque la libération du prix est dans l'écrit contenant la vente, le conservateur ne doit pas requérir inscription ; si la libération résulte d'un écrit postérieur, le conservateur doit requérir l'inscription, quoique l'écrit soit présenté à la formalité en même temps que le contrat, et transcrit avec lui.

Dans le premier cas, la libération est indivisible de la vente, en sorte qu'il y a extinction de l'obligation de payer le prix en même temps qu'elle prend naissance ; si l'écrit vaut pour la création, il vaut pour l'extinction, l'un est inséparable de l'autre.

Dans le second cas, l'obligation a existé, le droit de privilége a été constitué ; c'est un fait postérieur qui tend à son extinction ; il doit donc être établi par un acte rédigé dans la forme que la loi prescrit, par un acte authentique. En effet, l'obligation de payer le prix est inhérente au contrat de vente, en fait une partie essentielle ; un écrit sous seing privé ne peut en opérer l'extinction vis-à-vis du conservateur, car l'authenticité de la signature n'est pas établie, et le Code Napoléon exige un acte authentique pour que le conservateur opère la radiation d'une inscription. Or, ne pas requérir une inscription produit le même résultat que la rayer, du moins dans la pratique.

325. Le conservateur a-t-il qualité pour refuser la transcription d'un acte qui lui est présenté afin de remplir cette formalité? Doit-il même le faire dans certains cas?

Il en est des fonctions des conservateurs comme de toutes les fonctions ; elles doivent être exercées avec intelligence, et la grande règle qu'il n'est pas juge de la validité des actes présentés à la transcription, ne saurait l'excuser, car ce raisonnement, poussé dans ses dernières limites, ferait du conservateur une machine ; ce serait absurde ; c'est donc impossible.

Nous dirons alors que le conservateur peut les refuser dans certains cas, qu'il le doit même.

Le conservateur doit refuser de transcrire les actes qui portent avec eux les caractères évidents de la nullité ; les écrits sous seing privés en offriront des exemples qui ne seront pas rares. Ainsi, la commune ne sera pas indiquée ; la transcription serait sans objet, puisque les tiers ne pourraient savoir à quel immeuble la vente s'applique : le conservateur doit refuser de la faire. Le prix n'est pas indiqué ; l'écrit n'est pas signé de toutes les parties ; il doit encore le refuser.

326. Doit-il encore refuser de transcrire un contrat de vente lorsqu'il en existera déjà un autre transcrit, ou lorsque le vendeur aura été dessaisi de la propriété par un jugement transcrit ou mentionné?

Il est un précédent qui peut nous aider à résoudre la question. Dans le cas d'une saisie immobilière, s'il y a eu précédente saisie (transcrite), le conservateur constate son refus en marge de la seconde ; il énonce la date de la précédente saisie, les noms, demeures et professions du saisissant et du saisi, l'indication du tribunal où la saisie est portée, le nom de l'avoué du saisissant et la date de la transcription (C. proc., 680).

Cette mesure n'a pas été établie uniquement pour empêcher saisie sur saisie, mais parce que l'acte transcrit a force probante vis-à-vis des tiers, jusqu'à ce qu'un autre acte transcrit le détruise : autrement un délai eût été fixé, passé lequel la deuxième saisie eût suivi son cours ; loin de là, il faut que le deuxième saisissant soit subrogé à la première ou qu'il en fasse prononcer la nullité.

La nouvelle loi ne contient pas une disposition semblable. Il se peut aussi que la première vente soit nulle ou ait été annulée en vertu d'un écrit non transcrit, ou s'il y a eu annulation du titre du vendeur, qu'il soit rentré dans la possession de ses biens, en sorte qu'il y ait possibilité que cette vente soit valable ; cette possibilité doit empêcher le conservateur de refuser la transcription.

Ces raisons eussent été bonnes sous le Code Napoléon, parce qu'alors l'écrit fait entre les parties emportait transmission vis-à-vis des tiers, et leur était opposable aussitôt qu'il avait acquis date certaine.

Mais il n'en est plus ainsi sous la loi nouvelle : c'est la publicité par la transcription qui opère la transmission. Vis-à-vis des tiers, le titre c'est la transcription, le propriétaire c'est la personne indiquée dans la transcription ; ils n'ont pas à s'occuper d'autre chose que de consulter le registre du conservateur ; tout ce qui n'est pas sur ce registre ne leur est pas opposable : tant pis si la transcription différencie du titre ; ce ne sera pas le titre qui vaudra, ce sera la transcription.

La mission du conservateur se trouve ainsi agrandie ; comme conséquence, elle lui crée des obligations qui en sont la suite inévitable. L'une d'elles consiste dans la surveillance nécessaire pour éviter que la publicité ne devienne un moyen de fraude.

Cette surveillance n'est même pas une obligation nouvelle ; elle existe quant aux saisies immobilières, elle est nécessaire avec la publicité.

Exemple : Une donation est révoquée, le jugement est mentionné en marge de la transcription ; quelques jours après, la vente par le donataire des immeubles faisant l'objet de cette donation est présentée au conservateur, il a transcrit sur ses registres. Cet exemple peut se présenter plus souvent qu'on ne le pense.

En droit, la vente est nulle ; mais les registres constatent deux transmissions, et s'il y a possibilité de deux transcriptions, la remise des titres dûment transcrits ne suffira pas ; il faudra demander des certificats de non résolution : il est fortement à craindre que les inconvénients ne soient que déplacés.

Si, au contraire, le conservateur refuse la transcription, ce danger ne peut pas se présenter, et l'on est assuré que la propriété a été transmise à la personne indiquée par le contrat transcrit ; il suffira de faire la demande en ce qui concerne le possesseur, lorsque l'on traitera avec lui.

327. Les règlements défendent aux conservateurs d'ouvrir leurs bureaux les dimanches et jours de fête légale ; nous ne croyons pas qu'aucun de ces fonctionnaires manque à ses devoirs, en n'exécutant pas ce règlement ; s'il en était autrement, la personne en faveur de laquelle la faute aurait été commise devrait être regardée comme son complice, et ne pourrait échapper à la garantie à laquelle aurait droit la personne lésée.

La défense d'acter certains jours est basée sur la morale : elle ne peut dès lors être transgressée, sans qu'il y ait lieu d'appliquer une peine ; mais cette peine ne peut aller au-delà des dommages-intérêts vis-à-vis des tiers ; elle ne peut s'étendre jusqu'à l'annulation de la transcription ou de l'inscription, puisque le requérant avait le droit de faire remplir la formalité.

La fixation des jours de repos est établie notamment par le concordat, elle peut même résulter d'ordonnances ou de décrets ; car elle constitue un acte d'administration qui est de leur domaine.

Lorsque le terme fatal pour requérir une inscription arrive un jour de fête légale, la formalité peut être remplie, en vertu d'une permission du juge, par analogie de l'art. 1037 du Code de procédure. La responsabilité du conservateur se trouve à couvert, et nous pensons qu'il peut être obligé d'opérer la formalité.

328. Il existe maintenant, dans les registres des conservateurs, une lacune importante que nous allons signaler.

Le Code Napoléon ne contient point de dispositions concernant l'état civil des immeubles ; elles sont toutes relatives aux transcriptions : le régime hypothécaire n'est, en réalité, qu'une grande institution pour la conservation des hypothèques.

De là, l'organisation de tout ce qui se rattache aux hypothèques. Ce n'est point en partant des immeubles que l'on connaît les charges qui les grèvent, mais en partant des possesseurs.

Examinez le registre des hypothèques : vous verrez des comptes d'individus, et c'est seulement depuis un temps peu éloigné que l'on indique les transcriptions des ventes et des acquisitions qu'il a faites.

Voulez-vous savoir s'il y a des inscriptions sur Michel? Il suffit d'ouvrir le registre : s'il en existe ou s'il en a existé, il y a un compte ouvert qui vous fait savoir ce qu'elles sont devenues ; s'il n'en a pas existé, il n'y a pas de compte ouvert, et l'absence de ce compte est la preuve qu'il n'existe pas d'inscription.

A passe pour posséder des immeubles : je me présente au bureau des hypothèques : a-t-il un compte d'avoir ? Non, il a un compte de dettes. Il faut chercher au milieu d'une foule de registres les transcriptions pour avoir quelques données.

La maison rue Saint-Denis, n° 30, est à vendre ; le conservateur ne peut vous fournir aucun renseignement, tant que l'on ne fait pas connaître quel en est propriétaire.

C'est avant de traiter que les renseignements sont le plus précieux ; le prêteur dicte ses conditions, il peut exiger que l'emprunteur lui fournisse tous les renseignements dont il a besoin ; il peut déposer les fonds en main tierce, jusqu'à ce qu'il ait complète satisfaction sur toutes les garanties promises.

L'acquéreur ne connaît que l'immeuble ; il ne sait le nom du vendeur que très imparfaitement, quelquefois même il ne le connaît pas ; en réalité, il ne peut obtenir de renseignements que si l'immeuble est en vente par adjudication ; il faut qu'il achète, et lorsque le contrat sera passé, lorsqu'il sera obligé, le vendeur lui montrera ses titres, il fera ensuite comme il avisera.

329. A côté de ces inconvénients, il en est un autre

très-grand, c'est la difficulté de reconnaître l'identité des immeubles. Les actes contiennent très-souvent des désignations incomplètes qui sont la suite du manque d'état civil des immeubles. On ne peut se fixer par les comparaisons des inscriptions, des titres de propriété, et des transcriptions, et dans le cas de vente en détail d'une grande propriété, le conservateur ne peut que délivrer toutes les transcriptions faites, sauf aux parties à rechercher si elles s'appliquent aux biens restants; quant à lui, il ne le peut.

Dans l'état actuel, les notaires doivent s'efforcer d'indiquer dans les actes les sections et les numéros des sections, ce renseignement sera souvent difficile à obtenir, mais une fois consigné dans les actes, il ne faudra plus qu'un peu de soin, et l'on pourra d'une manière certaine établir l'identité.

Cet mesure est mise en pratique par certains receveurs de l'enregistrement et par différents notaires, qui tous y trouvent de grands avantages; pour cette raison, nous la présentons.

Le cadastre est dénigré par plusieurs, mais il est certain que, sauf différentes erreurs de détail qui existent partout, c'est le meilleur document que l'on puisse prendre pour base générale au début d'une loi qui fait entrer la propriété dans une nouvelle sphère, et qui tend à établir l'état civil de la propriété.

330. Pour éviter ces inconvénients, il faut qu'il existe dans les bureaux d'hypothèques un compte courant des propriétés en prenant pour base les immeubles, et ce sera seulement de ce jour que la propriété aura un état civil en France; les transmissions ne seront plus consignées dans des documents épars, il suffira de prendre connaissance du compte courant.

Pour arriver à ce but, il est indispensable que les transmissions par décès soient également consignées sur le compte courant; il suffirait d'une instruction de la direction de l'enregistrement à son receveur, dans laquelle on les obligerait d'indiquer pour chaque immeuble les sections et numéros de section, puis de faire le renvoi des déclarations au conservateur des hypothèques.

Comme toutes les mutations par acte entre vifs, doivent être transcrites au bureau des hypothèques, au moyen des renvois faits par les receveurs, des mutations par décès, le conservateur les connaîtra toutes et pourra les mentionner au compte courant des immeubles.

Nous n'émettons pas une idée neuve ; le compte courant des immeubles existe dans le régime hypothécaire du Code Bavarois et de l'édit Milanais (Troplong, *préface de son Traité sur les priviléges et hypothèques*).

331. Nous proposons d'établir ce compte, au moyen des documents existants, sans en réclamer d'autres. Le cadastre peut encore servir de base. S'il n'indique pas toujours exactement la portion revenant à chacun, il est certain qu'il représente fidèlement l'étendue de la commune divisée par des parcelles ayant chacune un numéro.

Le numéro de chacune de ces parcelles peut individualiser l'étendue qu'il représente, et chaque fois qu'il figure dans une mutation, on peut la noter et arriver ainsi à l'établissement de l'état civil, abstraction faite de l'indication de toute étendue qui ne doit elle-même servir que de simple renseignement.

Il suffit de deux registres.

L'un serait divisé en autant de parties qu'il y aurait de sections et les sections en autant de numéros qu'il en existerait au cadastre, on affecterait à chaque numéro deux lignes ; une première case contiendrait le numéro de la section, avec indication de la nature et de l'étendue ; le surplus de cette première ligne et la totalité de la deuxième ligne seraient divisés en un certain nombre de cases égales dans lesquelles un simple numéro de renvoi permettrait de recourir à l'acte qui a opéré la mutation, et de savoir quel en est le propriétaire.

Un deuxième registre serait rédigé par ordre alphabétique et en deux parties, l'une indiquant les transcriptions à tout titre, l'autre les aliénations aussi à tout titre ; chacune divisée ainsi :

1re colonne, n° du registre de transcription ; 2e colonne, date de la mutation ; 3e colonne, nature de la mutation ; 4e colonne, indication de la situation des biens par commune, section et numéro.

Le registre de transcription qui existe maintenant contiendrait, outre les mutations par acte entre vifs, la transcription des renvois qui seraient faits par les receveurs de l'enregistrement, des mutations par décès et des partages entre cohéritiers et cointéressés.

Les matrices cadastrales qui existent actuellement pourraient servir de base pour établir les deux registres.

Nous n'osons pas dire que nous offrons un plan parfait ; si nous pouvons appeler l'attention sur ce point, notre but sera rempli.

De la responsabilité des notaires en matière de transcription.

SOMMAIRE.

332. De la responsabilité du notaire en matière de transcription.
333. Cette responsabilité n'est couverte ni par des affiches apposées dans l'étude, ni par une clause insérée au contrat.

---

332. Les notaires sont les fonctionnaires publics établis pour recevoir tous les actes et contrats auxquels les parties doivent ou veulent faire donner le caractère de l'authenticité attachée aux actes de l'autorité publique, et pour en assurer la date, en conserver le dépot, en délivrer des grosses et expéditions ; telles sont leurs attributions fixées par la loi du 25 ventôse an XI.

Tant qu'ils se renferment dans l'exercice de leur ministère, les notaires ne sont responsables que de la rédaction de leurs actes, et ne sont pas tenus de remplir les formalités extrinsèques nécessaires aux actes qu'ils reçoivent (C. Paris, 11 juin 1853).

Mais les notaires ne satisferaient pas aux besoins sociaux si leur instruction et leurs soins étaient concentrés dans la rédaction des actes ; il faut, juges volontaires, qu'ils concilient, qu'ils éclairent les parties contractantes; c'est très souvent à leur intervention bienveillante que les familles doivent le règlement amiable de leurs intérêts communs ; c'est à leur activité qu'il convient de reporter une notable partie des mutations, des obligations et des transactions de toute nature.

Il ne suffirait pas aux parties qu'ils aient facilité leur opération, bien rédigé leurs conventions, puis qu'ils les abandonnent à elles-mêmes pour tout ce qui se rattacherait à l'exécution; leurs intérêts seraient souvent compromis, quelquefois les actes n'en recevraient aucune : dans un sentiment de bienveillance pour leurs clients, les notaires s'en chargent généralement.

Leurs conseils et leurs démarches sont empreints de gratuité ; nul ne peut contester que le notaire ne se fait payer que les honoraires attachés à ses actes, jamais ses conseils, par exception ses démarches ; cependant les conseils, les démarches tournent souvent contre eux.

La jurisprudence les assimile à des mandataires salariés, et leur applique, même avec rigueur, les règles de la responsabilité sur le mandat.

Nous constatons seulement ce qui existe, et nous regrettons que les tribunaux ne commencent pas d'abord par faire connaître l'émolument que le notaire a reçu de la partie qui se plaint, à l'occasion du fait qui lui est reproché ; ils justifieraient ainsi la qualité de mandataire salarié qu'ils lui donnent, et la comparaison du salaire avec la peine démontrerait qu'elle est méritée.

L'obligation de transcrire fera naître de nouveaux devoirs pour les notaires ; il leur faudra combattre le désir des petits acquéreurs d'une parcelle de terre, d'économiser des frais ; assimiler la transcription à la formalité de l'enregistrement et faire toujours transcrire.

333. Ni les affiches dans l'étude, ni les clauses contenues dans le contrat, ne pourraient mettre à couvert la responsabilité du notaire, si en fait et en droit il doit être déclaré responsable (C. de Paris, 27 août 1852).

Qu'il soit constaté que l'acquéreur avait toute confiance dans le notaire ; qu'il est sans connaissance aucune des affaires et de la portée des actes, la clause ne servira à rien, parce que le client ne peut apprécier l'importance de l'avertissement qui lui est donné, et les conséquences qui peuvent en être la suite ; elle se retournera contre le notaire en raison de la précaution qu'il aura prise, *nimia precautio fit dolus*, dit l'adage.

Quant aux ventes qui intéressent des personnes qui ont traité elles-mêmes, ou qui sont assistées d'un conseil, si le notaire ne doit pas remplir la formalité de la transcription, il agira prudemment en mentionnant, dans le contrat et au pied de l'expédition, l'engagement qu'elles ont pris de faire transcrire elles-mêmes ; par la raison que souvent cette manière d'agir sera mise en usage par les parties pour couvrir une fraude, et que l'immeuble deviendra ainsi l'objet d'un crédit factice. — Les notaires feront une chose sage en prenant toutes les précautions nécessaires pour éviter ce qui leur donnerait l'apparence d'une participation à cette fraude.

Ils pourront renfermer les ventes de quelques francs dans un cadre restreint, et ne point demander d'état sur transcription ; les chambres des notaires solliciteront la dispense du récépissé, et le coût de la transcription sera réduit à quelques francs

La somme paraîtra encore importante pour les ventes au-dessous de 200 fr., qui sont en aussi grand nombre que les ventes de 200 fr. et au-dessus ; mais l'acquéreur y gagnera en sécurité et en régularité.

En éludant la loi le notaire se compromet, en la faisant exécuter il élève ses fonctions.

SUPPLÉMENT A L'ARTICLE 1er.

SOMMAIRE. (*Voir suprà, page 7*).

334. Les contrats de mariage ne sont pas assujettis à la transcription, à cause des droits du mari sur les biens de la femme.
335. La vente faite pendant la communauté par le mari à sa femme en paiement de ses reprises, doit être transcrite.
336. L'attribution faite à l'un des associés pendant que la société a son cours et sans qu'elle éprouve de modifications, doit être transcrite.
337. Des ratifications et de leur transcription.
338. Suite.
339. Du cas où l'on s'est porté fort de l'acquéreur, — spécialement d'un établissement public.
340. De la transcription et des procurations.
341. Des transactions et de leur transcription.
342. Des ratifications d'actes antérieurs au 1er janvier 1856.
342 *bis*. De l'élection de domicile dans les inscriptions d'office.

334. Quand les époux se marient, soit sous le régime de la communauté réduite aux acquêts, soit sous le régime exclusif de communauté, soit sous le régime dotal ; la communauté dans le premier régime, et le mari dans les deux autres, acquièrent la jouissance des immeubles propres à la femme. Le contrat de mariage, dans ces trois hypothèses, doit-il être soumis à la formalité ?

Comme renseignement pour les tiers, intéressés à connaître et suivre la mouvance des immeubles, la transcription ne peut être obligatoire, puisque l'immeuble ne change pas de mains ; il reste toujours la propriété exclusive de la femme, et quelque soit le nom que l'on donne au droit du mari, il ne dérive point du contrat de mariage, mais de la loi.

Il est établi par les dispositions du Code Napoléon sur le contrat de mariage et les droits respectifs des époux; dispositions qui font du régime de la communauté le droit commun de la France, et qui donnent en même temps au mari l'administration des biens de la communauté, dans lesquels entrent les revenus des biens immeubles que les époux possèdent au moment du mariage et qui leur échoient depuis.

Les différents régimes dont nous venons de parler ne changent point *au fond* la nature du droit, les fruits sont toujours censés apportés au mari pour soutenir les charges du mariage; les tiers savent que le changement d'état de la femme produit cette conséquence.

La loi assujettit à la formalité les ACTES, c'est-à-dire ce qui émane de la volonté des parties, parce qu'ils peuvent devenir un sujet de fraude s'ils restent secrets, tandis que tout ce qui ressort de la loi étant établi sur les règles du juste, par des actes patents, ne peut être soumis à une formalité.

Dans l'intérêt du mari vis-à-vis des tiers, elle est sans effet.

Supposons que la femme ait aliéné son immeuble avant le mariage ou cédé l'usufruit, le mari, lorsqu'il stipule, le fait en qualité d'administrateur des biens de sa femme; il la représente, il n'est point un tiers, en sorte qu'il ne peut opposer le défaut de transcription : la femme ne pourrait même de ce chef être actionnée en indemnité, parce que dans la clause générique d'apport, les futurs n'entendent apporter d'autres héritages que ceux qui leur appartiennent, et seulement autant qu'ils leur appartiennent (Pothier, *de la Communauté*, n° 310; Toullier, tom. XIII, n° 343).

On ne doit pas confondre la clause générique d'apport avec l'ameublissement d'un immeuble déterminé ; dans ce dernier cas, à l'opposé du précédent, la communauté devient propriétaire de l'immeuble ; le conjoint est obligé de garantir, et, dans le cas d'éviction, il doit faire raison de toute la valeur quelle qu'elle soit; le mari, comme chef de la communauté, devient un tiers (V. n° 18).

Supposons encore qu'un créancier de la femme ait un droit d'hypothèque acquis avant le mariage, en vertu d'un jugement ou d'un acte authentique, il pourra faire vendre la toute propriété des immeubles de la femme, lors même qu'elle serait mariée sous le régime dotal, sans avoir égard à la transcription, parce que la toute propriété des biens de la femme peut être poursuivie pendant le mariage, lorsque le créancier est porteur d'un titre authentique ou ayant acquis date certaine avant le mariage (art. 1410, 1513 et 1558 C. Nap.). La transcription afin de purger n'est établie qu'en faveur des tiers détenteurs; le mari n'est pas un tiers détenteur; qui prend la femme prend les dettes, dit le vieux proverbe français; si le mari veut échapper à cette règle, qu'il stipule le régime de la séparation de biens; mais alors il n'a pas l'administration des biens de sa femme.

Si l'investiture de l'administration des biens de la femme opérait la translation d'un droit immobilier susceptible de transcription, les créanciers chirographaires dont les titres sont authentiques, ou ayant acquis date certaine avant le mariage, ne pourraient exercer aucune poursuite aussitôt le mariage célébré; la transcription serait sans objet, puisque l'acte translatif est opposable aux créanciers chirographaires aussitôt qu'il est parfait, et la transcription ne se rapporte qu'aux créanciers hypothécaires ayant requis inscription (*V.* art. 3), conséquence contraire à toutes les dispositions du Code Napoléon sur le paiement des dettes de la femme, et à laquelle la loi sur les transcriptions reste étrangère.

Ainsi, sous aucun rapport, la transcription du contrat de mariage, dans l'hypothèse qui nous occupe, ne peut être utile.

La transcription du contrat de mariage ne nous paraît exigée par la loi que s'il contient une donation de biens immeubles, opérant dessaisissement, faite d'un époux à l'autre ou au profit de l'un d'eux (*V.* ci-après la transcription des donations).

335. Lorsque le mari vend à sa femme des immeubles de communauté en paiement de ses reprises (art. 1595 C. Nap.), il y a nécessité de faire transcrire le contrat, puisque le droit de propriété change de mains ; comme chef de communauté, le mari pouvait les vendre et les hypothéquer seul et sans le concours de sa femme ; depuis la vente ce concours lui est indispensable ; il est donc nécessaire que les tiers soient avertis de cette mutation par la transcription, ils doivent jusque-là les regarder comme faisant partie de la communauté.

Si la transcription n'est pas faite pendant le cours du mariage, les immeubles n'en restent pas moins la propriété exclusive de la femme, qui peut les reprendre comme propres, à la dissolution de la communauté.

Les créanciers chirographaires, soit de la communauté, soit de la succession, ne peuvent prétexter du défaut de transcription et demander qu'ils deviennent leur garantie, car par le fait de la vente, et aussitôt qu'elle a été conclue, la femme a acquis la propriété des immeubles, et si la transcription lui est devenue nécessaire pour consolider la propriété en sa personne, c'est vis-à-vis des tiers qui ont des droits sur l'immeuble, et qui les ont conservés en se conformant aux lois ; or, les créanciers chirographaires ne peuvent espérer aucun droit sur les immeubles ; ils ne les ont point fait entrer d'une manière spéciale en considération, lorsqu'ils ont traité avec leur débiteur : ils doivent être écartés.

En vain prendraient-ils une inscription de séparation de patrimoine et suivraient-ils sur la demande qui en serait la suite ; cette double formalité ne changerait pas la nature de leur créance, elle resterait toujours créance chirographaire, le privilége que la loi accorde est pour empêcher la confusion des patrimoines. A l'encontre des créanciers personnels de l'héritier, la formalité de l'inscription est un mode de publicité institué pour avertir les tiers de l'existence du passif de la succession.

Ce que nous venons de dire est exact en point de doctrine, mais nous serions fachés qu'il put devenir un prétexte pour ne pas transcrire; les créanciers chirographaires qui ne peuvent attaquer la vente en cette qualité, peuvent obtenir, dans tous les temps, même depuis le décès, un jugement qui leur donnerait un droit d'hypothèque, et si la vente faite par le mari à la femme n'était pas transcrite avant l'inscription requise en vertu du jugement, celle-ci, bien que prise en vertu de titres postérieurs à la vente, frapperait l'immeuble vendu à la femme et produirait tous les effets attachés à l'action hypothécaire (V. l'examen de l'art. 3).

336. Les partages entre associés ne sont pas assujettis à la transcription (V. n° 20) ; mais cette règle ne peut recevoir son exécution tant que la société est entière.

Si l'un des associés, serait-ce même l'un des associés en nom collectif, a des droits particuliers, l'attribution qui lui est faite d'un immeuble social a, de la part de la société, le caractère d'un acte de dation en paiement, à ce titre soumis à la formalité de transcription, car il n'y a de partage que si l'indivision cesse ; or, il n'y a aucune cessation d'indivision, dans le cas ou l'un des associés qui reçoit seul, reste dans la société ; il faudrait pour cela qu'il fût privativement dans l'indivision avec la société, auquel cas l'acte n'a pas le caractère d'un acte entre associés, mais d'un acte social.

Si l'un des associés diminue son apport social en considération d'une attribution qui lui est faite, il n'y a point encore partage; c'est avec l'être moral société qu'il traite; avec lui il n'y a point d'indivision.

Il n'y a d'indivision qu'entre les associés ; elle ne peut se produire que si chacun d'eux a capacité. Pendant que la société existe, les associés ne peuvent avoir d'action l'un contre l'autre en qualité d'associés ; ils représentent la société ; leurs actes sont faits dans l'intérêt social. Ce n'est que dans le cas de dissolution ou de sortie de l'un des associés que les droits se produisent privativement, c'est alors seulement qu'il peut y avoir partage de l'actif mobilier social.

337. Il arrive souvent qu'un tiers stipule pour une des parties dont il promet la ratification, soit parce qu'il a des pouvoirs réguliers mais insuffisants, soit parce qu'il n'a que des pouvoirs verbaux.

Un parent, pour éviter les frais d'une vente judiciaire, se porte fort d'un mineur.

La ratification qui en est consentie a, de sa nature, un effet rétroactif relativement à la personne qui ratifie *sans préjudice néanmoins du droit des tiers*, dit l'article 1338. Si dans l'intervalle de la vente à la ratification, le propriétaire a consenti des hypothèques ou fait toute autre stipulation ayant rapport à l'immeuble vendu, ces stipulations ont toute leur valeur sans que l'acquéreur ou le portant fort puissent s'en plaindre ; il ne reste pour eux que l'option de renoncer à la convention ou d'accepter les choses en l'état.

Il y a donc, dans le cas de porté fort, nécessité de transcrire le contrat qui contient les stipulations et l'acte de ratification.

La transcription du contrat avant la ratification ne le rendrait point opposable aux tiers, puisqu'elle ne leur présenterait qu'une vente nulle, ayant besoin de la ratification du propriétaire pour devenir valable, qu'une transmission d'immeubles susceptibles d'être frappés d'hypothèques jusqu'à la transcription de la ratification.

La transcription de la vente opérée sur les registres des hypothèques depuis la ratification, et sans la ratification, n'aurait pas plus de force que si elle était antérieure ; elle ne la ferait pas connaître aux tiers, pour lesquels les registres du conservateur sont les titres, ils pourraient penser que la ratification n'a pas lieu, traiter dans cette persuasion, et leur bonne foi justifiée par l'absence de la transcription de la ratification validerait l'acte comme s'il était antérieur.

Le Code Napoléon a limité les droits des tiers à la ratification parce que, sous le Code Napoléon, les conventions rendent le créancier propriétaire, en sorte qu'à partir de ce moment, les immeubles ne pouvaient plus être grevés d'aucune charge par la personne qui avait stipulé. Sous la nouvelle loi hypothécaire, les droits des tiers sont continués jusqu'à la transcription; ce ne sera donc qu'à partir de la transcription de la ratification qu'il ne pourra plus être imposé de nouvelles charges. Dans le cas le plus ordinaire où le porté fort n'est que pour une partie, la vente est parfaite, régulière, à l'égard des autres; on ne devra pas attendre la ratification promise afin d'opérer la transcription, mais la faire faire de suite et lever l'état qui s'appliquera aux vendeurs et aux anciens propriétaires, qui sera, en un mot, comme si la vente ne pouvait être l'objet d'aucune critique; lorsque l'acte sera ratifié, on en fera transcrire une expédition avec demande d'un état sur la personne qui a ratifié, et non sur le précédent propriétaire, puisqu'il en a déjà été délivré un après transcription.

338. Les ratifications dont nous venons de parler sont dans le cas de vente par un autre que par le propriétaire (*à non domino*), mais il est d'autres cas où la stipulation a besoin d'être confirmée; l'acte est nul dans la forme, il est sujet à rescision, il a été fait par un incapable, un prodigue sans l'assistance de son curateur, une femme, sans l'autorisation de son mari, un mineur.

Ces causes de nullité ne sont pas de même nature que dans la vente faite par le non propriétaire; celles-ci sont absolues et n'ont pas besoin d'être prononcées : les nullités dont nous nous occupons ne sont que relatives, dans l'intérêt de la personne qui ratifie; les effets, en remontant au jour de la vente, tant à l'égard de la personne qui ratifie, que des tiers : il n'y a pas alors nécessité de faire transcrire la ratification.

Remarquons que l'acte confirmé a été soumis à la formalité aussitôt qu'il a été passé, ce qui l'a fait connaître, et que les tiers ne peuvent acquérir aucun droit d'hypothèque sur l'action que la ratification a éteinte (V. n° 60), en sorte que sous l'un et l'autre rapport il n'y a pas nécessité de transcrire.

339 Lorsque c'est de l'acquéreur que l'on se porte fort et non du vendeur, il suffit de faire transcrire le contrat de vente, puisque l'incapacité de la personne qui stipule pour l'acquéreur n'empêche pas le vendeur d'être obligé ; les lois permettent de contracter une vente sous la condition qu'elle sera résolue si sous tel temps elle déplaît à l'acquéreur, *si emptori displicuerit*. Toullier, n° 564, t. 7. Si l'acquéreur refuse de ratifier, il faut que le vendeur fasse prononcer la résolution du contrat.

Il conviendrait cependant de faire exception à ce que nous venons de dire, dans le cas où l'acquéreur serait, à l'époque de la vente, atteint d'un incapacité absolue et d'ordre public : tel est un établissement public qui ne peut acquérir qu'en vertu d'une autorisation du pouvoir exécutif. On ne peut supposer que le portant fort avait un pouvoir tacite afin de faire remonter l'effet de la vente au jour du contrat, puisqu'à cette époque l'établissement n'avait pas qualité d'agir, ni personne pour lui.

L'écrit n'a que le caractère d'une offre, dont l'autorité supérieure peut ne pas vouloir ; il n'y a pas de contrat formé, car le prix n'est pas fixé ; il n'y a même pas l'origine d'un contrat, puisque l'acquéreur était atteint d'une incapacité absolue.

C'est seulement du jour où la vente a été acceptée en vertu d'une autorisation régulière que le contrat existe; jusque là, l'immeuble reste la propriété du vendeur.

La transcription ne sera faite efficacement qu'après l'acceptation, et pour plus de régularité, elle devra comprendre la copie de l'autorisation d'acquérir, afin de justifier de la capacité de l'établissement.

340. Si une vente a lieu par mandataire, il nous paraît

prudent de faire transcrire, avec le contrat, la procuration, afin que les tiers puissent connaître tout ce qui se rattache à la transcription.

Ce n'est même plus un acte de prudence, c'est une nécessité lorsque la conservation du mandat n'est pas assurée au moyen d'un dépôt chez un notaire; il faut alors l'identifier avec le contrat.

La transcription ne nous paraît pas être à l'abri de tout reproche, si l'acte transcrit ne fait pas connaître la date du mandat et le lieu du dépôt, afin que l'on puisse y recourir; les tiers pourraient mettre en doute son existence, lorsque la loi veut leur fournir tous les renseignements utiles à l'aide de la transcription.

A l'égard de l'acquéreur, l'existence du mandat n'a pas besoin d'être entourée d'autant de garantie qu'en ce qui concerne le vendeur, parce que l'acte tend à augmenter son avoir; un mandat verbal nous paraît même suffisant, puisqu'il vaut pour former le contrat vis-à-vis du vendeur. Nous exceptons cependant ce que nous avons dit au numéro précédent à l'égard des établissements publics qui ont besoin d'être autorisés par l'autorité supérieure pour acquérir.

341. Pour apprécier d'une manière certaine si un acte de transaction doit être transcrit, il faut considérer quel en est le résultat.

Première hypothèse.— A prétend avoir des droits dans une succession, en qualité d'héritier; les autres ayant droit lui attribuent un immeuble de la succession, il se tient pour satisfait.

Il n'est pas nécessaire de faire transcrire, puisque A tient l'immeuble à titre successif, se trouve soumis au paiement du passif, et représente le défunt *in parte qua*.

Deuxième hypothèse.— L'immeuble est attribué à titre de transaction sur un don ou un legs d'une somme d'argent.

La transcription est nécessaire, parce que le donateur ou le légataire ne tient pas l'immeuble du défunt, mais seulement des héritiers; c'est une véritable dation en paiement, un acte qui, à ce titre, se trouve soumis à l'obligation de la transcription.

Troisième hypothèse. — Le legs est de différents immeubles.

Si c'est un des immeubles faisant partie du legs, la transcription n'est pas nécessaire pour opposer l'acte à un acquéreur ou à des créanciers des héritiers; il est censé la tenir du défunt et tombe ainsi sous l'application de ce qui a été dit n° 2; mais la transcription doit être faite dans l'intérêt du légataire, afin de purger l'immeuble du chef du défunt.

L'acte aurait tous les caractères d'un échange, dans le cas où le légataire aurait d'autres immeubles que ceux compris dans le legs, lors même qu'ils auraient dépendu de la succession.

Quatrième hypothèse. — La transaction est faite entre des héritiers et un donataire.

Comme l'acte de donation est soumis à l'obligation de la transcription, tous les changements qui pourraient avoir lieu dans la propriété des immeubles devront être rendus publics, puisqu'ils modifient un acte transcrit et font changer un immeuble de main, circonstances qui nécessitent la trnscription.

Cinquième hypothèse — Le prétendant à la succession reçoit un immeuble qui n'est pas de la succession, mais la propriété privée de l'un des héritiers.

Cet acte n'a que l'apparence de la transaction, il est en réalité un échange, un acte translatif d'immeuble, comme tel soumis à la formalité de la transcription.

Sixième hypothèse. — B prétend avoir des droits sur un immeuble, il reçoit à titre de transaction, une somme d'argent.

Une distinction est utile.

Ou les droits prétendus avaient pour cause une nullité relative, les effets de la transcation remontant au jour de la vente, vis-à-vis des parties et des tiers (V. n° 337), la transcription n'est pas nécessaire; la mutation qui a fait l'objet de la transaction avait été transcrite et était ainsi venue à la connaissance des tiers. Ceux-ci ne pourraient même prétendre aucun droit sur la somme, si leur droit hypothécaire avait été purgé à l'occasion de la vente, parce qu'ils seraient censés avoir accepté la vente telle qu'elle avait été faite.

Dans le cas contraire où le droit hypothécaire n'aurait pas été purgé, la somme d'argent portée dans la transaction devient une augmentation au prix et ne peut être payée que comme le prix lui-même.

Septième hypothèse. — Les droits prétendus eussent constitué une nullité absolue, s'attachant au droit de propriété; par exemple une vente n'a pas été ratifiée, un des anciens vendeurs n'avait pas qualité pour vendre, il n'y a jamais eu transmission d'une quotité revenant à un héritier mineur ou absent.

La transaction produit tous ses effets entre les parties, celle qui reçoit une somme en argent reconnaît la validité des droits de l'autre, et cette reconnaissance a l'autorité de la chose jugée en dernier ressort.

Mais au-delà des parties, la transaction n'a pas l'autorité de la chose jugée, elle n'a pas de vertu exécutive, il suffit à la partie à laquelle on l'oppose de dire : elle est pour moi *res inter alios acta* (Troplong, *des Transactions*, n° 134).

Il faut transcrire afin de porter la transaction à la connaissance des tiers, et connaître les droits acquis, autrement la transaction ne donnerait pas la sécurité espérée puisqu'elle pourrait être critiquée par des créanciers ayant hypothèque ou par un tiers auquel les droits abandonnés auraient été transmis; la transcription mettra à l'abri de ces inconvénients en empêchant la création de droits nouveaux et en obligeant celui qui reçoit de faire disparaître les charges relevées par cette formalité.

Huitième hypothèse. — C réclame de D la propriété d'un immeuble, ce dernier reconnaît la demande fondée et reçoit une somme d'argent à titre de transaction.

Il y a nécessité de faire transcrire pour deux motifs :

Le premier pour rendre la transaction exécutoire vis-à-vis des tiers, ainsi que nous l'avons démontré dans l'hypothèse précédente ;

Le deuxième parce que cet acte constitue un changement de propriétaire, par acte entre vifs, et que, de l'ensemble des dispositions de la loi sur la transcription, il suffit qu'il y ait changement de propriétaire pour que la transcription soit obligatoire.

MM. Rivière et Huguet (*des Questions*, n°s 20, et s. et n° 26) pensent que la transcription n'est pas obligatoire, parce que l'acte de transaction est, dans ce cas, déclaratif et non translatif ; il n'y a que les actes translatifs qui soient assujettis à la formalité.

Que C ne tienne rien de D, nous le reconnaissons et cela suffisait en point de doctrine sous le Code Napoléon, mais la transmission du droit de propriété n'est point envisagée dans la loi nouvelle sous le même rapport que sous le Code Napoléon ; une troisième partie est indirectement nécessaire au contrat, ce sont les tiers ; « la vente n'est valable vis-à-vis des tiers que quand le contrat a été transcrit » (paroles de M. Rouher, président de la commission du conseil d'état).

La personne indiquée par la dernière transcription, est, pour les tiers, et contre les tiers le seul, le véritable propriétaire.

Aussi ne sont-ce pas que les actes translatifs du droit de propriété qui doivent être rendus publics, ce sont les actes entre vifs qui opèrent changement dans la personne du propriétaire d'un immeuble; il suffit de citer les jugements qui annulent un contrat et les adjudications sur folle enchère.

Si la loi n'avait entendu soumettre à la formalité que

des actes translatifs du droit de propriété, dans le sens de l'art. 2281 du Code Napoléon, l'obligation de faire transcrire un jugement d'adjudication sur folle enchère et les autres actes nominativement énumérés non translatifs, constituerait un non sens ; la loi est au contraire rationnelle avec les nouveaux principes qui ont présidé à l'établissement de la transcription, édictés pour suivre la propriété dans toutes les mains où elle passe.

Que la transcription ne soit pas obligatoire, le changement opéré dans la propriété de l'immeuble par le fait de la transaction restera inconnu, puisqu'il ne sera pas non plus obligatoire de le faire mentionner.

On pourrait s'étonner alors de voir la loi soumettre à la publicité les jugemens de résolution, nullité ou rescision, et ne pas y assujettir les transactions qui interviennent dans les même circonstances et qui doivent produire les mêmes résultats; il est cependant aussi important, lorsqu'une transaction résoud ou annule des droits immobiliers, d'en avertir les tiers, que lorsque ces droits sont résolus ou annulés par un jugement; dans les deux hypothèses, les tiers courent le risque d'être trompés par l'existence apparente de l'acte qui a été transcrit.

Telles sont les conséquences logiques auxquelles conduirait l'opinion de MM. Rivière et Huguet. Seules, elles justifieraient la nécessité de la formalité ; ils le reconnaissent, mais ils ne voient dans ces conséquences que des reproches à la loi, et la nécessité de nouvelles dispositions qui les préviennent (1).

Un dernier argument : la transaction en vertu de laquelle le droit a été résolu, annulé ou rescindé, est un acte commutatif dans lequel le possesseur de l'immeuble renonce à ce qu'il disait être son droit, moyennant la concession en argent que l'autre lui fait (Troplong, *des Transactions*, n° 15). Or, tout acte portant renonciation à un droit de propriété, doit être transcrit aux termes du § 2

(1) On nous pardonnera de nous être efforcé de donner à la loi une interprétation se rattachant à l'esprit de publicité qui en forme la base, plutôt que de la critiquer.

de l'art. 1er, et la semblable disposition existe au § 2 de l'art. 2, à l'égard des droits d'antichrèse, de servitude, d'usage et d'habitation ; ces dispositions sont génériques, ces textes ne distinguent point comment et à quel titre la renonciation a lieu ; qu'elle soit à titre gratuit où à titre onéreux, que le droit qu'elle a pour objet soit non contesté ou qu'il soit litigieux, la loi veut dans tous les cas qu'elle soit portée à la connaissance des tiers. Telle est aussi l'opinion de M. Mourlon, *Examen critique du commentaire de M. Troplong sur les Priviléges*; — *Appendice sur la Transcription*, n° 362.

342. Les explications que nous avons données au numéro précédent, établissent la nécessité de faire transcrire les ratifications postérieures au 1er janvier 1856 d'actes antérieurs à cette époque pour les opposer aux tiers, puisqu'à leur égard, c'est seulement du jour de la ratification que l'acte ratifié est devenu définitif ; c'est elle qui, vis-à-vis d'eux, constitue la mutation ; or, la ratification est faite sous une législation qui exige la transcription pour rendre les mutations opposables aux tiers ; elle doit dès lors être transcrite.

342 *bis*. Les inscriptions d'office n'ont pas quelquefois d'élection de domicile, il en est ainsi lorsque dans le contrat transcrit, il n'en est pas indiqué.

MM. les conservateurs chargés de les formuler, ne peuvent rien ajouter au delà de ce qui est contenu au contrat, qui doit renfermer tous les renseignements; ils ne peuvent faire d'eux-mêmes le choix d'une élection de domicile, les instructions le leur défendent.

On a, jusqu'à ce jour, attaché peu d'importance à l'élection de domicile dans les inscriptions d'office, en se fondant sur des arrêts de la cour d'appel de Paris, du 31 mai 1813, de la cour d'appel de Rennes, du 25 mai 1822, et de la Cour de cassation du 21 décembre 1824, qui décident que les notifications doivent être faites au domicile réel.

C'était même naturel, puisque si l'inscription pouvait être annulée à cause d'un défaut de forme, il restait l'action résolutoire indépendante du privilége, qui, par ses conséquences, est au moins aussi dangereuse pour les créanciers hypothécaires que le privilége.

Comme l'action résolutoire est maintenant inhérente au privilége et ne peut s'exercer sans lui, les questions sur la valididé des inscriptions d'office seront soulevées, chaque fois qu'elles présenteront chance de succès. L'élection de domicile dans l'inscription d'office en sera une, car elle est de l'essence des inscriptions conventionnelles, et la loi n'a fait aucune distinction entre l'inscription conventionnelle et l'inscription d'office.

La transcription du contrat vaut comme inscription de privilége, mais sous la condition qu'il est satisfait aux conditions exigées pour l'inscription, l'une d'elle est une élection de domicile dans un lieu quelconque de l'arrondissement du bureau ; l'acte n'en contient pas.

Pour éviter cette difficulté, il serait prudent de mettre dans le contrat de vente une stipulation portant que ***M. le conservateur est requis de faire élection de domicile pour le vendeur en..... lorsqu'il formulera l'inscription d'office.***

APPENDICE.

PREMIÈRE PARTIE.

Des actes portant donations ou contenant des dispositions à charge de rendre.

§ 1er. — Des donations.

La donation duement acceptée sera parfaite par le seul consentement des parties, et la propriété des objets donnés sera transférée au donataire sans qu'il soit besoin d'autre tradition (C. N. 938).

Lorsqu'il y aura donation de biens susceptibles d'hypothèques, la transcription des actes contenant la donation et l'acceptation, ainsi que la notification de l'acceptation qui aurait eu lieu par acte séparé, devra être faite aux bureaux des hypothèques dans l'arrondissement duquel les biens sont situés (C. N. 939).

Cette transcription sera faite à la diligence du mari, lorsque les biens auront été données à la femme, et si le mari ne remplit pas cette formalité, la femme pourra y faire procéder sans autorisation.

Lorsque la donation sera faite à des mineurs, à des interdits ou à des établissements publics, la transcription sera faite à la diligence des tuteurs, curateurs ou administrateurs (C. N. 940).

Le défaut de transcription pourra être opposé par toutes personnes ayant intérêt, excepté toutefois celles qui sont chargées de faire faire la transcription ou leurs ayants cause et le donateur (C. N. 941).

Les mineurs, les interdits, les femmes mariées ne seront point restituées contre le défaut d'acceptation ou de transcription des donations, sauf leur recours contre leurs tuteurs ou maris, s'il y échet, et sans que la restitution puisse avoir lieu, dans le cas même où lesdits tuteurs et maris se trouveraient insolvables (C. N. 942).

§ 2. — Des actes entre vifs ou testamentaires avec charge de rendre.

Les dispositions par actes entre vifs ou testamentaires à charge de restitution seront, à la diligence soit du grevé, soit du tuteur nommé pour l'exécution, rendues publiques, savoir : quant aux immeubles, par la transcription des actes sur les registres du bureau des hypothèques du lieu de la situation, et quant aux sommes colloquées avec privilége sur des immeubles, par l'inscription sur les biens affectés au privilége (C. N. 1069).

Le défaut de transcription de l'acte contenant la disposition, pourra être opposé par les créanciers et tiers-acquéreurs, même aux mineurs ou interdits, sauf le recours contre le grevé et contre le tuteur à l'exécution, et sans que les mineurs ou interdits puissent être restitués contre ce défaut de transcription, quand même le grevé et le tuteur se trouveraient insolvables (C. N. 1070).

Le défaut de transcription ne pourra être suppléé, ni regardé comme couvert par la connaissance que les créanciers ou les tiers acquéreurs pourront avoir eue de la disposition par d'autres voies que celle de la transcription (C. N. 1071).

Les donataires, les légataires, ni même les héritiers légitimes de celui qui aura fait la disposition, ni pareillement leurs donataires, légataires ou héritiers, ne pourront en aucun cas opposer aux appelés le défaut de transcription ou inscription (C. N. 1072).

SOMMAIRE.

343. La transcription ne représente pas l'insinuation.
344. La formalité de transcription est *sui generis*.
345. Elle n'est utile que vis-à-vis des tiers.
346. Opinion de M. Toullier sur la transcription. — Il pense à tort qu'elle n'est pas nécessaire pour rendre l'acte opposable aux tiers.
347. Des donations entre vifs faites entre époux.
348. La donation entre vifs de biens présents, faite par contrat de mariage aux époux ou à l'un d'eux, doit être transcrite.
349. De même les partages anticipés, lorsqu'ils ont lieu par acte entre vifs.
350. Pas d'exception, en raison de la cause de la donation.
351. Il y a lieu de transcrire si l'objet donné est susceptible d'hypothèque.
352. Même obligation si l'objet donné est de l'un de ceux compris art. 2 de la loi de 1855.
353. De la donation d'effets mobiliers.
354. Quels sont les actes que la transcription doit comprendre.
355. La transcription d'une donation peut être requise par toute personne intéressée.
356. La transcription est obligatoire pour tous ceux qui stipulent les intérêts du donataire.
357. Tant qu'une donation n'a pas été transcrite, la propriété continue de résider, vis-à-vis des tiers, sur la tête du donateur. Question à ce sujet.
358. Les créanciers chirographaires ne peuvent invoquer le défaut de transcription.
359. Le donataire qui n'a pas fait transcrire a le droit de discussion.
360. Du recours du donataire en cas d'éviction.
361. Des personnes qui ne peuvent opposer le défaut de transcription.
362. Les héritiers du donateur ne le peuvent.
362 *bis*. Quid de l'héritier bénéficiaire.
363. Du concours de deux donataires.
364. Celui qui a accepté pour le mineur, même sans être tuteur, ne peut opposer le défaut de transcription.
365. Le défaut de transcription peut être opposé quoique la donation soit connue.

---

343. La transcription ne représente point l'insinuation existant sous le droit ancien ; elle avait été établie afin que ceux qui contracteraient par la suite avec le donateur, et ceux qui accepteraient sa succession qu'ils croiraient opulente, ne fussent pas induits en erreur, par l'ignorance où ils seraient des donations.

Aussi cette obligation existait pour les donations de valeurs mobilières et immobilières, pour les donations emportant dessaisissement immédiat, pour les donations mutuelles entre époux, pour les donations de biens à venir, pour les institutions d'héritiers, en un mot pour toute espèce de donation entre vifs, même lorsque ces donations étaient contenues dans un contrat de mariage, à moins qu'elles ne fussent l'une des conventions ordinaires des contrats : tel était l'augment dans les pays de droit écrit, et dans les pays coutumiers, le douaire, le préciput d'une certaine somme, soit en argent, soit en effets mobiliers.

Il n'y avait pas d'exception pour les immeubles; quant aux meubles l'exception n'existait que dans deux cas : le premier, lorsqu'il y avait tradition réelle, parce que les meubles n'ont pas de suite; le deuxième, si la valeur n'excédait pas mille livres, en raison de la modicité de la somme.

Les donations de meubles n'étaient sujettes qu'à l'insinuation du lieu du domicile, les donations de biens immeubles devaient être insinuées dans les lieux où les choses données étaient situées.

L'insinuation, si elle était faite après la mort du donateur, devait l'être dans les quatre mois (porté depuis à six mois) du jour de la date de la donation, et après ce délai, la donation était nulle, parce que, dit Pothier (*Traité des donations entre vifs*, sect. II, § 3), les héritiers du donateur ayant une fois acquis, faute d'insinuation, dès l'instant de la mort du donateur, un droit aux choses données, ils ne peuvent plus être dépouillés par l'insinuation qui se ferait depuis.

Sauf le donateur, toute autre personne ayant intérêt, les créanciers, les héritiers, pouvaient opposer le défaut d'insinuation et soutenir la donation nulle pour ce défaut.

Pour qu'une exception pût être opposée, il fallait que celui qui opposait le défaut d'insinuation en fût responsable envers le donataire.

344. La formalité des transcriptions, telle qu'elle est constituée dans le Code Napoléon, *est sui generis*, et l'on ne doit, en ce qui la concerne, chercher aucun enseignement dans le droit ancien.

C'est la loi de brumaire an VII qui l'a établie; elle dispose que les actes translatifs de biens et droits susceptibles d'hypothèques doivent être transcrits sur les registres du bureau de la conservation des hypothèques dans l'arrondissement duquel les biens sont situés; qu'ils ne peuvent jusque-là être opposés aux tiers qui auraient contracté et se seraient conformés aux dispositions de la loi.

Le Code Napoléon l'a acceptée.

345. La transcription n'exerce aucune influence sur la validité de la donation; elle est parfaite entre les parties aussitôt qu'elle est acceptée, transcrite ou non transcrite; ce qu'elle comprend est, dans l'un comme dans l'autre cas, la propriété du donataire; le défaut de transcription ne le fait point rentrer dans la succession du donateur. Par le seul consentement, la propriété est transférée au donataire sans qu'il soit besoin d'autre tradition.

346. C'est sur cette disposition que M. Toullier se fonde pour dire que la transcription ne fut établie que comme une formalité conseillée par la prudence à ceux qui VOUDRAIENT purger les priviléges et hypothèques antérieurs à la translation de la propriété (*des Donations*, n° 237).

Une jurisprndence constante s'est prononcée contre cette opinion qui a été complétement abandonnée ; l'on est maintenant d'accord pour reconnaître que la transcription est obligatoire en matière de donation ; c'est une des solennités nécessaires à cet acte, pour qu'il puisse être opposé aux tiers. Troplong, *des Hypothèques*, n° 904.

La loi nouvelle sur la transcription, en rendant obligatoire la transcription pour les actes entre vifs translatifs de propriété, et ne modifiant pas les dispositions du Code Napoléon relatives à la transcription des actes portant donation, a reconnu d'une manière implicite l'obligation de la transcription à leur égard, autrement il n'eût pas été rationnel de prendre plus de précautions dans l'intérêt des tiers contre des transmissions à titre onéreux que contre des transmissions à titre gratuit.

347. Lorsque les donations sont faites entre époux, elles sont soumises à des règles différentes.

Toute donation entre vifs de *biens présents* faite entre futurs époux par contrat de mariage, doit être transcrite, comme opérant un dessaisissement au profit du futur donataire ; aussi l'art. 1092 porte que cette donation sera soumise à toutes les *règles et formes* prescrites pour ces sortes de donations, ce qui s'aplique à la transcription.

La condition de survie mise à une pareille donation ne fait pas cesser l'obligation ; elle constitue une condition suspensive qui, lorsqu'elle s'accomplit, a un effet rétroactif remontant au jour de la donation (1181 C. Nap.). V. nos 36 *ter* et 37.

Les donations de biens qui dépendront de la succession, sont des donations à cause de mort, ne présentant qu'un objet incertain ; elles obligent le donataire d'acquitter le passif ; dès lors, il n'y a pas lieu de les faire transcrire.

La donation d'un immeuble déterminé, faite entre époux pendant le mariage, quoique qualifiée entre vifs, est toujours révocable ; dès lors elle n'opère pas dessaisissement. Il n'y a pas lieu de la faire transcrire.

348. Toute donation entre vifs de biens présents, quoique faite par contrat de mariage aux époux ou à l'un d'eux (1), est soumise aux règles générales prescrites pour les donations ; ce qui emporte la nécessité de transcrire.

La donation faite aussi par contrat de mariage peut être cumulativement de biens présents et de biens à venir, en tout et en partie ; et comme dans ce cas, il est libre au donataire, lors du décès du donateur, de s'en tenir aux biens présents à charge d'acquitter les dettes comprises dans l'état qui doit être annexé à la donation, et de renoncer au surplus des biens afin de se dispenser d'acquitter le passif créé depuis (1084 et 1085), il y a nécessité de faire transcrire pour que la donation soit portée à la connaissance des tiers.

349. Les partages que les père et mère et autres ascendants font entre leurs enfants et descendants sont soumis aux formalités, conditions et règles prescrites pour les donations entre vifs, lorsqu'ils ont lieu dans ce mode ; dès lors la transcription est obligatoire.

Ils emportent dessaisissement, ils sont irrévocables, ce qui justifie l'obligation.

La loi de 1823, qui a fixé le droit à percevoir sur ces actes, contient, il est vrai, une disposition exceptionnelle en ce qui regarde le droit de transcription ; elle annonce que le droit de transcription ne sera perçu que si le donataire fait remplir la formalité, et de là, raisonnant *à contrario* de ce qui a lieu en matière de transcription de toute

(1) L'ordonnance de 1731 avait excepté de l'obligation de l'insinuation les donations faites par les ascendants dans un contrat de mariage. Cette exception n'a pas été renouvelée dans le Code Napoléon.

autre donation, on conclut que la formalité n'est que facultative.

Cette disposition de la loi ne peut donner aucun argument, elle est toute fiscale; afin de rendre ces actes plus communs, la loi de 1823 les a libérés du droit de donation entre vifs qui était perçu avant sa promulgation, et ne les a plus soumis qu'au droit de mutation en ligne directe; le but eut été manqué si le droit de transcription devait être perçu de suite. Le rapporteur de la loi le savait bien.

La loi nouvelle ne modifie en quoi que ce soit le mode de procéder en usage, le droit de transcription ne sera perçu que si l'on fait transcrire. Ces actes ne seront dès lors pas plus souvent transcrits qu'ils ne l'étaient précédemment. Il n'entre pas dans nos principes de détourner de l'accomplissement des formalités légales; cependant, nous sommes forcés de reconnaître que les donataires étant les seuls héritiers, l'acte n'a pour eux que le caractère de partage anticipé, ce qui dispense de la transcription dans les cas ordinaires.

La formalité ne paraîtra nécessaire que si l'on a sujet de craindre que le donateur ne vende les biens qu'il a partagés ou contracte des dettes pour le paiement desquelles on obtiendrait des jugements conférant un droit hypothécaire valablement inscrit.

Les donateurs n'ont pas de privilége pour assurer le service de la rente viagère qui est ordinairement stipulée, ils n'ont que l'action résolutoire. Douai, 13 novembre 1846; Orléans, 25 mai 1848; Douai, 6 juillet 1852; Troplong, *des Hyp.*, n° 216, Persil, *des Hyp.*, sur l'art. 2103, § 1er, n° 10.

Les enfants, à cause des soultes, n'ont que le privilége de copartageant, qui doit être inscrit dans les quarante-cinq jours, ainsi que nous l'avons dit, n° 174.

350. Du moment que la donation, par son objet, donne lieu à la transcription, il n'y a point d'exception; peu importe que l'immeuble fasse partie d'une dot, que la donation soit à titre rénumératoire ou à titre gratuit, que ce soit un parent ou un étranger qui gratifie; ce n'est ni le donateur ni la cause qui doivent entrer en considération, c'est l'objet.

351. L'objet donne lieu à la transcription, lorsqu'il est suscptible d'être hypothéqué. Semblable idée que celle exprimée dans l'art. 2181 : « Les contrats translatifs de la propriété d'immeubles ou de droits réels immobiliers que les tiers détenteurs voudront purger de priviléges et hypothèques, seront transcrits. » Et dans le n° 1 de l'art. 1er de la loi hypothécaire de 1855, tout acte entre vifs translatif de propriété immobilière ou de droits réels susceptibles d'hypothèque.

Nour renvoyons dès lors, pour être fixé sur ce point, à tout ce que nous avons dit n° 48 et suivants.

La donation étant, de sa nature, une libéralité, ne peut jamais produire les effets d'un partage ; si la donation est d'une portion indivise, et qu'à ce moyen l'indivision cesse entièrement, il faudra faire transcrire l'acte. Les inscriptions prises contre le donateur frapperont sur la portion donnée.

352. Lorsque la donation est de l'une des choses énumérées dans l'art. 2 de la loi de transcription de 1855, il y a lieu de transcrire, quoiqu'elles ne soient pas dans la catégorie des biens susceptibles d'hypothèque, aux termes du Code Napoléon.

En faveur de l'opinion contraire, on invoquerait à tort le paragraphe final de l'art. 11, aux termes duquel il n'est point dérogé aux dispositions du Code Napoléon, relativement à la transcription des actes portant donation, qui continueront à recevoir leur exécution.

On doit entendre cette partie de loi, comme toutes les dispositions nouvelles qui se réfèrent à une loi précédente, *en tant qu'elles ne sont pas contraires à la loi nouvelle* ; il serait contraire à l'esprit de la nouvelle loi hypothécaire, que des démembrements de la propriété eussent lieu sans être rendus publics, et c'est à ce résultat que l'on arriverait, s'il était légal de ne pas faire transcrire une donation de la nature sus indiquée; ce serait aussi un contre sens de ne pouvoir faire à prix d'argent, ce que l'on pourrait faire gratuitement.

L'obligation de la transcription formulée dans l'art. 2, est une disposition nouvelle qui forme désormais règle générale sur cette matière; elle ne change rien à tout ce que le Code Napoléon a promulgué sur la transcription des donations, elle ajoute.

353. La donation de valeurs mobilières n'est assujettie ni à la transcription, ni à aucune formalité de publicité: le Code Napoléon a, sous ce rapport, beaucoup modifié l'insinuation en matière de donation de valeurs mobilières, qui devait être faite au bureau du domicile des donateurs. Il convient cependant d'excepter les rentes sur l'Etat, les actions de la banque et sur le canal de Loing, qui peuvent être immobilisées et sont alors assimilées à des immeubles.

Le donataire n'est saisi à l'égard des tiers, que par la signification de la donation faite au débiteur ou par son acceptation dans un acte authentique. Cette disposition, quoique placée dans le Code Napoléon, au titre du transport et autres droits incorporels, est applicable à toutes les transmissions à titre singulier; elle constitue le seul moyen de les connaître.

354. La transcription doit comprendre la donation et l'acceptation ainsi que la notification de l'acceptation lorsqu'elle a lieu par acte postérieur. Nous y ajouterons la procuration en vertu de laquelle ont été représentés, soit le donateur, soit le donataire; elles font corps avec l'acte lui-même, et justifient que le mandataire qui a stipulé avait qualité.

355. La transcription d'une donation peut être requise non seulement par le donateur et le donataire ou ses successeurs universels, mais par toute personne intéressée et notamment par les successeurs à titre particulier, et les créanciers du donataire.

La femme mariée, le mineur non émancipé, l'interdit, donataires, peuvent requérir eux-mêmes la transcription; car ce n'est qu'une mesure conservatoire pour l'accomplissement de laquelle aucune capacité n'est nécessaire.

Les parents de la femme, les parents ou amis du mineur, de l'interdit, ont aussi qualité pour la faire opérer.

356. La transcription est obligatoire pour tous ceux qui stipulent les intérêts des autres : le curateur pour le mineur émancipé; l'ascendant qui a fait l'acceptation pour le mineur; le curateur nommé pour stipuler les intérêts du sourd-muet qui ne sait pas écrire ; les administrateurs des hospices, des pauvres, d'une commune ou d'établissements publics; le mandataire qui a fait l'acceptation; le mari dont la femme est donataire.

L'obligation pour le mari ne cesse en aucun cas; tant qu'il a capacité d'autoriser sa femme, son concours est un attribut du mariage dont il ne peut se décharger; l'autorisation de justice est pour suppléer, soit à son incapacité, soit à un refus mal fondé. Elle ne peut dans cette dernière hypothèse le décharger d'une obligation.

357. Tant qu'une donation n'a pas été transcrite, la propriété continue de résider, à l'égard des tiers, sur la tête du donateur. Ceux-ci ont dû croire que l'immeuble appartenait toujours au même propriétaire, et ils ont été autorisés à traiter avec lui en toute sécurité; pour ce motif, la vente, les baux, l'affection hypothécaire, et tous autres actes donnant des droits réels sur l'immeuble, doivent produire leur effet, quelque soit le temps de leur transcription.

Lorsque, sous le Code Napoléon, les conventions suffisaient pour transférer le droit de propriété, on jugeait avec raison que l'acquéreur pouvait opposer son contrat dès le jour de la vente, parce que la loi seule lui faisait avoir ce droit, tandis que le donataire ne pouvait l'obtenir vis-à-vis de l'acquéreur que sous la condition de faire transcrire, et, il ne l'avait pas remplie, il se trouvait ainsi dans une position moins favorable.

Sous la nouvelle loi hypothécaire, le créancier ne peut plus se faire inscrire après une transcription, quoiqu'ayaut un titre antérieur.

L'acquéreur qui a fait transcrire le premier, s'est conformé aux prescriptions de la loi dans un temps où le donataire n'avait pas encore satisfait à la condition légale vis-à-vis des tiers, il doit être préféré.

Le donataire, s'il est premier en titre et s'il a fait transcrire avant l'acquéreur, est préféré. Son droit de propriété est plus ancien, il a rempli la formalité dans un temps où l'acquéreur n'avait pas rendu son acquisition publique, où l'existence légale ne lui appartenait pas.

Il est important de ne pas confondre cette circonstance avec le cas où c'est l'acquéreur qui est le premier en titre ; le donataire n'est que l'ayant cause du donateur, et ne peut réclamer plus de droits que celui-ci n'en avait. Or, il n'en avait plus lorsqu'il a fait la donation, il ne pouvait, dès lors, en conférer à un autre ; ici c'est le donataire qui est le premier en titre, l'ancien propriétaire pouvait transférer le droit de propriété, au temps de la donation.

Si l'acte n'est pas de nature à être transcrit, par exemple, un bail de dix-huit ans, comme il vaut vis à vis des tiers aussitôt qu'il a été conclu, il est opposable au donataire qui n'a pas encore fait transcrire.

Les créanciers du donateur peuvent saisir l'immeuble compris dans la donation non transcrite et sont recevables à en poursuivre l'expropriation, lorsqu'ils ont fait transcrire leur saisie avant que la donation le soit elle-même.

358. L'examen auquel nous nous sommes livré au numéro précédent, préjuge implicitement la question de savoir si les créanciers chirographaires du donateur peuvent invoquer le défaut de transcription.

Il est manifeste pour nous que, malgré la généralité de

ses termes, l'art. 941 n'est que la conséquence évidente et nécessaire de l'art. 939; il ne comprend et ne peut comprendre que les personnes dont ce dernier article a voulu conserver les droits, par la publicité de l'acte qui peut leur causer préjudice, il ne peut y avoir de doute aujourd'hui sur le sens et la portée de l'art. 939 C. Nap. La formalité de la transcription qu'il ordonne (et qui n'a rien de commun dans son objet et ses conséquences avec l'insinuation abolie d'ailleurs par le Code), empruntée à la loi de brumaire, a été établie exclusivement, comme sous l'empire de la législation transitoire, dans l'intérêt des tiers acquéreurs et ceux qui ont traité à titre onéreux avec le donateur dans l'ignorance des donations qu'il aurait pu consentir.

A l'appui de notre opinion nous pouvons citer un arrêt de la cour de Besançon du 6 juin 1854.

Tels sont aussi les principes de la loi du 23 mars 1855. L'art. 4 du projet, maintenant art. 3, a été adopté dans son principe, sauf un changement de rédaction qui en précise le sens. Par ces mots : « aux tiers qui ont des droits sur l'immeuble, » on a voulu écarter la prétention des créanciers chirographaires, qui auraient pu vouloir opposer le défaut de transcription. Ce droit leur est refusé par le projet (rapport de M. de Belleyme).

Si la transcription en matière de donation n'avait pas dû être entendue en ce sens, les législateurs eussent commis une grande faute de ne pas établir l'uniformité en matière de transcription et de référer au Code Napoléon; on ne peut l'admettre. Nous concluons que les créanciers chirographaires n'ont aucun droit de critique des donations non transcrites, qu'il en est de même des créanciers hypothécaires qui n'ont pas requis inscription ou qui ne l'ont fait que depuis la transcription de la donation.

359. Lorsqu'à défaut de transcription, le donataire est sous le coup d'une action, il doit être admis au bénéfice de discussion s'il reste au donateur quelques immeubles hypothéqués à la même dette, puisqu'il est tiers détenteur non obligé au paiement de la dette (art. 2170 C. Nap.).

360. Si le donataire est évincé de la chose qui lui a été donnée, soit que ce soit sur une action en revendication, soit que ce soit sur une action hypothécaire pour les dettes des auteurs du donateur, l'une et l'autre ayant des causes antérieures à la donation ; il n'a, pour raison de cette éviction, aucun recours contre le donateur, pas même pour la restitution des frais ; le donateur n'étant tenu que de son dol.

Si l'action hypothécaire est pour les dettes du donateur, le donataire aura le recours qu'ont tous ceux qui paient les dettes d'un autre.

Il reste à observer que, quoique le donataire ne soit pas tenu par la nature de la donation de la garantie des choses données, il peut néanmoins, par une clause particulière, s'y obliger.

361. Il est des personnes qui ne peuvent opposer le défaut de transcription, ce sont :

1° Celles qui sont obligées de faire transcrire, nous les avons indiquées n° 356. Ces personnes sont en faute quand la donation n'est pas transcrite et elles n'en peuvent tirer avantage.

2° Leurs ayants cause universels et à titre particulier, la loi n'ayant fait aucune distinction à cet égard, ce qui comprend leurs créanciers, comme il a été jugé par différents arrêts, notamment par un arrêt de la Cour d'appel de Paris, du 2 juin 1854 (1).

3° Le donateur garant de l'éviction qui provient de son fait, et qui, par conséquent, ne peut lui-même évincer le donataire.

4° Enfin le donataire ni les créanciers du donataire,

(1) C. aïeul, avait fait donation de différents biens en usufruit à son fils unique, et en nue-propriété à son petit-fils, ayant son père pour administrateur ; des créanciers du fils ont opposé le défaut de transcription ; un arrêt de la Cour d'appel de Paris du 2 juin 1854 les déclare mal fondés, attendu que C fils était tenu de faire opérer la transcription de la donation, que les créanciers n'ont pas d'autres droits que leur auteur ; qu'il leur est interdit, comme à C. fils, d'exciper du défaut de transcription.

exerçant les droits de ce dernier ou ayant intérêt à l'annulation de la donation.

362. La loi, en refusant au donateur le droit d'opposer le défaut de transcription, n'a pas ajouté ses ayants cause, comme elle l'a fait pour les personnes chargées de transcrire.

De là on s'est demandé si les héritiers ou successeurs universels du donateur peuvent se prévaloir du défaut de transcription.

Ils le pouvaient dans le droit ancien, à défaut d'insinuation, comme nous l'avons fait connaître n° 343. Dans les premiers temps de la publication du Code Napoléon, on avait essayé de le soutenir. Mais cette opinion est aujourd'hui généralement abandonnée par la doctrine et la jurisprudence. Les règles du Code sur la transcription des donations sont les mêmes que celles de la loi de brumaire. Or cette loi refusait aux héritiers le droit de se prévaloir du défaut de transcription, d'ailleurs la donation dûment acceptée, étant parfaite par le consentement des parties oblige, indépendamment de la transcription, le donateur et par suite ses successeurs universels.

Le créancier de l'héritier d'un donateur est son ayant cause et ne peut, pas plus que ne le pourrait l'héritier lui-même, opposer le défaut de transcription de la donation.

La donataire universel ou à titre universel postérieurement institué ne peut opposer le défaut de transcription d'une donation à titre particulier.

Enfin les légataires à tous titres, qui ne peuvent obtenir le droit de propriété sur un immeuble que si le testateur les avait lui-même au jour du décès.

362 *bis*. L'héritier bénéficiaire peut, en principe, critiquer de son chef l'acte non transcrit, puisqu'il ne confond pas ses biens personnels avec ceux de la succession et conserve contre elle le droit de réclamer le paiement de ses créances ; mais la loi ne lui accorde ce droit dans l'hypothèse qui nous occupe, qu'après avoir rendu son compte et soldé le reliquat. Jusque là, il retient une partie de l'actif, il est comptable, et sa qualité de comptable l'empêche d'exercer une action récursoire. Rien n'établit qu'il n'y ait pas dans la succession de quoi le satisfaire.

363. Quand le donateur a donné l'immeuble une second fois, le second donataire qui a fait opérer la transcription peut-il opposer le défaut de transcription au premier donataire?

L'affirmative doit être admise; le donataire à titre particulier est intéressé à opposer le défaut de transcription. Il tient du donateur au même titre que le premier, on ne saurait dès lors lui refuser le droit de se prévaloir de l'inaccomplissement de la formalité. La préférence qui serait accordée dans cette circonstance au deuxième acquéreur ne nous paraît pas non plus sans influence sur la question.

364. Si la donation était acceptée par un autre que par le tuteur, le défaut de transcription ne pourrait être opposé par la personne qui a stipulé pour le mineur; il ne serait pas rationnel qu'il put détruire un acte auquel il a souscrit; ni par le tuteur, car l'une de ses fonctions est de veiller à la conservation des biens de son pupille, et de faire tous les actes nécessaires à cet effet, au nombre desquels se trouve comprise la transcription de la donation; ni par leurs ayants cause universels et à titre particulier, ainsi que nous l'avons dit n° 361.

365. Les personnes qui peuvent opposer le défaut de transcription doivent être maintenues dans le droit qui leur appartient, lors même qu'elles pourraient avoir eu connaissance de la disposition par d'autres voies que celles de la transcription, notamment, parce qu'elle leur aurait été signalée en termes exprès, dans leur contrat d'acquisition.

Il en serait autrement, cependant, si l'acte pour le

maintien duquel le défaut de transcription est opposé, était le résultat d'un concert frauduleux entre le donateur et le tiers qui se prévaut de l'inobservation de la formalité.

366. Nul ne peut être exempté de l'accomplissement de la formalité. Les mineurs, les interdits, les femmes mariées ne sont pas restituables, sauf leur recours contre leurs tuteurs ou maris, s'il y échet, et sans que la restitution puisse avoir lieu dans le cas même où lesdits tuteurs et maris se trouveraient insolvables.

Quoique les termes de l'art. 942 pris dans leur sens littéral supposent que les mineurs sont pourvus d'un tuteur, nous pensons cependant que le défaut de transcription peut être opposé au mineur qui n'est pas pourvu d'un tuteur; la raison en est que l'intérêt de la sûreté publique, qui milite en faveur des créanciers et des acquéreurs du donateur, ne permet pas que le donataire soit restituable, pour quelque cause que ce soit, contre l'omission de la transcription.

Des exceptions à l'irrévocabilité des donations entre vifs considérées sous le rapport hypothécaire.

367. La révocation pour cause d'ingratitude ne préjudicie ni aux aliénations faites par le donataire, ni aux hypothèques et autres charges réelles qu'il a imposées sur l'immeuble donné, pourvu, dit l'art. 958, que le tout soit antérieur à l'inscription qui aurait été faite de l'extrait de la demande en révocation en marge de la transcription.

Nous pensons qu'il ne suffit pas que la vente ou l'hypothèque aient été consenties par des actes ayant date certaine avant l'inscription de la demande; c'est la formalité hypothécaire qui doit être accomplie, car si la demande est accueillie, c'est au jour de l'inscription qu'elle remonte et, dès ce moment, il ne peut plus être imposé de charges; l'inscription en est une, la vente n'est opposable au donateur, qui est tiers vis-à-vis de l'acquéreur, que du jour de la transcription. Cette règle doit être admise avec d'autant plus de raison, qu'en matière de donation, ce sont les principes de la loi de brumaire qui servent de règle, et l'on sait que sous cette loi la vente n'était opposable que du jour de la transcription.

368. Dans le cas de révocation pour cause d'inexécution des conditions, les biens rentrent dans les mains du donateur libres de toutes charges et hypothèques du chef du donataire, et le donateur a, contre les tiers détenteurs des immeubles donnés, tous les droits qu'il aurait contre le donataire lui-même.

Il suffira au donateur, pour que cette révocation soit opposable aux tiers, de mentionner le jugement ou de le faire transcrire conformément aux dispositions de la loi sur la transcription.

369. Les donations entre vifs faites par une personne qui n'avait point d'enfant ou descendant vivant dans le temps de la donation, sont révoquées de plein droit par la survenance d'un enfant légitime du donateur, même d'un posthume, ou par la légitimation d'un enfant naturel par mariage subséquent. S'il est né depuis la donation, les biens rentrent dans le patrimoine libres de toutes charges et hypothèques.

Le donataire, dans ce cas, n'est tenu de restituer les fruits que du jour de la notification de la naissance de l'enfant ou de sa légitimation.

Cette notification est indépendante du jugement qui ordonne la restitution de l'immeuble ou de l'acte en tenant lieu qui doit être mentionné ou transcrit.

Nous pensons qu'elle n'est opposable aux tiers que du jour où cette notification est transcrite au bureau des hypothèques, attendu qu'il s'agit d'immeubles pour lesquels les actes ne sont opposables aux acquéreurs et aux créanciers inscrits que du jour où ils ont été rendus publics par la transcription ou la mention.

370. S'il y a lieu de réduire une donation comme excédant la quotité disponible, les immeubles sont recouvrés des mains des tiers détenteurs libres de toutes dettes et hypothèques, après discussion des biens du donataire (C. N. 930).

Quoique cet article n'oblige à la discussion que dans le cas d'aliénation de l'immeuble, nous pensons que s'il restait au donataire des biens libres ou discutables, le créancier hypothécaire pourrait demander cette discussion afin que son hypothèque produise son effet; il devrait l'obtenir s'il était établi que le légitimaire n'éprouve aucun préjudice.

Le jugement qui prononcera la réduction et le consentement en tenant lieu, devront être transcrits ou mentionnés suivant qu'il écherra.

371. Le rapport d'un immeuble n'a lieu qu'en moins prenant, quand le donataire a aliéné l'immeuble avant l'ouverture de la succession; et lorsque le rapport se fait en nature, les biens se réunissent à la masse des biens de la succession, francs et quittes de toutes charges.

Cette opération est le résultat d'un partage, et quoiqu'en principe les partages ne soient pas assujettis à la transcription, ils doivent l'être dans ce cas, conformément aux dispositions de l'art. 4 de la loi hypothécaire, car le rapport constitue l'annulation d'un acte transcrit ou susceptible de l'être.

Ce ne sera pas l'acte entier qui sera transcrit, mais la partie qui concerne le rapport, attendu que c'est cette partie seule qui rend la formalité nécessaire et qu'il ne serait pas convenable que des actes intéressant toute une famille fussent rendus publics dans toutes leurs dispositons.

372. Le droit de retour des objets donnés peut être stipulé par le donateur à son profit, soit pour le cas de prédécès du donataire seul, soit pour le cas de prédécès du donataire et de ses descendants ; l'effet de ce droit est de résoudre toutes les aliénations des biens donnés et de faire revenir ces biens au donateur, francs et quittes de toutes charges et hypothèques, sauf néanmoins l'hypothèque de la dot et des conventions matrimoniales; si les autres biens de l'époux donataire ne suffisent pas, et dans le cas seulement où la donation lui est faite par le même contrat de mariage duquel résultent ces droits et hypothèques.

Lorsque la donation est faite à la femme, toute hypothèque et toute aliénation, par elle consentie, cesse à l'instant même; l'exception n'existant qu'en sa faveur et en considération du mariage.

Si la donation est faite au mari, les hypothèques consenties solidairement avec la femme, ou la cession qu'elle a signée en faveur d'un créancier du bénéfice de son hypothèque légale doivent produire leur effet sur les biens données, puisqu'il ressort essentiellement des conventions de mariage que la femme doit être garantie et indemnisée par le mari à cause des dettes qu'elle contracte avec lui; les contrats en contiennent même la stipulation expresse.

Tant que le jugement qui ordonne la mise en possession du donateur n'a pas été mentionné, ou que l'acte en tenant lieu n'a pas été transcrit, les créanciers peuvent requérir inscription ; une fois l'une ou l'autre de ces formalités remplie, ils ne le peuvent plus.

373. Toutes les fois que la réintégration d'un immeuble donné sera faite par suite de l'annulation d'une donation, si cette réintégration est consentie à l'amiable, l'acte qui la constitue devra être fait dans la forme authentique, parce qu'il doit être opposé aux tiers et se rattache au régime hypothécaire dans lequel tout acte doit être dans la forme authentique, ainsi que nous l'avons vu, nº 269.

374. Nous faisons observer qu'il est nécessaire de remplir, dans le plus bref délai, les formalités prescrites par la loi sur la transcription, dans tous les cas ci-dessus indiqués d'annulation d'une donation, parce qu'elles ont été établies pour la sécurité des tiers qui peuvent, jusque là, faire avec le donataire tous les actes d'administration sans critique.

—

§ 2. — Des dispositions à charge de rendre.

SOMMAIRE.

375. Ce que c'est.
376. Comment la disposition doit être rendue publique. — Modèle de bordereau à ce sujet.
377 Quels actes à transcrire.
378. Si la somme substituée est employée en achat d'un immeuble, il faut transcrire.
379. L'obligation de transcrire est imposée aux maris et tuteurs des grevés et des appelés.
380. Le défaut de transcription peut être opposé même au mineur; par qui.
381. Le délai accordé par les anciennes ordonnances n'a pas été renouvelé dans le Code.
382. Quelles personnes ne peuvent opposer le défaut de transcription.
383. La connaissance de la disposition n'empêche pas d'opposer le défaut de transcription.

—

375. Les père et mère peuvent disposer de toute la quotité disponible, en faveur de l'un ou plusieurs de leurs enfants à la charge de rendre ces biens aux enfants nés ou à naître des donataires.

Semblable disposition, en cas de mort sans enfants, peut être faite par un frère au profit de son frère ou de sa sœur.

Les biens ainsi donnés ne forment une propriété libre, ni dans la main du donataire ou légataire, puisqu'il est grevé de la charge de les rendre à ses enfants nés et à naître, ni dans la main du donataire et de ses enfants réunis, parce que la charge de restitution est au profit de tous les enfants nés et à naître, sans exception ni préférence d'âge ou de sexe, et que c'est seulement au moment du décès que les appelés sont connus.

Le droit du grevé (le donataire) s'éteint retroactivement par l'avénement de la condition résolutoire à laquelle il est subordonné. Cette extinction entraîne celle de tous les droits qu'il a concédés. Il était donc utile, dans l'intérêt des tiers, de rendre publiques les charges de rendre (ordinairement appelées substitution) et d'empêcher qu'ils fussent induits en erreur sur les droits du grevé; c'est ce que prescrit l'art. 1069 C. N. que nous avons fait connaître.

376. La publicité est, quant aux immeubles, la transcription des actes sur les registres du bureau des hypothèques du lieu de la situation, et quant aux sommes placées sur des immeubles, par l'inscription sur les biens affectés.

Nous ajoutons que, s'il y a parmi les objets donnés ou légués des créances chirographaires, le tuteur nommé pour l'exécution doit dénoncer la disposition au débiteur avec défense de se libérer entre les mains du grevé hors sa présence.

L'inscription doit être, ce nous semble, mise à la marge de l'inscription requise contre le débiteur comme équivalant à une subrogation, afin que le conservateur ne se trouve pas dans la nécessité de rechercher sur la table des comptes avant d'opérer une radiation.

Le bordereau doit avoir à l'appui toutes les pièces justificatives des droits de l'inscrivant, pour qu'elles restent au conservateur et justifient la formalité qu'il a remplie.

MODÈLE.

« Suivant son testament olographe, en date du 18 juin 1855, constaté, enregistré et déposé pour minute à Me Cornillet, notaire à Chevreuse, par acte du 2 février 1856, M. Jean-Pierre Bertholet a légué tous les biens qui ne sont pas réservés dans sa succession, à son fils, Benjamin Bertholet, marchand, demeurant à Chevreuse, à la charge par lui de les rendre à ses enfants nés et à naître.

« Parmi les biens de cette succession, se trouve la somme de 10,000 fr. due par M. Jean-Louis Gressillier, cultivateur, demeurant aux Bordes, pour laquelle il a été pris inscription au bureau des hypothèques de Rambouillet, le 8 novembre 1855, vol. 3, n° 32.

« M. Jean-Nicaise Bellavoine, propriétaire, demeurant à Saint-Lambert, stipulant comme tuteur à l'exécution de la charge de rendre, nommé à cette fonction par délibération du conseil de famille, des parents et amis des enfants Bertholet, tenu sous la présidence de M. le juge de paix du canton de Chevreuse, le 3 mars 1856,

« Requiert M. le conservateur des hypothèques au bureau de Rambouillet, de faire mention sur ses registres, notamment à la marge de l'inscription sus-énoncée, prise contre M. Gressillier, des dispositions testamentaires de M. Bertholet père, faisant, le sieur Bellavoine, élection de domicile en l'étude de Me Masson, avoué à Rambouillet.

« A l'appui de sa réquisition il joint un double de son bordereau, une expédition du testament de M. Bertholet père, et de la délibération du conseil de famille qui l'a nommé tuteur. »

Cette inscription étant une obligation du tuteur, prise en exécution d'une disposition de la loi, peut être requise même par un mandataire verbal; la preuve de son pouvoir résulte au surplus des pièces dont il est porteur et qu'il dépose au conservateur.

377. Les actes à transcrire sont, soit une donation, soit un testament.

Quand la charge de rendre est contenue dans une donation, l'acte qui la constate devant être transcrit en entier, les tiers apprennent de cette manière que le donateur n'est plus propriétaire et que le grevé n'a sur les biens faisant l'objet de la charge de rendre qu'une propriété révocable.

Lorsqu'elle est apposée à un legs, le testament doit être

transcrit; il faut, lors de son enregistrement, déclarer les immeubles et indiquer au receveur leur revenu, pour qu'il perçoive le droit de transcription dû sur cet acte; le conservateur transcrit sur ses registres la disposition sans qu'il soit beson de lui faire connaître à quels biens la charge s'applique, il lui suffit de la porter au compte du grevé, pour la faire connaître chaque fois que le grevé consentira des ventes ou que les tiers voudront se rendre compte des charges existantes.

378. Si les sommes substituées ont été employées à acquérir des immeubles, on doit faire transcrire les actes d'acquisition, mais il n'est pas besoin d'une transcription spéciale; la transcription requise par l'acquéreur suffit puisqu'elle porte l'obligation à la connaissance de tous en même temps que l'acquisition ; l'une est inséparable de l'autre.

379. La loi n'impose, en termes exprès, l'obligation de rendre publique la substitution qu'au grevé et au tuteur nommé pour l'exécution (1069 C. Nap.). Mais la même obligation existe pour le mari de la femme grevée, pour le tuteur du grevé mineur ou interdit et pour le tuteur et le mari des appelés, en raison de l'administration qu'ils ont de leurs biens, de la puissance qu'ils ont sur leur personne, qui leur rendent communes leurs obligations, et leur enjoignent même de les accomplir.

380. Le défaut de transcription et de mention peut être opposé par les créanciers, débiteurs et tiers acquéreurs, même aux mineurs et aux interdits (art. 1070).

Cet article cependant ne veut et ne peut vouloir dire autre chose, sinon que les aliénations consenties par le grevé et les dettes hypothécaires par lui consenties, et rendues publiques avant la transcription ou l'inscription, sont valables ou peuvent s'exercer sur les biens grevés; cette disposition se conçoit, puisque le grevé est propriétaire vis à vis des tiers jusqu'à la transcription ou l'inscription, et que ceux qui traitent avec lui seraient exposés à des fraudes si les actes qu'ils auraient faits dans cette position n'étaient pas maintenus. Le même inconvénient n'est pas à craindre pour les aliénations faites par le tuteur, puisque ses créanciers ou ceux qui se sont portés vis à vis de lui acquéreurs des biens substitués, n'ont pu légalement méconnaître qu'il n'était pas propriétaire.

Quant aux appelés, leur droit est conditionnel et ne s'établit que par l'acte indicatif de leur véritable position ; elle ne peut dès lors être méconnue de ceux qui traitent avec eux, et se trouve inhérente au droit lui-même qui ne peut en être séparé.

381. D'après l'ordonnance de 1747, si la publication (maintenant la transcription) était faite dans les six mois, elle rétroagissait au jour de la date de la substitution, même à l'égard des créanciers et tiers acquéreurs; les six mois couraient du jour de l'acte si la substitution était contenue dans une donation entre vifs, et du jour du décès du disposant si la disposition résultait d'un testament.

Le Code Napoléon n'a pas accordé de délai dans lequel la transcription ou l'inscription faite rétroagirait au jour de l'acte ou du décès, d'où il résulte que le créancier ou les tiers détenteurs qui auront contracté, quant aux biens grevés, avant la transcription ou l'inscription, pourront opposer aux appelés le défaut de publication s'ils se sont eux-mêmes conformés aux prescriptions de la loi, et rendu leurs droits publics.

382. Le défaut de transcription ne peut être opposé par les personnes qui sont chargées de l'accomplissement de la formalité, ni par ceux qui les représentent ou qui veulent exercer leurs droits, puisque c'est leur faute ;

Ni par les personnes qui ont stipulé dans l'acte, pour les appelés ou pour les grevés, puisqu'elles ont participé à sa confection.

Ni par les donataires, les légataires, ni même les héritiers légitimes de celui qui aura fait la disposition, ni pareillement leurs donataires, légataires ou héritiers (1072).

De même du grevé, quoique l'art. 1072 soit muet sur ce point; mais nous pensons qu'il doit en être ainsi, parce que le grevé est obligé de remplir la formalité, et parce que les personnes énumérées dans l'art. 1072 sont les ayant cause du grevé, qui ne peuvent avoir plus de droits que lui.

Cette dernière raison milite à l'égard des appelés et doit produire la même conséquence.

383. Tous ceux qui sont fondés peuvent se prévaloir de l'inobservation de la formalité, quand même les appelés sont mineurs ou interdits non pourvus de tuteur, quand même enfin le grevé ou le tuteur à la substitution, contre lesquels les appelés mineurs ou interdits ont un recours, seraient insolvables.

DEUXIÈME PARTIE.

Modèles de bordereaux.

SOMMAIRE.

---

384. *Bordereau d'inscription du droit d'hypothèque conventionnelle et légale.*

Bordereau d'inscription d'un droit d'hypothèque conventionnelle et légale à inscrire au bureau de Versailles.

M. Jean-Pierre Bertrand, propriétaire, demeurant à Versailles, rue Saint-Martin, n° 32 ;

Qui fait élection de domicile en sa demeure ;

Requiert à son profit:

Premièrement. — Contre M. Louis Germain, négociant, et madame Louise-Geneviève Gavaudan, son épouse, demeurant à Saint-Cyr, près Versailles, débiteurs solidaires ;

L'inscription de l'hypothèque conventionnelle consentie à son profit par M. et Mme Germain, sur les immeubles désignés en fin du présent et pour les causes qui y seront indiquées;

Deuxièmement. — Contre mon dit sieur Germain seul ;

L'inscription de l'hypothèque légale de Mme Germain, en tant qu'elle milite au profit du requérant comme cessionnaire du bénéfice de cette hypothèque.

Ladite hypothèque ayant aujourd'hui pour cause :

1° La somme de 2,000 fr., formant la portion de l'apport en mariage de Mme Germain, réservée propre par son contrat........................... 2,000 »

2° La somme de 3,000 fr., mise en communauté, que Mme Germain a le droit de reprendre dans le cas de renonciation........................... 3,000 »

3° La somme de 2,000 fr., montant du préciput stipulé en faveur du survivant, et que Mme Germain a le droit de reprendre, même dans le cas de renonciation à la communauté.......................... 2,000 »

Le tout aux termes de leur contrat de mariage passé devant Me Trubert et son collègue, notaires à Paris, le 15 janvier 1822.

(*L'hypothèque légale date du jour du contrat de mariage, quoique les sommes apportées en dot par la femme aient été reçues depuis.* 2135 et 2194).

4° La somme de 6,000 fr., prix principal de la vente d'une maison située à Pantin, appartenant en propre à Mme Germain, vendue à M. Romagnac, par contrat passé devant Me Villiaume, notaire à Paris, le 8 mars 1825........................... 6,000 »

(*L'hypothèque date du contrat de vente.* 2135).

5° La somme de 4,000 fr., montant de la donation qui lui a été faite de pareille somme, suivant acte passé devant Me Dieuleveut, notaire à Besançon, le 18 août 1826........................... 4,000 »

(*L'hypothèque date du jour où les donations ont leur effet, c'est-à-dire du jour où elles sont devenues définitives.* 2135).

6° La somme de 6,000 fr., qu'elle a recueillie dans la succession de Mme Marie-Louise Nicole, sa mère, épouse de M. Gavaudan, décédée à Marcoussis, le 3 août 1829 ; ladite succession liquidée par acte passé devant Me Saint-Julien, notaire à Mamers, le 28 février 1830........................... 6,000 »

(*L'hypothèque date de l'ouverture de la succession.* 2135).

7° Le montant de ses droits dans la succession de Mlle Marie-Louise Gavaudan, sa tante, décédée fille majeure à Saint-Germain, le 8 mai 1855, lesquels ne peuvent être déterminés........................... Mémoire.

(*Il n'y a pas nécessité de les fixer quand ils sont indéterminés.* 2153. *Rapprocher cette disposition de l'art.* 2148 4°).

8° L'indemnité à laquelle la dame Germain a droit pour la dette qu'elle a contractée avec son mari, et qui fait le sujet du présent bordereau............. Mémoire.

(*L'hypothèque date du jour de l'obligation,* 2135).

9° Des intérêts tels que de droit............... Mémoire.

10° Enfin, des frais de mise à exécution, renouvellement d'inscription et autres, faits et à faire, pour obtenir le recouvrement desdites reprises, évalués à. 1,500 »

L'une et l'autre inscription est requise à fin de sûreté et paiement,

1° De la somme de 10,000 fr., montant en principal de l'obligation souscrite au profit du requérant par M. et Mme Germain, suivant l'acte du 2 janvier 1856, qui sera ci-aprés énoncé, aux termes duquel il a été stipulé que cette somme serait exigible le 2 janvier 1860, et jusqu'au remboursement produirait des intérêts à 5 pour cent payables par moitié, de six en six mois, à partir du 2 janvier 1856.

Avec convention que, faute de paiement d'un seul semestre d'intérêts, un mois après un commandement infructueux, ladite somme de 10,000 fr. sera exigible si bon semble au créancier...................... 10,000 »

2° Des intérêts échus et à échoir de cette somme jusqu'à son remboursement intégral, évalués à..... 2,000 »

(*Dans l'usage on ne requiert inscription que pour deux années et l'année courante; mais il n'y a pas que le droit hypothécaire à conserver, il y a la subrogation dans l'hypothèque légale qui ne vaut que jusqu'à concurrence de la somme pour laquelle elle est requise).*

3° Des frais de mise à exécution, renouvellement d'inscription et autres, faits et à faire, pour obtenir le remboursement de la créance susdite, évalués à..... 1,500 »

En vertu d'un acte passé devant Me Richardon et son collègue, notaires à Versailles, le 2 janvier 1856, par lequel M. et Mme Germain se sont constitués débiteurs solidaires, vis-à-vis de M. Bertrand, de la somme susdite, en principal, intérêts et accessoires. Pour assurer le paiement de cette somme, ils ont hypothéqué les immeubles ci-après désignés, et Mme Germain a cédé à M. Bertrand le bénéfice de son hypothèque légale.

Sur : 1° Une maison située à Saint-Cyr, rue de l'Église, n° 2, consistant en divers bâtiments, cour et jardin,

Achetée par M. et Mme Germain, de M. Nicolet, suivant contrat passé devant Me Richardon, notaire à Versailles, le 8 mars 1852, transcrit le 25 du même mois, vol. 18, n° 35.

2° Une pièce de terre située même commune, chantier du Bel-Ébat, section C, n° 304 du plan cadastral, contenant 2 hectares 18 ares, tenant au chemin de Saint-Cyr à Moulineau,

Achetée de M. Samson, suivant contrat passé devant ledit Me Richardon, le 20 août 1854, transcrit le 2 septembre suivant, vol. 25, n° 302.

Il est sage de fournir des renseignements invariables et qui permettent de reconnaître facilement les immeubles. Il faut surtout se défaire de ce luxe de détails qui existe trop souvent dans les bordereaux, détails passagers et rarement exacts.

385. *Inscription conventionnelle seule.*

Bordereau d'inscription requise au bureau des hypothèques de Versailles.

Au profit de M. Nicolas Bertrand, propriétaire, demeurant à Versailles, rue de Noailles, n° 18.

Pour lequel domicile est élu à Versailles, en sa demeure susdite.

Contre M. Louis Germain, négociant, et Mme Louise-Geneviève Gavaudan, son épouse, demeurant à Saint-Cyr, près Versailles, solidaires.

A fin de sûreté et paiement de la somme de 18,000 fr., montant et principal de l'obligation souscrite par M. et Mme Germain, suivant l'acte ci-après énoncé, aux termes duquel il a été stipulé que cette somme serait exigible, le 20 mars 1862, et jusqu'au remboursement produirait des intérêts à 4 1/2 pour cent, depuis le 20 mars 1856, payables par moitié de six en six mois.

Avec convention que M. Bertrand pourrait, lorsque bon lui semblerait, exiger le remboursement de ladite somme de 18,000 francs, en prévenant le débiteur trois mois à l'avance au domicile élu à cet effet en l'étude de Me Richardon, notaire à Versailles, ci.. 18,000 »

2° De deux années et de l'année courante desdits intérêts dont la loi conserve le rang.................. Mémoire.

3° Des frais de renouvellement d'inscription, mise à exécution, et autres, faits et à faire, pour assurer et recouvrer la créance, évalués à 1,500 fr............ 1,500 »

Résultant d'un acte passé devant Me Richardon, qui en a gardé minute, et son collègue, notaires à Versailles, le 20 mars 1856, aux termes duquel, outre l'affectation hypothécaire qui fait le sujet du présent bordereau, Mme Germain, pour assurer d'autant le remboursement de la créance susdite, a cédé à M. Bertrand le bénéfice de son hypothèque légale :

Sur une pièce de terre de la contenance de 18 hectares, située commune de Guyoncourt, chantier Sous-le-Parc, section A, n° 18, du plan cadastral, tenant à la mare à Thivert ;

Appartenant en propre à M. Germain, comme lui étant échue par le partage des successions de ses père et mère, passé devant M° Richardon, notaire à Versailles, le 18 juin 1836.

386. *Inscription d'hypothèque légale au profit du créancier subrogé.*

Bordereau d'inscription d'hypothèque legale requise au bureau de Versailles.

Au profit de M. Nicolas Bertrand, propriétaire, demeurant à Versailles, rue de Noailles, n° 18.

En qualité de cessionnaire de Mme Louise-Geneviève Gavaudan, épouse de M. Germain, ci-après nommé, avec lequel elle demeure, du bénéfice de son hypothèque légale entre son mari.

Pour lequel domicile est élu en sa demeure susdite.

Contre M. Louis Germain, negociant, demeurant à Saint-Cyr, près Versailles.

Afin d'assurer à M. Bertrand le remboursement en capital, intérêts et tous accessoires de sa créance, contre M. et Mme Germain, ses débiteurs solidaires, savoir :

18,000 fr., exigibles le 20 mars 1862, et jusqu'au remboursement produisant des intérêts à 4 1/2 pour cent par an, depuis le 20 mars 1856, payables par moitié de six mois en six mois.

Avec convention que M. Bertrand pourrait, lorsque bon lui semblerait, exiger le remboursement de ladite somme de 18,000 francs, en prévenant le débiteur trois mois à l'avance au domicile élu à cet effet en l'étude de Me Richardon, notaire à Versailles........ .... 18,000 »

Les intérêts de cette somme, depuis ledit jour 20 mars 1856, jusqu'au remboursement intégral...... Mémoire.

Enfin, les frais de renouvellement d'inscription, mise à exécution et autres, faits et à faire, pour assurer le recouvrement de la créance, évalués à........ 1,500 »

En vertu d'une obligation souscrite par M. et Mme Germain solidairement au profit de M. Bertrand, devant Me Richardon, qui en a gardé minute, et son collègue, notaires à Versailles, le 20 mars 1856, aux termes duquel Mme Germain, pour assurer d'autant à M. Bertrand, le remboursement de sa créance, lui a cédé le bénéfice de son hypothèque légale.

L'hypothèque légale présentement requise au profit de M. Germain ès-nom, a pour cause (comme ci-dessus au bordereau général).

Sur : mettre ici la même désignation que dans le bordereau de l'inscription d'hypothèque conventionnelle.

(*L'hypothèque ne peut être générale au profit du créancier, elle peut être seulement spéciale, et frapper sur les biens désignés au bordereau d'hypothèque conventionnelle et non sur d'autres.* V. n° 276.)

387. *Extrait d'une obligation contenant subrogation dans le bénéfice de l'hypothèque légale de la femme.*

Suivant acte passé, etc.

M. Jean-Louis Guillemin, propriétaire, demeurant à Bretoncelle ;

A reconnu devoir à M. Jean-Nicolas Rosier, propriétaire, demeurant à Versailles, rue Neuve, n° 3.

La somme de 3,000 francs pour prêt de pareille somme qu'il lui a fait.

Laquelle somme mondit sieur Guillemin s'est obligé de rendre à M. Rosier, à Versailles, en sa demeure, le 3 mars 1860, et jusqu'à son remboursement, de lui en servir les intérêts sur le pied de cinq pour cent depuis le 3 mars 1856, payables par quart de trois en trois mois.

Il a été dit en cet acte que, faute de paiement d'un seul trimestre desdits intérêts, le capital deviendrait exigible, si telle était la volonté de M. Rosier, un mois après un commandement infructueux, fait au débiteur au domicile par lui élu à Versailles, en l'étude de Me Lenoir, notaire, contenant, de la part de M. Rosier, la déclaration qu'il entend user du bénéfice de cette clause.

A la sûreté du remboursement de cette somme, du service des intérêts et du paiement de tous accessoires, M. Guillemin a hypothéqué :

Une pièce de terre close de murs, située à Saint-Lubin, section A, n° 32 du plan cadastral, d'une contenance de 6 hectares, aboutissant sur le chemin creux ;

Appartenant à M. Guillemin, comme faisant partie des biens qui lui sont échus par le partage des successions de ses père et mère, passé devant Me Lenoir, notaire à Versailles, le 8 août 1850.

A l'acte présentement extrait, est intervenue Mme Rose Saintin, épouse de M. Jean-Louis Guillemin, sus-nommé.

Laquelle, pour assurer d'autant le remboursement de la somme susdite de 8,000 francs prêtée par M. Rosier à M. Guillemin, le service des intérêts et le paiement de tous accessoires,

A, dans la limite ci-après fixée, déclaré renoncer en faveur de mondit sieur Rosier, au bénéfice de l'hypothèque légale qu'elle a sur les biens de son mari, pour sûreté de ses reprises, créances et conventions matrimoniales, afin qu'il lui fût préféré dans tous ordres à raison de sa créance.

Par suite, elle l'a subrogé, par préférence à elle-même, dans le bénéfice de l'inscription d'hypothèque légale prise à son profit contre son mari, au bureau des hypothèques de Montargis, le 8 août 1854, vol. 18, n° 342.

Limitativement sur le clos situé à Saint-Lubin, donné en hypothèque par M. Guillemin à M. Rosier.

Pour l'exécution de cette subrogation, M. Rosier à élu domicile en l'étude de Me Joly, avoué à Montargis, et a requis M. le conservateur d'en faire mention sur ses registres.

388. *Mention à opérer par suite, en marge de l'inscription de Mme Guillemin.*

M. Jean-Nicolas Rosier, propriétaire, demeurant à Versailles, rue Neuve, n° 3, qui a déclaré élire domicile à Montargis, en l'étude de Me Joly, avoué.

A été subrogé par Mme Guillemin dans le bénéfice de l'inscription ci-contre,

Afin d'assurer au profit de M. Rosier, le paiement du capital, des intérêts et des accessoires de la créance qu'il a sur M. Guillemin, aux termes de l'acte ci-après énoncé,

Ladite créance de 3,000 fr. principal, exigible le 3 mars 1860, et productive d'intérêts sur le pied de cinq pour cent, payables par quart de trois en trois mois, depuis le 3 mars 1856, jusqu'au remboursement intégral du capital, avec convention que le créancier aurait la faculté de rendre le capital exigible un mois après un commandement infructueux fait au domicile de Me Lenoir, notaire à Versailles, contenant la déclaration de vouloir user du bénéfice de cette clause.

Limitativement sur une pièce de terre close de murs, située à Saint-Aubin, section A, n° 32 du plan cadastral, d'une contenance de 6 hectares, provenue à M. Guillemin des successions de ses père et mère, aux termes d'un partage passé devant Me Bernard, notaire à Versailles, le 8 août 1850.

Le tout, ainsi qu'il résulte d'un acte passé devant Me Bulos, notaire à Saint-Germain, le 8 mars 1856, dont un extrait est déposé en ce bureau.

A Montargis, le etc.

La mention de la subrogation n'est que facultative, et peut toujours être remplacée par l'inscription; il sera même prudent d'employer

ce dernier mode par préférence, si l'inscription requise au profit de la femme est incomplète, ce qui arrive généralement.

Observation sur la forme.

389. Peut-on requérir les deux inscriptions par un seul et même bordereau.

Nous avons déjà fait connaître notre opinion sur ce point, mais on nous pardonnera d'y revenir.

Les inscriptions, avons-nous dit, sont destinées à faire connaître les charges qui grèvent un immeuble. Du moment qu'un seul bordereau remplit ce but, et est fait conformément aux prescriptions de la loi, il a l'avantage de simplifier les formalités, de présenter la créance telle qu'elle est ; il doit être préféré : en principe, on ne le conteste pas, mais dans leur travail, MM. les conservateurs n'opèrent pas de la même manière.

Les uns, portant tout le contenu du bordereau sur le registre, ne formulent ainsi qu'une seule inscription, ne perçoivent qu'un seul salaire.

Les autres scindent le bordereau, formulent deux inscriptions, perçoivent un salaire par chaque inscription.

L'inscription de l'hypothèque légale, comme de l'hypothèque conventionnelle, est soumise à la formalité de renouvellement ; l'une ne vaut pas dans un temps plus long que l'autre, l'économie des comptes ouverts n'est pas dérangée ; la pratique de ce mode établit sa possibilité.

Le conservateur n'a qu'un rôle passif à remplir, pour opérer l'inscription ; tout son ministère se borne à reproduire fidèlement sur ses registres les énonciations contenues dans le bordereau (art. 2150 ; Troplong, *des Hyp.*, n° 694 ; Persil, *des Hyp.*, sur l'art. 2150).

Lorsque le conservateur formule deux inscriptions sur un seul bordereau, il n'existe pas un bordereau à l'appui de chaque inscription, contrairement aux prescriptions de l'art. 2148 et 2150, il s'en constitue le rédacteur; dès lors, il s'écarte de la marche que la loi lui trace, il enfreint les décisions ministérielles qui le lui défendent. Pour que le créancier ait la conscience d'avoir une inscription régulière, il ne lui suffit plus d'avoir rédigé des bordereaux contenant toutes les énonciations prescrites, il faut qu'il lève un état pour apprécier la régularité des nouvelles inscriptions, ce qui est un surcroît de frais et de nouvelles obligations, tandis que la reproduction fidèle des énonciations contenues au bordereau simplifie la position du créancier et le rôle du conservateur.

Dans le cas où l'inscription de l'hypothèque légale de la femme est requise par un créancier subrogé, elle n'est que l'accessoire d'une inscription d'hypothèque conventionnelle à laquelle elle est liée ; il est, dès lors, rationnel qu'elle soit requise en même temps et par la même pièce, autrement la connexité des inscriptions et leur rapport ne peuvent être établis qu'à l'aide de la similitude des causes, des faits et des actes relatés dans l'une et dans l'autre (Voir sur la nécessité du rapport de l'une à l'autre inscription, les explications que nous avons fournies sur l'art. 9, notamment l'arrêt de la Cour d'appel de Paris, que nous avons cité n° 271).

Si l'on prend deux inscriptions, l'augmentation des frais sera peu sensible au moment où l'on requerra l'inscription, mais les frais d'état et de notification seront doubles.

En définitive, c'est la même créance, le même créancier, le même débiteur, le même gage, le même titre, et la loi exige seulement que ce soit le même titre, puisqu'aux termes de l'art. 2148 C. Nap., l'un des bordereaux peut être porté sur l'expédition du titre, et le décret de 1810, n° 2, porte expressément qu'il sera dû au conservateur un droit particulier par *chaque créance*, même *lorsque plusieurs créanciers seront compris dans le même bordereau* ; on requiert sans difficulté une inscription de créance privilégiée et hypothécaire, une inscription contre le débiteur principal et contre la caution. Notre espèce est certes plus favorable.

Nous invoquons, en faveur de notre opinion, un arrêt

de la Cour de Besançon du 5 mai 1840 et un arrêt de la Cour de de cassation du 17 décembre 1845, qui rejette le pourvoi que l'administration de l'enregistrement avait formé contre l'arrêt de la Cour de Besançon que nous venons de citer.

Ces autorités décident que si des créances distinctes sur un même débiteur, au profit de plusieurs créanciers non solidaires RÉSULTENT D'UN MÊME TITRE, on n'est pas tenu de remettre au conservateur, pour l'inscription, autant de bordereaux qu'il y a de créanciers.

Observations sur les bordereaux au fond.

390. L'inscription de l'hypothèque légale de la femme est requise par le créancier subrogé, afin de lui faire obtenir, autant que les droits de la femme le comportent, la préférence sur les créanciers qui n'ont pas cette subrogation ou qui ne se sont pas conformés à la loi pour la conserver après l'avoir acquise; l'une des conditions essentielles du bordereau pour requérir l'inscription, est dès lors de faire connaître quels sont les droits hypothécaires de la femme qui peuvent donner la préférence que le créancier sollicite.

De là, plusieurs hypothèses qne nous allons faire connaître.

Régime de la communauté.

391. *Première hypothèse. — Il n'a pas encore été requis d'incription contre le mari, la femme est obligée solidaire.*

Il suffit de dire, dans ce cas, que l'inscription de l'hypothèque légale de la femme est prise :

« A cause de l'indemnité qui lui appartient, en raison « de l'obligation solidaire qu'elle a prise de rembourser « la créance de 10,000 fr., qui fait le sujet du présent « bordereau. »

Il n'est pas nécessaire de s'occuper des autres reprises.

L'hypothèque ainsi requise est opposable aux créanciers postérieurs du mari, puisqu'elle les prime en date, et n'a pas besoin, contre eux, de la subrogation ; il suffirait au créancier de l'hypothèque conventionnelle.

Vis-à-vis des créanciers postérieurs au profit desquels la femme consentirait de nouvelles cessions, elle les primerait, puisqu'elle indique une reprise suffisante pour garantir une créance, et c'est la date des inscriptions ou mentions qui détermine l'ordre dans lequel ceux qui ont obtenu des cessions ou renonciations exercent les droits hypothécaires de la femme.

Si l'on oppose que l'inscription d'hypothèque légale prise au profit du premier créancier inscrit, l'a été pour la créance la plus récente, tandis que les créanciers subrogés postérieurement, ont requis cette inscription pour des créances ayant des droits hypothécaires, remontant à une date plus ancienne, à ce titre devant avoir la préférence : nous répondons que la distinction entre les reprises anciennes et les reprises nouvelles, n'existe que vis-à-vis des tiers, au profit desquels le mari consent, en son nom privé, des hypothèques ; et c'est entre des cessionnaires de la femme que le débat s'établit ; ils la représentent tous deux, et dans sa main les droits sont un.

Au moyen de l'inscription, les créanciers postérieurs ont été prévenus de la subrogation, et c'est en connaissance de cause qu'ils ont traité, dès lors, ils ne doivent pas être écoutés.

Pour que des subrogés postérieurs puissent enlever la préférence au premier inscrit, ils faut qu'ils établissent que les reprises ou indemnités pour raison desquelles l'inscription a été requise, ne sont ni fondées ni suffisantes pour couvrir la créance, tandis que les leurs remplissent ces conditions, auquel cas il doivent être préférés, soit pour le tout, soit pour la partie qui manque.

L'hypothèque requise à raison de l'indemnité est expressément formulée dans la loi ; elle est suffisante pour couvrir la créance, puisque c'est la créance même qui lui sert de mesure ; dès lors, il est inutile de s'occuper de savoir si la femme a d'autres reprises, ni de requérir inscription pour d'autres causes.

392. *Deuxième hypothèse. — Il est consenti une deuxième subrogation ; de la première à la deuxième, il n'a pas été pris d'inscription contre le mari.*

L'inscription peut encore être prise pour raison seulement de l'indemnité, car le subrogé se trouve vis-à-vis des créanciers postérieurs dans une position identique au premier subrogé

393. *Troisième hypothèse. — Depuis la subrogation ou avant toute subrogation, le mari avait consenti seul une hypothèque.*

Cette hypothèque prime l'indemnité à laquelle la femme a droit ; c'est donc seulement en conservant des reprises qui ont un droit d'hypothèque antérieur, que la créance subrogée peut avoir la préférence ; par suite, il y a nécessité de les indiquer.

Exemple : 10 juin 1854, inscription au profit d'un créancier n'ayant que le mari pour obligé ; — 2 février 1856, obligation solidaire par le mari et la femme avec cession de l'hypothèque légale.

Cette inscription requise, indiquer avec soin les créances anciennes ; l'on peut, sur ce point, se reporter à notre bordereau général.

Il est indispensable de les faire connaître ; leur bien fondé et leur importance servent de mesure pour la préférence.

Les subrogations antérieures à l'incription prise contre le mari, au profit de ses créanciers (10 juin 1854), ne diminuent pas les droits hypothécaires de la femme qui sont antérieurs, lors même qu'ils auraient figuré dans les précédentes inscriptions d'hypothèque légale, parce qu'à chaque subrogation, une autre hypothèque légale est née immédiatement ; c'est seulement lorsque les reprises ont été absorbées que l'hypothèque consentie par le mari produit son effet, ainsi que nous l'avous démontré n° 277.

394. *Quatrième hypothèse.* — ***La femme renonce au bénéfice de son hypothèque légale en faveur du créancier sans contracter d'engagement personnel, l'hypothèque requise est la première.***

Il existe une grande différence avec l'obligation personnelle; l'indemnité à laquelle la femme a droit, n'est pas égale à la somme, mais seulement à ce qu'elle fournit, c'est-à-dire à ses reprises; de là, nécessité de les faire connaître.

Il naît, au moment de l'obligation, une hypothèque légale au profit de la femme, pour conserver l'indemnité à laquelle elle peut prétendre, par suite de la renonciation qu'elle a souscrite, et comme elle est antérieure en date à l'inscription conventionnelle que le créancier prend en son nom, il résulte que si les reprises sont inférieures à la somme prêtée, la différence n'est pas couverte par les reprises, l'hypothèque légale de la femme prime pour raison de cette différence l'hypothèque conventionnelle.

Pour combler cette différence et empêcher qu'un subrogé postérieur ne puisse contester le droit de bénéficier de cette nouvelle hypothèque, il sera prudent de dire dans l'obligation :

« La femme renonce en faveur de M. D., prêteur, au bénéfice de l'hypothèque légale qu'elle a sur l'immeuble ci-dessus désigné pour raison de ses reprises, créances et conventions matrimoniales, même de l'indemnité à laquelle elle aurait droit, à cause de la présente renonciation, entendant que M. D. la prime à cause de sa créance dans tous ordres amiables ou judiciaires qui seront faits des prix dudit immeuble. »

« Déclare, madame, que ses reprises se composent de ... (suit l'indication des reprises telles qu'elles seront portées aux bordereaux).

« Dans le cas où quelque reprise serait omise dans le détail ci-dessus, Mme D. entend qu'elle profite néanmoins au créancier. »

Cette dernière clause a pour but d'empêcher le créancier de dire que l'on n'a pris en considération que les reprises indiquées, et que c'est avec raison qu'il entend profiter des reprises non portées, comme créancier personnel de la femme, subrogé à ses droits et dans les bénéfices de son hypothèque légale.

Si les reprises de la femme sont supérieures à la somme empruntée, il suffit d'en indiquer pour une somme égale.

Modèles. — 2° Contre M. Jean-Baptiste Fleury, propriétaire, demeurant à Saint-Nicolas d'Antin.

L'inscription de l'hypothèque légale de Mme Rose Germain, sa femme, demeurant avec lui, en tant qu'elle milite au profit du requérant, par suite de la renonciation qu'elle a faite à son profit.

Laquelle hypothèque a pour cause — suit le détail des reprises (V. au bordereau général).

1° etc., etc.

4° L'indemnité à laquelle elle a droit, à cause de ladite renonciation. Mémoire.

5° Toutes autres reprises et indemnités auxquelles ladite dame Fleury peut avoir droit et qu'elle ne peut préciser.

6° Enfin, les frais de mise à exécution (la suite comme au bordereau général).

395. Cinquième hypothèse. — *Pareille renonciation en faveur d'un créancier lorsqu'il existe déjà des hypothèques inscrites, toujours sans contracter une obligation personnelle.*

Il y a analogie avec la deuxième hypothèse; appliquer ce qui a été dit troisième hypothèse.

Séparation de biens.

396. Sous ce régime, la femme a hypothèque pour l'indemnité des dettes qu'elle a contractées avec son mari (2135), pour le défaut d'emploi ou de remploi du prix de ses immeubles aliénés, si le mari a concouru au contrat ; enfin dans le cas où la vente est faite par la femme en vertu d'une autorisation de justice, s'il est prouvé que les deniers ont été reçus par le mari, ou ont tourné à son profit (1450 et 2135 C. Nap.).

397. Sixième hypothèse. — *Lorsque l'hypothèque conventionnelle vient au premier rang avec obligation de la femme.*

« Pour l'indemnité de la dette dont s'agit au présent bordereau, laquelle donne à la dame ..... droit à une hypothèque, comme l'ayant contractée avec son mari. »

398. Septième hypothèse. — *Il existe déjà des inscriptions contre le mari; la femme ne s'oblige pas.*

« Pour la somme de 10,000 fr., montant du prix d'une maison située à Beauvais, propre à ladite dame Martin, vendue avec le concours de son mari, suivant contrat passé devant Me Morisset, notaire à Beauvais, le 18 août 1854, ledit prix reçu par acte passé devant le même notaire le 15 octobre suivant, non employé ni remployé.

Ou de la somme, de 10,000 fr., prix d'une pièce de terre située à Linan, vendue par la dame Martin, en vertu d'une autorisation de justice, suivant contrat passé devant Me Legrand, notaire à Linan, le 18 septembre 1853; reçue par ledit Martin avec l'agrément de sa femme, suivant quittance passée devant ledit Me Legrand, le 20 novembre suivant.

Ou encore, reçue par la dame Martin avec l'autorisation de son mari, par quittance passée devant Me Legrand, le 3 novembre 1855.

Régime dotal.

399. Sous ce régime, la femme ne peut rien faire dont le résultat serait l'aliénation de ses biens dotaux ; elle ne peut dès lors consentir une subrogation ou une antériorité dans son hypothèque légale qui leur préjudicierait.

400. Huitième hypothèse. — A l'égard des biens paraphernaux, elle est dans une position analogue à la femme séparée de biens. Il y a ainsi lieu d'appliquer ce que nous avons dit à cet égard.

Créanciers subrogés avant le 1er janvier 1856.

401. Nous avons dit qu'ils devaient rendre leur subrogation dans l'hypothèque légale publique avant le 1er janvier 1857. Nous persévérons dans notre opinion.

Ne serait-elle pas exacte que l'on ne devrait pas moins se hâter de le faire; un créancier plus vigilant, ou subrogé depuis le 1er janvier 1856, la requerra, l'immeuble hypothéqué sera vendu et l'acquéreur remplira les formalités de purge légale ; le premier créancier qui ne l'aura pas fait inscrire sera privé de son bénéfice, tandis que les autres pourront l'invoquer, de sorte que si la femme a des droits hypothécaires avant l'inscription de l'hypothèque conventionnelle, les créanciers subrogés qui ont requis inscription pourront en invoquer le bénéfice au détriment du premier créancier inscrit, nonobstant son inscription.

La clause de subrogation qui était en usage n'est pas suffisante pour valoir inscription au profit du premier créancier, ainsi que le juge un arrêt de la cour de cassation du 4 février 1856, chambre civile, rendu sous la présidence de M. Troplong.

402. Première hypothèse. — *Le créancier vient au premier rang.*

Il suffit de requérir inscription pour raison de l'indemnité à laquelle la femme a droit, à cause de la dette qui fait le sujet du bordereau.

Sous le Code Napoléon, les subrogations valaient à leur date; cependant, pour en invoquer le bénéfice, il fallait faire inscrire l'hypothèque légale, ce que nous avons démontré dans l'hypothèse précédente; mais l'inscription de la seule indemnité vaut vis-à-vis des subrogations postérieures, parce que les reprises de la femme sont une en sa personne, et les subrogés postérieurs n'étant que ses représentants sont obligés de souffrir l'antériorité des subrogations lorsqu'elle les a consenties, à charge de les rendre publiques sous la loi actuelle et pour ne valoir qu'à la date des inscriptions, de même que si la subrogation n'avait lieu que le jour de l'inscription.—V. *première hypothèse.*

403. Deuxième hypothèse. — *Le créancier vient en deuxième ou troisième rang et les créanciers antérieurs ont requis inscription.* Même formule que la précédente.

404. Troisième hypothèse. — *Le créancier est primé par des inscriptions, mais les créanciers antérieurs n'ont pas fait inscrire ou n'ont que le mari pour obligé.*

Il doit chercher toutes les reprises de la femme *antérieures* aux inscriptions formulées, afin de les porter dans son bordereau et acquérir la préférence sur elles à raison de la date de ses droits hypothécaires ; l'indemnité ne suffirait pas puisqu'elle ne prend rang que du jour de l'obligation qui est postérieure aux inscriptions.—V. *troisième hypothèse.*

TROISIÈME PARTIE.

Des réquisitions d'états d'inscriptions et de transcriptions.

SOMMAIRE.

---

405. La transcription, de facultative, est devenue obligatoire; mais la loi de mars 1855 n'apporte aucun changement dans tout ce qui regarde cette formalité ; les notaires surtout doivent en être persuadés; leurs rapports restent ce qu'ils étaient avant.

Nous nous permettrons quelques observations générales sur les demandes d'états d'inscription.

Sur une transcription, on peut se dispenser d'en requérir un; l'usage, dont la puissance morale est certaine, n'use presque jamais de cette faculté et, sans une réquisition spéciale, le conservateur le délivre; nous engageons les notaires à ne recourir à ce moyen qu'avec beaucoup de prudence dans les cas seulement d'une vente minime qui n'aurait pas été généralement transcrite sous le Code Napoléon.

L'état d'inscription sur transcription ne peut être scindé pour les motifs que nous avons déduits, n° 165.

Les états hors transcription ne sont qu'individuels et peuvent être demandés dans la limite qu'il plaît; cependant ils doivent être de jour à jour et ne doivent pas être restrictifs d'inscriptions qui existeraient dans l'intervalle indiqué.

On peut aussi demander des duplicata d'inscription, radiation et subrogation.

406. Les mutations par acte entre vifs, les démembrements ou modifications du droit de propriété et les annulations de contrat devant être rendus publics, à l'aide des registres des conservateurs, il fallait faire connaître comment les tiers seraient fixés sur ce point ; s'ils veulent acquérir la preuve qu'il n'en existe aucun, que le possesseur est encore propriétaire, que son droit de propriété n'a subi aucune modification, aucune altération entre ses mains, l'art. 5 y pourvoit de manière à alléger les frais autant que possible ; il oblige le conservateur à délivrer, *lorsqu'il en est requis*, un état spécial ou général de transcription.

« La loi dit *un état spécial* pour faire comprendre que « l'on a le droit de désigner au conservateur des hypo« thèques la transcription dont on désire avoir la copie, « à l'exclusion de toutes les autres qui auraient pu avoir « lieu, relativement au même immeuble ; *les conserva« teurs délivreront donc, sur la réquisition des parties, « des états relatifs à telle ou telle aliénation préci« sée et n'obligeront pas les parties à lever,* EN TOUTES CIR« CONSTANCES, *des états généraux* de toutes les transcrip« tions qui peuvent exister du chef de l'immeuble (Rap« port de M. de Belleyme). »

C'est pénétré du précédent des demandes d'états d'inscriptions que M. le rapporteur de la loi tenait ce langage sur les états de transcriptions et mentions ; nous les renfermons dans cette maxime : « de même on demandait les états d'inscription, de même on demandera les états de transcription et de mention. » Le terme inscription sera remplacé par le terme transcription ou mention, ce qui ressortira des modèles que nous présenterons. Il est cependant un cas où cette parité cesse, c'est dans le cas de demande d'un état de transcription sur transcription ; l'état d'inscription ne peut être scindé parce qu'il purge l'immeuble des inscriptions omises, sert à faire les notifications et intéresse les tiers. (V. n° 165). L'état de transcription et de mention, même lorsqu'il est requis sur transcription, ne remplit aucune de ces conditions, il reste état individuel. (V. n° 164). Dès lors il n'y a pas nécessité de le lever sur le vendeur et sur tous les anciens propriétaires dénommés au contrat ; il peut ne comprendre que tel des anciens propriétaires qu'il plaît au requérant et le conservateur ne doit le délivrer que sur une réquisition.

407. On peut aussi demander la copie d'*une seule transcription;* mais s'il existe en marge une mention constatant l'annulation de la pièce transcrite, ou s'il existe une transcription postérieure, soit aux mêmes fins, soit translative en faveur d'un autre, de sorte que le droit de propriété n'existe plus au profit de la personne annoncée par la transcription, M. le conservateur ne peut se dispenser de délivrer l'une sans l'autre, et, s'il le faisait, sa responsabilité serait compromise, car la copie de la seule transcription requise, sans être suivie de la copie de transcriptions modificatives, ferait croire que la propriété réside toujours sur la même tête, tandis qu'il n'en serait plus ainsi ; les tiers qui traiteraient sur la foi de ce certificat seraient trompés ; le conservateur ne pourrait fournir aucune excuse puisqu'il n'aurait pas fait connaître toute la vérité, lorsqu'il le devait et qu'il le pouvait.

Nous pouvons encore invoquer, comme précédent, les états d'inscription : le conservateur doit fournir, non pas la copie sèche de l'inscription telle qu'elle est sur son registre, mais avec toutes les modifications et les changements qu'elle a subis.

408. Les états de transcription et mention doivent être, comme les états d'inscription, la copie fidèle du contenu au registre; ils ne peuvent être faits par extrait, puisque les transcriptions forment titre contre les tiers et en leur faveur ; il est dès lors indispensable que les pièces transcrites viennent à leur connaissance telles qu'elles sont portées sur les registres, sans altération ni diminution. Aussi M. le rapporteur, en parlant du droit que l'on a de demander des états spéciaux de transcription, dit que l'on a le droit de désigner la transcription dont on désire avoir LA COPIE.

En principe, on ne peut obliger un dépositaire public de délivrer un extrait de l'acte confié à sa garde, car toutes les clauses des conventions s'interprètent les unes par les autres; si l'on n'en délivre qu'une, elle peut présenter un autre sens que le sens résultant de l'acte entier; c'est une pièce incomplète, capable de compromettre le fonctionnaire.

Pour obtenir un extrait, il faudrait que le requérant indiquât les parties qu'il désire avoir; ce n'est possible que s'il a sous les yeux une copie de l'acte; s'il suffisait de faire connaître d'une manière générique la disposition, le conservateur deviendrait l'interprète de l'ensemble de l'acte, contrairement au but de l'institution. Les notaires eux-mêmes ne délivrent d'extrait que dans des circonstances exceptionnelles, avec connaissance des motifs qui le font demander, autrement ils le refusent; les conservateurs ne peuvent entrer dans les détails d'une affaire, comme le notaire; dès lors pas d'exemple à citer.

409. Le coût des états d'inscription est trop connu, pour qu'il soit utile de l'indiquer; à l'égard des états de transcription, voici quel est notre avis.

Par chaque personne portée dans un état négatif, 1 franc; l'état peut être délivré sur timbre à 35 centimes.

Les copies de transcriptions et de mentions doivent être délivrées sur timbre d'expédition et non sur d'autres; les honoraires du conservateur sont de 50 centimes par rôle de vingt-cinq lignes à la page et de dix-huit syllabes à la ligne.

S'il existe une transcription, l'honoraire de 1 franc par chaque personne se confond dans l'honoraire de la copie de la transcription.

410. Nous avons dit que le conservateur ne délivrera d'état de transcription que s'il en est requis, et dans les termes de lar équisition; nous ajoutons à cette première partie de la proposition que la nature de précaution, qui est de l'essence de la réquisition des états, en rendra l'usage très rare ; les notaires n'en feront la demande que s'ils ont quelque sujet de craindre une aliénation antérieure ou des modifications au droit de propriété, telles qu'elles sont indiquées dans l'art. 2 ; leur responsabilité n'en sera pas, ce nous semble, compromise, parce que les ventes par une personne qui a cessé d'être propriétaire sont excessivement rares, et la loi ne s'est exprimée sur la levée des états de transcription, que dans un sens facultatif.

Les états de transcription de baux et de quittances, de transports, de loyers, seront moins rares ; l'acquéreur les demandera afin d'être fixé sur ce point.

411. La réquisition d'état de transcription et de mention doit être générique, *sans qu'il soit fait allusion à la loi du* 23 *mars* 1855, parce que l'obligation de transcrire existe déjà dans le Code Napoléon, pour les donations entre vifs (art. 939), et pour les actes entre vifs et testamentaires, à charge de rendre (art. 1069). Le conservateur pourrait regarder la réquisition comme limitative et ne pas les comprendre. Ainsi, l'immeuble aurait pour origine une donation entre vifs qui aurait été revoquée ; on n'aurait pas connaissance de l'annulation puisqu'elle ne figurerait pas dans l'état.

412. Si l'on prend la précaution de lever un état pour la plus grande régularité, il ne faut pas le restreindre; il faut qu'il comprenne *tous les précédents propriétaires* ; l'immeuble en effet, dans la main de l'un de ceux qui auraient été omis, pourrait avoir été l'objet d'une vente annulée ou d'une modification quelconque et l'on ne connaîtrait ni l'une ni l'autre; il faut agir par similitude de ce qui a lieu maintenant pour les états d'inscription sur transcription, établir la propriété régulière dans le contrat, pendant au moins trente ans, avec énoncé de *toutes les tran-*

scriptions (1), et demander l'état sur tous les anciens propriétaires dénommés.

Nous proposons les formules suivantes.

413. Premier cas. — Vente minime qui n'aurait été transcrite sous le Code Napoléon que dans les cas exceptionnels.

« M. le conservateur des hypothèques est requis d'opérer la « transcription du contrat ci-contre, mais de ne *pas délivrer* « *d'état d'inscription.* »

414. Deuxième cas. — On désire être assuré que le vendeur n'a pas consenti d'autre vente transcrite et qu'il n'a pas apporté de modification à la propriété; on a la conviction qu'il n'y a rien à craindre des précédents propriétaires.

« M. le conservateur des hypothèques est requis de délivrer sur « la transcription du contrat ci-contre : 1° un état des inscriptions « existantes contre le vendeur et les précédents propriétaires ; « 2° un état des transcriptions et mentions qui auraient pour « cause, soit une aliénation, soit une diminution partielle ou com- « plète de la part du vendeur seul, sans avoir égard aux précé- « dents propriétaires. »

415. Troisième cas. — Réquisition d'état *sans restriction.*

« M. le conservateur des hypothèques est requis de délivrer « sur la transcription du contrat ci-contre: 1° un etat des inscrip- « tions; 2° un état des transcriptions et mentions qui auraient pour « cause, soit une aliénation, soit une modification partielle ou défi- « nitive.

« L'un et l'autre état tant sur le *vendeur* que sur ses *auteurs,* « tels qu'ils sont indiqués dans l'établissement de propriété. »

(1) Il suffit de mettre transcrit le....., vol....., n°, sans entrer dans le détail des inscriptions qu'elle comprend et de leur radiation. Ce détail était rarement utile sous le Code Nap. et le sera encore moins sous la loi nouvelle.

416. Quatrième cas. — Réquisition d'état ne s'appliquant qu'à une espèce de transcription; par exemple, on désire savoir s'il a été fait des *baux* de plus de dix-huit ans.

« M. le conservateur est requis de faire connaître s'il a été trans-« crit en son bureau, des baux par M. . . de tel immeuble situé à « . . . . ., et des actes constatant des loyers payés d'avance ou une « cession de loyers à échoir. »

Même chose pour tout ce qui se rapporte à une création de servitude, constitution d'un droit d'usufruit, d'usage et d'habitation, ainsi qu'aux renonciations qui pourraient être faites à ces droits.

417. Cinquième cas. — Ce n'est pas seulement dans le cas d'une acquisition que l'on a besoin d'être fixé sur le sort du droit de propriété, c'est encore dans le cas d'un prêt, afin d'être assuré que l'immeuble fourni en hypothèque appartient à l'emprunteur, qu'il ne l'a pas grevé de modifications, de charges qui puissent être révélées par la transcription.

On peut faire une réquisition ainsi conçue :

« M. le conservateur des hypothèques au bureau de . . . . . est « requis de délivrer, le lendemain du jour où l'inscription dont il « sera parlé ci-après, sera requise;

« 1° un état des inscriptions;

« 2° un état des transcriptions et mentions qui auraient pour « résultat une aliénation, annulation ou modification du droit de « propriété partielle ou définitive.

« L'un et l'autre en ce qu'ils regardent M. . . . . (*Mettre ici les « noms, prénoms et demeure de la personne contre laquelle l'inscrip-« tion est requise, et tels qu'ils sont portés dans l'inscription*).»

« Du chef des immeubles désignés dans l'inscription qui sera « prise en ce bureau contre M. . . . . (déjà nommé) au profit (*mettre « les noms du créancier*), en vertu d'un acte passé devant Me . . . ., « notaire à . . . . ., le . . . . .

418. Sixième cas. — Si l'on désire que l'état s'applique à de précédents propriétaires, il faut dire :

« En ce qu'ils regardent M. ....., propriétaire actuel, et les « précédents propriétaires qui sont (*indiquer ici, en commençant « par le plus récent et continuer par ordre chronologique, en four- « nissant des renseignements tels que le conservateur puisse bien les « reconnaître, et n'ait aucun doute sur leur individualité*); » on pourrait ajouter « tous dénommés en la vente desdits immeubles, faite « par .... à .... (*le débiteur dénommé ou l'un des précédents pro- « priétaires*) par contrat du ....., transcrit le ..... vol.. n° »

419. Nous pensons qu'il est préférable de rattacher la réquisition d'état à la réquisition d'inscription, afin que le conservateur connaisse la cause de la demande, et ne puisse, s'il avait omis quelque charge, dire que l'état est sans aucun rapport, ni avec le prêt, ni avec la remise des fonds.

420. Nous devons faire observer que dans toutes les réquisitions complexes, que nous avons indiquéés, le conservateur a le droit d'exiger deux salaires : l'un pour l'état d'inscription, l'autre pour l'état de transcription, puisque l'un et l'autre sont soumis à des règles différentes, à des salaires différents (V. n° 409).

421. Les réquisitions d'état d'inscriptions n'étaient assujetties dans un temps peu éloigné à aucune espèce de formalités; elles étaient généralement faites verbalement, et l'employé au bureau des hypothèques en prenait une note; dans les rapports de certains notaires avec leur conservateur, la délivrance d'un état spécial était de règle par suite de l'accomplissement de la formalité d'inscription d'une hypothèque conventionnelle, les demandes par écrit étaient exceptionnelles.

Cet état de choses ayant donné lieu à des tiraillements, à des récriminations, les demandes ne doivent plus être faites maintenant que par écrit.

Elles ne donnent lieu à aucun frais, et peuvent être rédigées sur papier libre; les vérificateurs et inspecteurs ont la faculté d'en exiger la représentation.

Ce mode de procéder nous paraît ne pas remplir le but que doivent avoir les réquisitions faites par écrit, « prouver que M. le conservateur s'est conformé à la réquisition, » elles sont sur des morceaux de papier, leur conservation n'est possible que passagèrement, il serait cependant préférable de pouvoir établir la réquisition, ne serait-ce que moralement pour M. le conservateur, dans le cas où l'état spécial deviendrait le motif de critiques.

Déjà, dans le cas de transcription, plusieurs conservateurs permettent de placer les réquisitions en marge de l'expédition transcrite; ils copient cette réquisition à la suite de la transcription, et la mentionnent dans l'état, de sorte qu'elle fait corps avec la transcription, et ne peut plus en être séparée.

En présence des demandes d'état de transcription, nous pensons qu'il y aurait avantage de généraliser ce mode, dont la mise en pratique justifie la possibilité.

Il serait encore possible de l'appliquer aux états d'inscriptions demandés par suite de prêt; il suffirait pour cela de mettre la réquisition à la marge de l'un des bordereaux qui resterait au conservateur.

Les réquisitions d'état, hors ces deux circonstances, sont exceptionnelles et peu nombreuses.

FIN DU COMMENTAIRE.

TABLE ALPHABETIQUE

DES ACTES ASSUJETTIS A LA TRANSCRIPTION.

(Les chiffres renvoient aux numéros du Commentaire.)

D

E

F

H

J

L

M

P

Q

R

S

T

U

V

TABLE GENERALE.

A

■

C

E

F

J

N

O

P

Q

R

S

U

V

FIN.

www.ingramcontent.com/pod-product-compliance
Ingram Content Group UK Ltd.
Pitfield, Milton Keynes, MK11 3LW, UK
UKHW020303230726
13925UKWH00001B/200